本课题来自于国家自然科学基金项目：
《基于社交网企业启动泛关系链传播品牌研究》(项目编号：71172130)

企业社交网营销
经典案例及精解

周洁如　著

上海交通大学出版社

内 容 提 要

　　社交网正深刻地影响人们的生活、消费者的行为,因而企业的营销策略也要随之创新。本书研究了社交网的特点、发展以及企业利用该平台进行创新营销的案例。

　　第一部分为社交网概述,包括关键名词解析、社交网发展轨迹、盈利模式等。第二部分为国内外典型的社交网平台研究,共有 7 个国内外典型社交网的案例。第三部分为 11 个国内外典型企业利用社交网平台进行创新营销的案例及其分析。

　　本书可作为高等院校管理专业的本科生、MBA 学生和企业管理培训营销创新的教学案例,也可供各行业从事营销管理工作的管理者学习所用,还可供广大社交网用户参考阅读。

图书在版编目(CIP)数据

　　企业社交网营销经典案例及精解/周洁如著. —上海:
上海交通大学出版社,2013
　　ISBN 978-7-313-10182-2

　　Ⅰ. 企... Ⅱ. 周... Ⅲ. 企业管理—电子商务—
市场营销学 Ⅳ. F274-39

　　中国版本图书馆 CIP 数据核字(2013)第 192924 号

企业社交网营销经典案例及精解
周洁如 著
上海交通大学出版社出版发行
(上海市番禺路 951 号 邮政编码 200030)
电话:64071208 出版人:韩建民
上海万卷印刷厂 印刷 全国新华书店经销
开本:787mm×960mm 1/16 印张:15.75 字数:299 千字
2013 年 9 月第 1 版 2013 年 9 月第 1 次印刷
ISBN 978-7-313-10182-2/F 定价:39.00 元

告读者:如发现本书有印装质量问题请与印刷厂质量科联系
联系电话:021-56928211

前　言

　　自从 2003 年社交网诞生以来,其发展就非常迅猛。社交网对人们的影响是深刻的、巨大的。它的出现与发展使得人们正在经历一场沟通方式的变革,正如《营销和公共关系的新规则》的作者米尔曼·斯科特所言:"我认为这是自印刷机发明以来人们沟通方式最显著的革命……社会化媒体已经在革命性地改变商业沟通。"而随着移动互联网时代的到来,社交网络就成为了推动移动互联网迅猛发展的生力军。

　　从尼尔森(Nielsen)发布的针对社交媒体报告的数据就可见社交网带给人们的革命性影响:

　　(1) 目前社交网站和博客占据了美国网民的大部分时间,这个比例接近 25%。

　　(2) 活跃网民(每天上网)有五分之四会访问社交网站。

　　(3) 不仅在美国,全球十大互联网市场上,超过 75% 的活跃网民使用社交网络和博客。

　　(4) 使用三种或三种以上数字方式搜索产品信息的用户中,有 60% 是从社交网站上获得品牌或零售商信息的。而这些用户中又有 48% 会关注零售商发布在 Facebook 或 Twitter 上的信息。

　　(5) 70% 的活跃成年社交网民会网上购物。

　　(6) 53% 的活跃成年社交网民会关注一个品牌。

　　(7) 美国轻博客运营商 Tumblr 的受众在 2012 年翻了三倍。

　　另据 Allstate 公司 2012 年 6 月发布的美国公众使用社交网络的一份调查,当时的一个月内,2/3 的成人使用社会化媒体,64% 的社会化媒体用户说他们企业利用社会化媒体作为客户服务的渠道,而 59% 的用户说企业利用社会化媒体让他们感到企业触手可及值得信赖。由此可见社交媒体、社交网对人们的影响力。

　　对个体而言,由于社交网络符合人类与生俱来的欲求,如自我表达,人与人的联系以及归属感。这些欲求在网络上显得尤为强烈。但由于互联网资源过于庞大,不可导航且不署名。有了社交网站后,可以在网站上留存照片,联络情感、加强人际关系,使冰冷的网络更具人性化,因而自它诞生以来就得到了网民的热捧和追寻。

　　对企业而言,一方面,由于人们越来越依赖社交网站,将其视为联系朋友、获取信息的主要手段。作为公司,在决定将资本投向何处之前,一定要清楚公司的目标客户群体平时都在做些什么,发表何言论,这样才能进行明智的决策。此外还要知道客户在哪里,这样公司就知道公司的品牌信息应该出现在哪里,并通过客户们喜欢的渠道与其进行沟通。所以在社交网时代企业利用社交网平台与客户进行沟通是明智之举。另一方面,企业越来越多地要求员工利用更少的资源完成更多的工作,于是员工就要借助自己的同学同事、亲朋好友及客户的社交网络来更快、更好、更廉价也即更有效地完成工作。

目前,很多与时俱进的企业利用社交网平台进行创新的营销,有些失败了,有些成功了。为了透彻地分析企业借助社交网络进行创新营销活动,总结出企业利用社交网络平台进行营销创新的规律性,本书将从下面几个方面对社交网络以及企业利用社交网平台创新营销进行研究:

第一部分,社交网络概述。主要包括社交媒体关键名词解析,社交网发展轨迹、发展趋势、功能及其影响力,社交网的理论基础、盈利模式。包括两章内容,一是社交媒体概述,二是社交网络概述。

第二部分,国内外典型的社交网平台研究。主要介绍国内外成功的、典型的社交网平台,探究个别典型的社交网平台的特点、功能、发展、盈利模式、成功经验,从而总结其规律性,以此探求影响社交网平台商成功运营的主要因素。共有7个国内外典型社交网的案例,分别从三类社交网平台分别进行研究:标志性的社交网络,如美国的Facebook(脸谱),中国的人人网;典型的微博代表,如美国的Twitter(推特),中国的新浪微博;专业性的社交网,如美国的LinkedIn(邻客音),中国的丁香园。在此基础上,分析腾讯企业作为社交网平台如何帮助企业启动泛关系链传播品牌。以上分两章研究:一是国外典型的社交网平台;二是国内典型的社交网平台。

第三部分,为典型企业利用社交网平台进行营销的案例及其分析。通过11个国内外典型企业进行社交网营销的案例及其分析,揭示出企业如何借助社交网平台进行企业的营销创新,包括营销策略制定、品牌推广、产品促销、销售、客户沟通、关系维护等的具体策略和方法,为企业界实施社交网络营销提供参考案例和成功示范。本部分共分为两章:即第5章,国外典型企业进行社交网营销的案例及其分析;第6章,国内企业进行社交网营销的案例及其分析。

在本书撰写过程中,我的2个硕士研究生参与了部分工作:段涛参与了一些案例资料的收集、整理、编辑、制作图表等工作,陈莹真参与了丁香园案例的部分工作,在此表示感谢!此外,我还要特别感谢本书的策划编辑提文静女士,她对本书提出了宝贵的修改建议,并给予我大力的支持。

周洁如
2013年夏 于上海

目　　录

第一部分　社交网概述

第1章　社交媒体概述 ……………………………………………… 3

1.1　社交媒体 ……………………………………………………… 3

1.2　社交网络(SNS) ……………………………………………… 3

　1.2.1　广义的概念 ……………………………………………… 3

　1.2.2　狭义的概念 ……………………………………………… 4

1.3　社交媒体与社交网络的区别 ………………………………… 4

1.4　移动互联网 …………………………………………………… 5

　1.4.1　移动互联网概念和发展 ………………………………… 5

　1.4.2　移动互联网可开展的业务模式 ………………………… 6

　1.4.3　移动互联网特点 ………………………………………… 7

1.5　微博 …………………………………………………………… 8

　1.5.1　微博的概念 ……………………………………………… 8

　1.5.2　微博的特点 ……………………………………………… 9

　1.5.3　国内外微博发展及著名微博 …………………………… 9

1.6　微信 …………………………………………………………… 13

　1.6.1　微信的定义及发展 ……………………………………… 13

　1.6.2　微信的功能及其特点 …………………………………… 13

　1.6.3　微信的优势 ……………………………………………… 14

　1.6.4　微信上的朋友圈 ………………………………………… 14

　1.6.5　微信与微博的区别 ……………………………………… 14

1.7　博客 …………………………………………………………… 15

　1.7.1　博客的定义与内涵 ……………………………………… 15

　1.7.2　博客的发展历程 ………………………………………… 15

　1.7.3　博客的作用 ……………………………………………… 16

　1.7.4　微博与博客的区别 ……………………………………… 16

1.8　轻博客 ………………………………………………………… 17

　1.8.1　轻博客的由来 …………………………………………… 17

1.8.2　轻博客的功能与特点 ……………………………………… 18

1.8.3　轻博客与微博的区别 ……………………………………… 18

1.8.4　轻博客的盈利模式 ………………………………………… 18

1.8.5　中国的轻博客 ……………………………………………… 19

第2章　社交网概述 ………………………………………………… 20

2.1　社交网的作用与影响力 ……………………………………… 20

2.1.1　对个体而言 ………………………………………………… 21

2.1.2　对企业而言 ………………………………………………… 23

2.1.3　对政府而言 ………………………………………………… 26

2.1.4　对其他方面而言 …………………………………………… 27

2.2　社交网的发展 ………………………………………………… 28

2.2.1　社交网发展阶段 …………………………………………… 28

2.2.2　社交网发展现状 …………………………………………… 30

2.2.3　社交网发展趋势 …………………………………………… 38

2.3　社交网的理论支持 …………………………………………… 42

2.3.1　六度分隔理论 ……………………………………………… 42

2.3.2　主我与客我理论 …………………………………………… 43

2.3.3　邓巴数字(150定律) ……………………………………… 43

2.4　社交网的盈利模式 …………………………………………… 45

2.4.1　广告 ………………………………………………………… 46

2.4.2　与APP应用开发者利润分成 ……………………………… 47

2.4.3　增值服务(用户费用) ……………………………………… 47

2.4.4　与电信运营商、手机厂商利润分成 ……………………… 47

2.4.5　从电子商务中获得利润或者分成 ………………………… 48

2.4.6　虚拟增值服务 ……………………………………………… 48

2.4.7　免费撬动其他服务 ………………………………………… 48

第二部分　国内外社交网经典案例及精解

第3章　国外社交网经典案例及精解 ……………………………… 51

3.1　Facebook案例精解 …………………………………………… 51

3.1.1　公司简介 …………………………………………………… 51

3.1.2　网站特点及功能 …………………………………………… 51

3.1.3　发展简史 ……………………………………………… 55

3.1.4　Facebook 的影响力 ………………………………… 56

3.1.5　盈利模式 ……………………………………………… 59

3.1.6　成功之处 ……………………………………………… 60

3.2　Twitter 案例精解 ……………………………………………… 61

3.2.1　公司简介 ……………………………………………… 61

3.2.2　网站特点及功能 ……………………………………… 62

3.2.3　发展简史 ……………………………………………… 64

3.2.4　营销应用 ……………………………………………… 66

3.2.5　盈利模式 ……………………………………………… 67

3.2.6　成功之处 ……………………………………………… 70

3.3　LinkedIn 案例精解 …………………………………………… 72

3.3.1　公司简介 ……………………………………………… 72

3.3.2　网站特点及功能 ……………………………………… 72

3.3.3　发展简史 ……………………………………………… 74

3.3.4　盈利模式 ……………………………………………… 75

3.3.5　成功之处 ……………………………………………… 77

第4章　国内社交网经典案例及精解 ……………………………… 81

4.1　人人网案例精解 ……………………………………………… 81

4.1.1　公司简介 ……………………………………………… 81

4.1.2　网站特点及功能 ……………………………………… 81

4.1.3　发展简史 ……………………………………………… 85

4.1.4　经营模式 ……………………………………………… 86

4.1.5　成功之处 ……………………………………………… 88

4.2　新浪微博案例精解 …………………………………………… 89

4.2.1　公司简介 ……………………………………………… 89

4.2.2　网站特点及功能 ……………………………………… 90

4.2.3　发展简史 ……………………………………………… 92

4.2.4　营销应用 ……………………………………………… 93

4.2.5　盈利模式 ……………………………………………… 96

4.2.6　成功之处 ……………………………………………… 98

4.3　丁香园案例精解 ……………………………………………… 100

4.3.1　公司简介 ……………………………………………… 100

4.3.2　网站特点及功能 ……………………………………… 100

4.3.3 发展简史 ………………………… 101

4.3.4 盈利模式 ………………………… 103

4.3.5 成功之处 ………………………… 104

4.4 腾讯泛关系链解决方案 …………… 110

4.4.1 公司简介 ………………………… 110

4.4.2 发展历史 ………………………… 110

4.4.3 腾讯 SNS 介绍 …………………… 112

4.4.4 SNS 市场分析 …………………… 114

4.4.5 腾讯泛关系链传播案例 ………… 114

4.4.6 未来发展 ………………………… 121

第三部分　国内外企业(组织)社交网营销经典案例及精解

第 5 章　国外企业(组织)社交网营销经典案例及精解 ………………… 127

5.1 奥巴马利用社交网竞选总统 ……… 127

5.1.1 人物介绍 ………………………… 128

5.1.2 案例背景 ………………………… 129

5.1.3 案例正文 ………………………… 131

5.1.4 案例分析 ………………………… 136

5.1.5 案例点晴 ………………………… 139

5.2 愤怒的小鸟社交网营销策略 ……… 140

5.2.1 公司简介 ………………………… 140

5.2.2 移动游戏行业分析 ……………… 141

5.2.3 案例背景 ………………………… 143

5.2.4 产品介绍 ………………………… 144

5.2.5 案例正文 ………………………… 146

5.2.6 案例分析 ………………………… 148

5.2.7 案例点晴 ………………………… 149

5.3 乐事薯片开心农场植入式营销 …… 150

5.3.1 公司简介 ………………………… 150

5.3.2 薯片行业分析 …………………… 151

5.3.3 案例背景 ………………………… 153

5.3.4 产品介绍 ………………………… 153

5.3.5 案例正文 ………………………… 154

　　5.3.6　案例分析 ·· 158
　　5.3.7　案例点睛 ·· 159
5.4　雀巢笨 NANA 冰淇淋 ·································· 160
　　5.4.1　公司简介 ·· 161
　　5.4.2　冰淇淋行业分析 ·································· 162
　　5.4.3　案例背景 ·· 163
　　5.4.4　产品介绍 ·· 164
　　5.4.5　案例正文 ·· 165
　　5.4.6　案例分析 ·· 166
　　5.4.7　案例点睛 ·· 168

第6章　国内企业社交网营销经典案例及精解 ·········· 169

6.1　中粮悦活开心网互动营销 ·························· 169
　　6.1.1　公司简介 ·· 170
　　6.1.2　果蔬饮料行业分析 ······························ 170
　　6.1.3　案例背景 ·· 172
　　6.1.4　产品介绍 ·· 173
　　6.1.5　案例正文 ·· 174
　　6.1.6　案例分析 ·· 176
　　6.1.7　案例点睛 ·· 177
6.2　伊利舒化奶 APP 植入式营销 ······················ 177
　　6.2.1　公司简介 ·· 178
　　6.2.2　乳制品行业分析 ·································· 178
　　6.2.3　案例背景 ·· 180
　　6.2.4　产品介绍 ·· 181
　　6.2.5　案例正文 ·· 182
　　6.2.6　案例分析 ·· 184
　　6.2.7　案例点睛 ·· 185
6.3　中美史克保丽净假牙清洁片 ······················ 186
　　6.3.1　公司简介 ·· 187
　　6.3.2　假牙护理行业分析 ······························ 187
　　6.3.3　案例背景 ·· 189
　　6.3.4　产品介绍 ·· 190
　　6.3.5　案例正文 ·· 190
　　6.3.6　案例分析 ·· 193

6.3.7　案例点睛 ……………………………………………… 193

6.4　加多宝借力《中国好声音》营销 ……………………………… 194

　　6.4.1　公司简介 …………………………………………… 195

　　6.4.2　凉茶行业分析 ………………………………………… 195

　　6.4.3　案例背景 …………………………………………… 197

　　6.4.4　产品介绍 …………………………………………… 198

　　6.4.5　案例正文 …………………………………………… 199

　　6.4.6　案例分析 …………………………………………… 205

　　6.4.7　案例点睛 …………………………………………… 207

6.5　小米手机二代微博营销 …………………………………… 207

　　6.5.1　公司简介 …………………………………………… 208

　　6.5.2　智能手机行业分析 ……………………………………… 209

　　6.5.3　案例背景 …………………………………………… 213

　　6.5.4　产品介绍 …………………………………………… 214

　　6.5.5　案例正文 …………………………………………… 215

　　6.5.6　案例分析 …………………………………………… 217

　　6.5.7　案例点睛 …………………………………………… 218

6.6　长安福特新福克斯数字整合营销 ……………………………… 219

　　6.6.1　公司简介 …………………………………………… 220

　　6.6.2　汽车行业分析 ………………………………………… 221

　　6.6.3　产品介绍 …………………………………………… 222

　　6.6.4　案例正文 …………………………………………… 223

　　6.6.5　案例分析 …………………………………………… 229

　　6.6.6　案例点睛 …………………………………………… 229

6.7　上汽荣威 iVoka 的社交网营销 ……………………………… 230

　　6.7.1　公司简介 …………………………………………… 231

　　6.7.2　自主品牌汽车行业分析 ………………………………… 233

　　6.7.3　案例背景 …………………………………………… 234

　　6.7.4　产品介绍 …………………………………………… 235

　　6.7.5　案例正文 …………………………………………… 236

　　6.7.6　案例分析 …………………………………………… 237

　　6.7.7　案例点睛 …………………………………………… 239

参考文献 ……………………………………………………… 240

第一部分

社交网概述

第1章　社交媒体概述

社交媒体是一个宽泛的概念,包括一些不同的形式和内容。随着科技的发展和人们需求的变化,新的社交媒体不断涌现。本章将对不同时期出现的各种流行的社交媒体形式进行定义、分析,从中领略其丰富的内涵,窥探社交媒体发展的轨迹。

1.1　社交媒体

社交媒体(Social Media),也称为社会化媒体、社会性媒体,统指允许人们撰写、分享、评价、讨论、相互沟通的网站和技术,也是人们彼此之间用来分享意见、见解、经验和观点的工具和平台,也包括了大批网民自发贡献,提取,创造新闻咨询,然后传播的过程。主要包括社交网、博客、轻博客、微博、论坛以及微信等形式。近年来,社交媒体在互联网的沃土上蓬勃发展,爆发出令人炫目的能量。其传播的信息已成为人们浏览互联网的重要内容,不仅制造了人们社交生活中争相讨论的一个又一个热门话题,且进而吸引传统媒体争相跟进。社交媒体的产生依赖的是Web2.0的发展,基于 SNS(社交网),Blog,Mini-Blog,BBS,IM,E-mail 等一系列基于互联网的信息传播工具(技术),也基于网民对于互动的、表达自我的强烈愿望,由无数个节点(人)根据自己的学习生活经历、专业、喜好、价值观等过滤加工后进行传播的。相对于社交网来说,社交媒体是一个更为广泛的概念,而社交网相对更为狭义,只是社交媒体中的一个新兴崛起的传播平台。

1.2　社交网络(SNS)

关于社交网络的概念有广义与狭义之分。

1.2.1　广义的概念

Rick Mathieson(2011)对于社交网络的定义就是广义的概念。他认为社交网络(Social Networking)是指通过各种界面,包括网站、聊天室、论坛、电子邮件、即时消息、文本消息、博客、三维虚拟世界,以及他们各种可能的组合,可让用户分享各种兴趣爱好及活动的在线社区。此广义的概念有上述社交媒体之涵义。

1.2.2　狭义的概念

狭义的社交网络概念有如下三种：

（1）社交网络是指 Social Networking Services，即社会性网络服务，专指旨在帮助人们建立社会性网络的互联网应用服务。社交网络对个人而言，是一项"服务"，一项用以跟老朋友互通有无，保持联系，拉近距离的网络服务；一项拓展关系网，结交志同道合的朋友的"服务"，这些服务带领我们进入了数字化的"泛社交时代"。

（2）社交网是指 Social Network Site，即"社交网站"或"社交网"，是一种平台。从该意义上看"社交网络（SNS）"也可以是一种媒体，因为在这个网络平台上，无数的信息被网络中的节点（人）过滤并传播着，有价值的消息会被迅速传遍全球，无价值的信息则会被人们遗忘或者只能得到小范围的传播。Barn(2006)认为 SNS 是能为人们提供在线个人空间并与他人分享的网站。这就是我们近几年刚听到的新名词："社会化媒体（Social Media）"。

（3）最后一种解释：社交网是指 Social Network Software，专指社交服务软件。维基百科上对于 SNS 的定义为："社交网站是一种多人参与的网站，在这个网站上，用户公开自己创造的内容并与他人分享个人或专业信息；社交网络服务则是一种建立和验证在线社会网络的软件。"

作为一个新媒体，SNS 具有时效性强、黏着度高、用户活跃度持久、内容简单易传播等特点。

1.3　社交媒体与社交网络的区别

人们常常混淆和混用社交媒体（Social Media）与社交网络（Social Network）两个概念。实际上这是两个固定而又含糊的概念，它们的涵盖范围在很大程度上有所交叠，因而人们经常混用这两个概念。通常，社交网络促进很多社会化媒体形式的发展，但是还有相当多的社会化媒体不属于社交网络之列。

社交媒体与社交网络的区别可以从以下几个方面进行解释：

（1）定义与内涵不同。社交媒体、社交网络都是一种传播方式，区别于传统媒体如电视、报纸等单向的传播方式，社交媒体和社交网络在于任何人都可以通过各自的平台在互联网创造和传播信息，但社交媒体的概念更加宽泛，社交网络是社交媒体中的一种。

（2）交流方式不同。社交媒体是一种交流频道，一种传递信息的模式。访问社交媒体是在一个系统和平台上发布信息。而社交网络是一种双向的交流。人们因为经历、背景或兴趣的相似通过双向沟通建立关系。

（3）对象不同。社交媒体的对象是松散的大众，相互之间没有什么刻意的渊源。互相之间的信任程度远不及社交网络中的高。而社交网络则不同，关系网络中的对象是线下真实的关系在网上的集合，是朋友关系，是朋友的朋友关系，或者是基于背景、兴趣的相同而建立的关系。他们之间的关系更加真实可信。

（4）传播效果不同。在使用社交媒体时，如果不是知名品牌，很难在一夜之间拥有众多的关注量，所以需要马拉松式的经营与维护。而社交网络则不同。一方面在社交网络上是直接的对话、互动，另一方面由于社交网络中用户之间互信程度高，关注度也高，因而容易传播好友发来的信息，传播的效果则更快，其影响也更广。

（5）功能上不同。两者在功能指向上又各自独立。其中的原则性区别就是社交媒体强调信息的传播，而社交网络属于人与人之间的互动。

社交媒体包括博客、维基、投票、评论、照片和视频等。社交媒体重点是关于内容的，相对而言，人倒是次要的。社交媒体中的用户通过发帖、评论、上传照片或者视频等生成内容。而社交网站使人们改变了以内容为中心的模式。每个社交网站都由两部分组成：用户资料和用户之间的联系，但关注的重点还是人与人之间的联系。尽管现在很多社交网站也增加了功能，如加标签、发评论、投票或是上传照片、视频，但在社交网络中，用户永远是第一的，内容则是次要的，会过时的。YouTube上最火的视频也有"门前冷落鞍马稀"的一天。而人是活的，他们总是会乐于看到朋友们的信息更新，好友的新鲜事，分享朋友的各种心情，也乐于更新自己的信息，与朋友们分享，如此往返，乐此不疲。

由于社交网络的影响力更持续、范围更广，本书将重点阐述，通过更多的案例来分析社交网络平台的商业运用、营销策略。

1.4 移动互联网

虽然移动互联网不能与社交媒体划等号，但是借助这一平台，人们不仅可以更加方便地使用社交媒体和社交网络，还可以借此形成更庞大的社交网络、更多的社交媒体。如近年出现的微博、微信就是借助移动互联网而快速发展起来的。

1.4.1 移动互联网概念和发展

移动互联网（Mobile Internet），就是将移动通信和互联网两者结合起来，以成为一体。根据《著云台》的分析师团队的界定，移动互联网是指互联网的技术、平台、商业模式和应用与移动通信技术结合并实践的活动的总称。在如今快速发展的数字时代,最令人惊喜的变化或许就是移动设备的大量普及。对于任何品牌或者公司营销领域的人士来说,这都是一个值得引起注意的变化。迄今,全球移动用户已超过 15 亿,互联网用户也已逾 7 亿。而仅中国移动通信用户总数就超过 3.6亿,互联网用户总数则超过 1 亿。这一历史上从来没有过的高速增长现象反映了随着时代与技术的进步,人类对移动性和信息的需求急剧上升。这意味着消费者、用户接入企业网站、对服务的需求已经发生了改变,企业需要对此作出快速的应对。

对于这一变化所发生的速度以及普及程度,以下一系列数字可以说明:

(1) 在美国地区,如今的智能手机用户数量已经是计算机用户数量的四倍。

(2) 苹果在 2011 年总共卖出了 4 800 万部移动设备,而同期苹果卖出的笔记本以及 Mac 机的数量则仅为 490 万台。据国外媒体报道,市场研究公司 Gartner在参考苹果 iPhone、iPad 和 Mac 电脑的销售情况及微软各种 Windows 操作系统支持的台式电脑、笔记本电脑、平板电脑和智能手机的销售情况后预测,2013 年苹果设备销量将超过 Windows 设备。

(3) 48%的美国移动订阅数字内容用户都使用智能手机。

(4) 2012 年的智能手机用户使用率同比 2011 年上升了 50%。

(5) 1%美国人无时无刻都保持自己的移动设备在可触及的范围内(即无论去哪,都会随身带着移动设备)。

(6) 2013 年,移动手机将超越 PC 成为接入互联网的最主要途径。

(7) 有大约七分之一的搜索是通过手机完成的。

(8) 在 2012 年的"黑色星期五"期间,有 24%的交易都是通过移动设备完成的。

(9) 94%的用户通过智能手机查找本地商家、或本地信息,其中有 90%的用户在查找完成后会进行后续动作,比如进行购物或打电话进一步询问。

(10) 目前只有 20%的企业专门建立了针对移动设备的网站。

随着宽带无线接入技术和移动终端技术的飞速发展,人们迫切需要能够随时随地乃至在移动过程中都能方便地从互联网获取信息和服务,因此移动互联网应运而生并迅猛发展。然而,移动互联网在移动终端、接入网络、应用服务、安全与隐私保护等方面还面临着一系列的挑战。

1.4.2　移动互联网可开展的业务模式

借助移动互联网企业可开展的业务模式有:

(1) 移动社交将成客户数字化生存的平台:在移动网络虚拟世界里面,服务社区化将成为焦点。社区可以延伸出不同的用户体验,提高用户对企业的黏性。

（2）移动广告将是移动互联网的主要盈利来源：手机广告是一项具有前瞻性的业务形态，可能成为下一代移动互联网繁荣发展的动力因素。

（3）手机游戏将成为娱乐化先锋：随着产业技术的进步，移动设备终端上会发生一些革命性的质变，带来用户体验的跳跃：加强游戏触觉反馈技术，可以预见，手机游戏作为移动互联网的杀手级盈利模式，无疑将掀起移动互联网商业模式的全新变革。

（4）手机电视将成为时尚人士新宠：手持电视用户主要集中在积极尝试新事物、个性化需求较高的年轻群体，这样的群体在未来将逐渐扩大。

（5）移动电子阅读填补夹缝时间：因为手机功能扩展、屏幕更大更清晰、容量提升、用户身份易于确认、付款方便等诸多优势，移动电子阅读正在成为一种流行迅速传播开来。

（6）移动定位服务提供个性化信息：随着随身电子产品日益普及，人们的移动性在日益增强，对位置信息的需求也日益高涨，市场对移动定位服务需求将快速增加。

（7）手机搜索将成为移动互联网发展的助推器：手机搜索引擎整合搜索概念、智能搜索、语义互联网等概念，综合了多种搜索方法，可以提供范围更宽广的垂直和水平搜索体验，更加注重提升用户的使用体验。

（8）手机内容共享服务将成为客户的黏合剂：手机图片、音频、视频共享被认为是未来 3G 手机业务的重要应用。

（9）移动支付蕴藏巨大商机：支付手段的电子化和移动化是不可避免的必然趋势，移动支付业务发展预示着移动行业与金融行业融合的深入。

（10）移动电子商务的春天即将到来：移动电子商务可以为用户随时随地提供所需的服务、应用、信息和娱乐，利用手机终端便捷地选择及购买商品和服务。

1.4.3　移动互联网特点

"小巧轻便"及"通信便捷"两个最大的特点，决定了移动互联网与 PC 互联网的根本不同之处，发展趋势及相关联之处。具体而言，移动互联网有如下特点：

1）高便携性

除了睡眠时间，移动设备一般都以远高于 PC 的使用时间伴随在其主人身边。这个特点决定了，使用移动设备上网，可以带来 PC 上网无可比拟的优越性，即沟通与资信的获取远比 PC 设备方便。

2）隐私性

移动设备用户的隐私性远高于 PC 端用户的要求。不需要考虑通信运营商与设备商在技术上如何实现它，高隐私性决定了移动互联网终端应用的特点——数据共享时即保障认证客户的有效性，也要保证信息的安全性。这就不同于互联网公开透明开放的特点。互联网下，PC端系统的用户信息是可以被搜集的。而移动通信用户上网显然是不需要自己设备上的信息给他人知道甚至共享。

3) 应用轻便

除了长篇大论、休闲沟通外，能够用语音通话的就用语音通话解决。移动设备通信的基本功能代表了移动设备方便、快捷的特点。而延续这一特点及设备制造的特点，移动通信用户不会接受在移动设备上采取复杂的类似PC输入端的操作——用户的手指情愿用"指手划脚"式的肢体语言去控制设备，也不愿意在巴掌方寸大小的设备上去输入26个英文字母长时间去沟通，或者打一篇千字以上的文章。

随着移动互联网的发展，移动社交网络将成为流行趋势。

1.5　微博

1.5.1　微博的概念

微博，即微博客(MicroBlog)的简称，也是一种社交网络平台，在新浪2012年5月8日公布的《新浪微博社区公约(试行)》总则的第一条中，就明确指出新浪微博是由新浪公司创建、运行的社交网络平台。

国内新媒体领域知名研究学者陈永东在国内率先给出了微博的定义：微博是一种通过关注机制分享简短实时信息的广播式的社交网络平台。可从五方面理解：

(1) 关注机制：可单向可双向两种；

(2) 简短内容：通常为140字(包括标点符号)；

(3) 实时信息：最新实时信息；

(4) 广播式：公开的信息，谁都可以浏览；

(5) 社交网络平台：把微博归为社交网络。

按照通俗的理解，微博是一个基于用户关系信息分享、传播以及获取的平台，用户可以通过WEB、WAP等各种客户端组建个人社区，既可以作为观众，在微博上浏览用户感兴趣的信息；也可以作为发布者，在微博上发布内容供别人浏览。由于发布的内容一般较短，受140字的限制，微博由此得名。当然发布的内容也可以是图片，还可以是分享的视频等。最早、最著名的微博是美国的Twitter。中国门户网站新浪于2009年8月推出"新浪微博"内测版，以此成为门户网站中第一家提供微博服务的网站，至此，微博正式进入中文上网主流人群视野。2012年6月，中国微博用户总数达到 3 亿人,成为世界微博人数第一大国。随着微博在网民中的日益火热,微博效应正在逐渐形成,小到个人的生活琐事,中到娱乐、体育盛事,大到国计民生以及全球性的事件,目前微博已成为全世界网民们表达意愿、分享心情的重要渠道。很多社会事件的揭露都来自于微博平台。

1.5.2　微博的特点

微博草根性更强,且广泛分布在桌面、浏览器和移动终端等多个平台上,有多种商业模式并存,或形成多个垂直细分领域的可能。但无论哪种商业模式,都离不开用户体验的特性和基本功能。

(1) 信息共享便捷迅速。这是微博最大的特点。微博不仅发布信息快而便捷,信息传播速度亦如此。用户可以通过各种连接网络的平台,在任何时间、任何地点即时发布信息,其信息发布速度超过传统纸媒及网络媒体。

(2) 信息获取具有很强的自主性、选择性,用户可以根据自己的兴趣偏好,依据对方发布内容的类别与质量,来选择是否"关注"某用户,并可以对所有"关注"的用户群进行分类。

(3) 内容短小精悍。微博的内容限定为 140 字左右,内容简短,不需长篇大论,门槛较低。相对于强调版面布置的博客来说,微博的内容组成只是由简单的只言片语组成,从这个角度来说,对用户的技术要求门槛很低,而且在语言的编排组织上,没有博客那么高。

(4) 传播力、影响力强大。这与内容质量高度相关。其影响力基于用户现有的被"关注"的数量。用户发布信息的吸引力、新闻性越强,对该用户感兴趣、关注该用户的人数也越多,从而影响力就越大。此外,微博平台本身的认证及推荐亦助于增加被"关注"的数量。

(5) 微博开通的多种 API 使得大量的用户可以通过手机、网络等方式来即时更新自己的个人信息。

1.5.3　国内外微博发展及著名微博

1) 美国的 Twitter

Twitter(官方中文译名:推特)可以说是微博的鼻祖。Twitter 是即时信息的一个变种,它允许用户将自己的最新动态和想法以短信息的形式发送给手机和个性化网站群,而不仅仅是发送给个人。2006 年 3 月 Blogger 的创始人威廉姆斯(Evan Williams)推出 Twitter,英文原意为小鸟的叽叽喳喳声,用户能用如发手机短信的数百种工具更新信息。Twitter 的出现把世人的眼光引入了一个叫微博的小小世界里。Twitter 是一个社交网络及微博客服务。用户可以经由 SMS、即时通信、电邮、Twitter 网站或 Twitter 客户端软件(如 Twitterrific)输入最多 140 字的文字更新，Twitter 被 Alexa 网页流量统计评定为最受欢迎的 50 个网络应用之一。在 2007 年 5 月，国际间计算总共有 111 个类似 Twitter 的网站。然而，最值得关注的仍是 Twitter。Twitter 在国外"大红大紫"，其他微博来了又走，只有 Twitter 是永恒的。分析机构 Semiocast 发布的数据显示，截至 2012 年 7 月 1 日，Twitter 的用户数已经突破 5 亿，达到 5.17 亿，这对 Twitter 而言具有里程碑式的意义。目前，Twitter 的用户数约为 Facebook 的一半，成为仅次于 Facebook 的全球第二大社交网站。

2) 中国的微博及其发展

Twitter 的影响力具有开创性，可以不夸张地说，国内所有微博都是山寨版的 Twitter。从 2007 年中国第一家带有微博色彩的饭否网开张，到 2009 年微博这个全新的名词成为最流行的词汇，都是如此。伴随而来的，是一场微博世界人气的争夺战，大批量的名人被各大网站招揽，各路名人也以微博为平台，在网络世界里聚集人气。同样，新的传播工具也造就了无数的草根英雄，从默默无闻到新的话语传播者，往往只在一夜之间、寥寥数语。

2010 年国内微博如雨后春笋般崛起，四大门户网站均开设微博，几年来发展迅速。根据相关公开数据，截至 2010 年 1 月份，该产品在全球已经拥有 7 500 万注册用户。据中国互联网络信息中心(CNNIC)统计显示，2011 年上半年，中国微博用户从 6 331 万增至 1.95 亿，半年增幅高达 208.9%。微博在网民中的普及率从 13.8% 增至 40.2%。从 2010 年底至今，手机微博在网民中的使用率比例从 15.5% 上升到 34%，而中国互联网的普及率增至 36.2%，较 2010 年增加 1.9%。据中国互联网络信息中心(CNNIC)报告显示，截至 2011 年 12 月底，我国微博用户数达到 2.5 亿，较上一年底增长了 296.0%，网民使用率为 48.7%。微博用一年时间就发展成为近一半中国网民使用。半年后，即 2012 年 6 月我国微博用户已达到 3 亿之多，互联网监测研究平台 DCCI 互联网数据中心 2012 年 9 月发布的《2012 中国微博蓝皮书》称，经过 5 年的培育，19 岁及以上的微博用户占比达到了 88.81%，微博用户总量超过 3 亿，中国微博市场用户规模已基本稳定和成熟，由此可见中国微博发展迅速。截至 CNNIC 发布第 31 次《中国互联网络发展状况统计报告》2012 年 12 月底，我国微博用户规模为 3.09 亿，较 2011 年底增长了 5 873 万，网民中的微博用户比例达到 54.7%。手机微博用户规模 2.02 亿，占所有微博用户的 65.6%，接近总体人数三分之二。

作为一种新型媒介工具，微博传播的影响力日益增大。因而中国政府也积极开启微博，至此开启了中国新媒体政治和社会治理新时代。2013 年 3 月 26 日，在国务院召开的新一届政府第一次廉政工作会议，国务院总理李克强发表讲话时就强调:"现在社会已经是一个透明度很高的社会,我国微博的用户数以亿计,有些政府信息不及时公开,社会上就议论纷纷,甚至无端猜测,容易引起群众的不满,产生负面影响,给政府工作造成被动。"谈到政务公开,李克强说:"与其如此,还不如我们主动及时地公开,向群众'说真话、交实底'!"由此可见微博的影响力以及政务公开的必要性。

目前,企业用户也将微博作为重要的推广渠道,通过注册官方微博,得到认证后,以此迅速扩大企业的知名度、提高企业的竞争力。而个人用户也通过微博平台进行推广,如各路明星、富豪,著名的有成龙,李连杰,姚晨,马伊琍,冯小刚,牛群,杨幂,郭敬明,韩寒等,博主们纷纷开通微博,从而提高个人知名度。2012 年《新财富富人榜》排名 29 位的 SOHO 中国潘石屹是富豪中人气最旺的微博主。

目前中国最有影响力的微博当推新浪微博、腾讯微博、搜狐微博、网易微博。

(1) 新浪微博。

至今,新浪微博用户数超过 1 亿,由于抢占了先机,而且在整体的战略执行上也比较彻底到位,所以成为微博巨头,获得了市场地位。短短两年时间,新浪微博就为新浪赚了几十亿美金。新浪微博采用了与新浪博客一样的推广策略,即邀请明星和名人加入开设微型博客,并对他们进行实名认证。

(2) 腾讯微博。

腾讯微博也呈现出发展迅猛的姿态,腾讯目前拥有近 7.5 亿的 QQ 注册用户,3 亿左右的活跃用户。这部分人群很容易受潮流趋势的影响,开通腾讯微博。通过腾讯微博能够与 QQ 好友和腾讯微博上的其他用户进行信息的分享。在拥有了强大的 QQ 平台下,腾讯方面并未打算把腾讯微博作为战略级产品推出,而更多的是为了遏制对手,起到战略防御的作用。

(3) 搜狐微博。

搜狐微博是一个由搜狐推出,提供微博客服务的类 Twitter 网站。用户可以通过网页、WAP 页面、第三方应用和手机短信、彩信等发布消息。虽然搜狐微博是一个微博客服务,但是其打破了微博客服务存在字数限制的传统。①搜狐微博允许微博附带图片。②2010 年 4 月 7 日业界消息,搜狐微博客产品"搜狐微博"上线正式公测。用户可以将每天生活中有趣的事情、突发的感想,通过一句话或者图片发布到互联网中与朋友们分享。与此同时用户还可以关注任何感兴趣的人,随时了解他们的动态。用户可以通过微博记录自己的生活点滴、随笔心情。用户可以"围观"名人、朋友,看他们身边都发生了什么。无论在哪里,都能通过网络、手机发布微博。③搜狐微博正在尝试打通搜狐各产品线,如博客、社区、搜狐焦点、校友录等产品,试图进一步发挥搜狐的矩阵优势。

（4）网易微博。

网易微博于 2010 年 1 月 20 日正式上线内测，2010 年 7 月 13 日 19:00 起，网易微博进入系统维护时间，现已开通。网易微博是用户和朋友、网友之间随时随地分享交流的平台。用户只需要写下三言两语，随便说说周围的趣事，就能马上分享给关注自己的朋友。网易微博定位即为，简单的分享。网易微博是继承了 Twitter 的简约风格，无论是从色彩布局，还是整体设计上，都可以找到一点 Twitter 的感觉。交互上，摒弃了新浪微博回复提醒的繁琐功能，相比于新浪微博的评论内嵌，网易微博采用了 @ 的形式进行用户之间的友好交流。截至 2012 年 10 月 19 日，网易微博用户已突破 2.6 亿。

2012 年 3 月 16 日，新浪、腾讯、搜狐和网易微博共同正式实行微博实名制。

3) 中外微博的差异

（1）在文化上的差异。

中国微博最显著的文化特征是关系社会这一本质属性，中国人社会认同的结构建立在一套强有力的关系体系之中，其文化内核是群体化的、联系化的，所谓"四海之内皆兄弟"。一个人的社会地位的高低取决于社会关系的强弱。随着社交媒体在中国社会的伸展，传统的人际结构面临着新型技术的冲击，不断推进着在网络层面的身份以及权力重构。关系作为一种资本，是实现权力重构的核心，因此，微博的发展过程，也是新权力者关系资本积累的过程。

外国的微博如 Twitter 的产品初衷正如单词 Twitter 的本义——鸟儿叽叽喳喳的叫声。它抓住了美国人渴望表达、爱唠叨的个性以及信息分享的特征，正如一个窗口，一个充斥了个人琐碎的思索、片段化的情感的窗口。其碎片化的信息不断地在回答着如下两个问题："What are you doing?"以及"What's happening?"。

（2）在风格上的不同。

在中国微博虽然火热，但是风格与 Twitter 完全不同。中国人不爱隐私爱热闹，微博与其说是朋友圈，不如说是粉丝厂。正好又由于众所周知的原因，微博又变成网民集体娱乐广场和讨伐的战场，知识分子启蒙的公共课堂。

（3）传达的信息量不同。

由于微博有 140 个字符的长度限制，对于西文，以英文为例，一个英文单词加上空格平均也要五六个字符，而中文以双字词为主流，这样每条 Twitter 能够传达的信息量，就只有一条中文微博的 1/3 左右。如果用信息密度更低的语言（比如西班牙语）写微博，所传达的信息量就更少了。

（4）平台区别。

一方面，中国的微博有其特殊背景，如新浪微博。由于微博背靠新浪网这个老牌且强劲的国内知名网媒，媒体优势得天独厚，也即单从基因比较，新浪微博的媒体基因就比 Twitter 来得更深一些。另一方面,在国内监管较为严格的媒体环境之下,微博能让国内网民拥有一个可以独立自主且相对自由的发声渠道,许多一手新闻甚至猛料均来自草根,微博的这个属性显得弥足珍贵。

1.6　微信

1.6.1　微信的定义及发展

微信附身于手机之上,打通了传统电信通信和移动互联网的界线,将互联网上的社交网延续到手持移动终端,把交换寂寞和沟通渴望变成人类的基本需求。微信是腾讯公司于 2011 年 1 月 21 日推出的一款通过网络快速发送语音短信、视频、图片和文字,支持多人群聊的手机聊天软件。用户可以通过微信与好友进行形式上更加丰富的类似于短信、彩信等方式的联系。微信软件本身完全免费,使用任何功能都不会收取费用,微信时产生的上网流量费由网络运营商收取。2012 年 3 月底,微信用户破 1 亿,耗时 433 天。2012 年 9 月 17 日,微信用户破 2 亿,耗时缩短至不到 6 个月。截至 2013 年 1 月 23 日,微信用户达 3 亿,时间进一步缩短至 5 个月以内,而且仍在加速普及中。

目前,微信新媒体应用已经被大量应用到传媒、国学文化、旅游服务等领域。

1.6.2　微信的功能及其特点

微信的功能:微信是一种更快速的即时通信工具,短邮,具有零资费、跨平台沟通、显示实时输入状态等功能,与传统的短信沟通方式相比,更灵活、智能,且节省资费。其实微信并不仅仅是 QQ 独有,像国外的 KIK、BBM,国内的米聊等都属于微信。具体而言,微信有如下功能和特点:

(1) 对讲功能。轻轻按住说话,松开后对方就能收到谈话者的声音;

(2) 多平台。微信支持智能手机中 iOS、Windows Phone、blackberry、Android 和塞班平台,并支持多平台的手机之间相互收发消息;

(3) 省流量。语音优化,更省流量。30M 流量可以发上千条语音消息,用户可以通过微信与其好友进行文字或图片消息的传送。①图片、语音和视频优化,1M 可发约 1 000 条文字信息,1 000 秒语音信息,约 1 分钟视频信息;②后台运行只消耗约 2.4K/小时;

(4) 支持发送语音短信、视频、图片(包括表情)和文字;

(5) 支持多人群聊(最高 20 人);

(6) 支持查看所在位置附近使用微信的人(LBS 功能);

（7）支持腾讯微博、QQ 邮箱、漂流瓶、语音记事本、QQ 同步助手等插件功能；

（8）微行情：支持及时查询股票行情；

（9）实时对讲功能；

（10）视频聊天功能。

1.6.3　微信的优势

微信有很多优势，具体如下：跨平台，支持多平台，沟通无障碍，微信支持主流的智能操作系统，不同系统间互发畅通无阻；轻松聊天，不透露信息是否已读，降低收信压力；图片压缩传输，节省流量；输入状态实时显示，带给用户手机聊天极速新体验；微信为用户显示对方实时打字状态。此外，移动即时通信，楼层式消息对话更让人们的聊天简洁方便。

1.6.4　微信上的朋友圈

微信上的朋友圈可以看做是一个生于移动时代的 Facebook，有着巨大的想像空间和用户需求。朋友圈和开放平台结合，至少在游戏变现上就有现成的商业模式，在 LBS 上，O2O 上还有 Facebook 现成的经验可以借鉴。但目前微信把朋友圈入口藏得很深，甚至在 Timeline 上都没有提醒，除了产品节奏的控制，还是在观察这个功能对通信服务主诉求的影响。

微信上的朋友圈是一个很重要的功能，甚至比"微信"还重要，一旦被强化，如何在微信其他功能之间切换，就是一个巨大的挑战。而且微信上的朋友圈就是一种社交网络。

微信添加好友的方式多，有 6 种。如：微信支持查找微信号、QQ 好友添加好友、查看 QQ 好友添加好友、查看手机通讯录和分享微信号添加好友、摇一摇添加好友、二维码查找添加好友等 6 种方式。

1.6.5　微信与微博的区别

微信与微博都是近年发展起来的新的社交媒体或社交网络，两者的区别在于：

（1）微博更偏向传统广告，微信则是真正的对话；

（2）微博的曝光率几乎是 100%，微信的曝光率极低；

（3）微博有点扰民，微信没有这个麻烦；

（4）微博是媒体，微信是 CRM 工具。

1.7　博客

1.7.1　博客的定义与内涵

Blog 是继 Email、BBS、ICQ 之后出现的第四种网络交流方式,至今已十分受大家的欢迎,是网络时代的个人"读者文摘",是以超级链接为武器的网络日记,是代表着新的生活方式和新的工作方式,更代表着新的学习方式。

博客有名词和动词的区别。博客作为名词有两层涵义,一是指 Blogger,即指写作或是拥有 Blog 或 Weblog 的人,具体说来,博客这个概念解释为使用特定的软件,在网络上出版、发表和张贴个人文章的人。二是指 Blog 或 Weblog,指网络日志,是一种传播个人思想,带有知识集合链接的出版方式。作为动词指在博客(Blog 或 Weblog)的虚拟空间中发布文章等各种形式的过程。

一言以蔽之,Blog 就是以网络作为载体,简易迅速便捷地发布自己的心得,及时有效轻松地与他人进行交流,集丰富多彩的个性化展示于一体的综合性平台。不同的博客可能使用不同的编码,所以相互之间也不一定兼容。而且,很多博客都提供丰富多彩的模板等功能,这使得不同的博客各具特色。

一个 Blog 就是一个网页,通常由简短且经常更新的帖子(Post,作为动词,表示张贴的意思,作为名字,指张贴的文章)构成,这些帖子一般是按照年份和日期倒序排列的。而 Blog 的内容和目的有很大的不同,从对其他网站的超级链接和评论,有关公司、个人、构想的新闻到日记、照片、诗歌、散文,甚至科幻小说的发表或张贴都有,因而具有随意性。博客内容可大到博客主对时事新闻、国家大事的个人看法,小到他们对一日三餐、服饰打扮的心得等,它可以是博客主纯粹个人的想法和心得,也可以是在基于某一主题的情况下或是在某一共同领域内由一群人集体创作的内容。它并不等同于"网络日记"。作为网络日记是带有很明显的私人性质的,而 Blog 则是私人性和公共性的有效结合,它绝不仅仅是纯粹个人思想的表达和日常琐事的记录,它所提供的内容可以用来进行交流和为他人提供帮助,是可以包容整个互联网的,具有极高的共享精神和价值。

1.7.2　博客的发展历程

在网络上发表 Blog 的构想始于 1998 年,但到了 2000 年才开始真正流行。

2000 年,博客开始进入中国,并迅速发展,但都业绩平平。

2004 年,木子美事件才让中国民众了解到了博客,并运用博客。

2005 年,国内各门户网站,如新浪、搜狐,原不看好博客业务,也加入博客阵营,开始进入博客春秋战国时代。

起初,Bloggers 将其每天浏览网站的心得和意见记录下来,并予以公开,来给其他人参考和遵循。但随着 Blogging 快速扩张,它的目的与最初已相去甚远。网络上数以千计的 Bloggers 发表和张贴 Blog 的目的有很大的差异。不过,由于沟通方式比电子邮件、讨论群组更简单和容易,Blog 已成为家庭、公司、部门和团队之间越来越盛行的沟通工具,因为它也逐渐被应用在企业内部网络(Intranet)。博客商家风起云涌,已有数十家大型博客站点。国内优秀的中文博客网有:新浪博客,搜狐博客,中国博客网,腾讯博客,博客中国等。

1.7.3　博客的作用

博客是互联网 2.0 下的产物,它的出现对以往的传播模式带来了很大冲击,它对话语权的配置和重构,使普通民众拥有了自由发布信息的权利。博客传播的出现,标志着在以"信息共享"为特征的第一代门户网站之后,追求"思想共享"为特征的第二代门户——博客托管网站正在蜂拥而起。博客编辑,是指从事互联网博客托管网站内容建设的人员。博客编辑由于其编辑对象——博客的特殊性,也就随之具有了与传统媒体编辑大不相同的新特点和新职能。博客编辑对编辑对象的形式和内容上的编辑干预度降到了最低,在运用"把关"职能时,也只充当了"信息过滤者"。博客编辑的工作更多地集中在对博客用户的人性化管理,对博客信息资源的科学整合,以及发掘优秀博客文章和博客作者,以促使博客健康发展、努力提升品位上面。随着博客的不断发展,它其中的负面问题也不断凸显出来,如博客侵权事件不断发生,博客中色情、暴力内容屡见不鲜。所以,维护博客健康、有序发展的重担就落在了博客编辑的肩上。如何巧妙地通过"把关"、整合和去粗取精等编辑手段引导博客使用者接纳优秀博客文化、摒弃糟粕,是每个博客编辑应该考虑的问题。具体而言:

(1) 个人自由表达和出版;

(2) 知识过滤与积累;

(3) 深度交流沟通的网络新方式;

(4) 博客营销。利用博客进行企业的营销活动。

如果将博客作为营销工具,那么就要弄清楚博客的种种优势,如成本、速度、多样性。

1.7.4　微博与博客的区别

微博客较之博客草根性更强,且广泛分布在桌面、浏览器、移动终端等多个平台上,有多种商业模式并存,或形成多个垂直细分领域的可能。但无论哪种商业模

式,应该都离不开用户体验的特性和基本功能。微博较之博客,有如下方面的不同:

1) 便捷性

博客的出现,已经将互联网上的社会化媒体推进了一大步,公众人物纷纷开始建立自己的网上形象。然而,博客上的形象仍然是化妆后的表演,博文的创作需要考虑完整的逻辑,这样大的工作量对于博客作者成为很重的负担。在微博客上,仅仅 140 字的限制就将平民和莎士比亚拉到了同一水平线上,这导致了大量的原创内容爆发性地被生产出来。微型博客的出现具有划时代的意义,真正标志着个人互联网时代的到来。"沉默的大多数"在微博客上找到了展示自己的舞台。

2) 背对脸

与博客上面对面的表演不同,微型博客上是背对脸的 follow(跟随)。有一个形象的比喻:你在电脑前打游戏,路过的人从你背后看着你怎么玩,而你并不需要主动和背后的人交流。可以一点对多点,也可以点对点。当你 follow 一个自己感兴趣的人时,两三天就会上瘾。移动终端提供的便利性和多媒体化,使得微型博客用户体验的粘性越来越强。

3) 现场性

微博网站现在的即时通信功能非常强大,通过 QQ 和 MSN 直接书写,在没有网络的地方,只要有手机也可即时更新自己的内容,哪怕你就在事发现场。比如,爱上随心微博的张先生在繁华闹市的星巴克咖啡厅与朋友闲聊,忽然看到大街对面有自己认识的一对"地下情侣"。于是她马上用手机拍摄下来,发到自己的微博客上,在第一时间引起朋友圈子内的一片轰动。对于一些大的突发事件或引起全球关注的大事,如果有微博客在场,利用各种手段在微博客上发表出来,其实时性、现场感以及快捷性,几乎超过所有媒体。

1.8 轻博客

1.8.1 轻博客的由来

轻博客的始祖为 Tumblr。Tumblr(中文译名:汤博乐)成立于 2007 年,是目前全球最大的轻博客网站。Tumblr 是一种介于传统博客和微博之间的全新网络媒体形态,博客是倾向于表达的,微博则更倾向于社交和传播,轻博客吸收双方的优势,既注重表达,又注重社交,而且注重个性化设置,成为当前最受年轻人欢迎的社交网站之一。

"汤博乐"一词源于 Tumblr 的音译,该翻译出自网络起名大师道林顿之手。

"汤博乐"这个中文名字不仅在发音上刚好跟 Tumblr 英文发音一致,而且含义上更加丰富。"汤博乐"一词,其中"汤"字为助音字,虽有美食之本义,但此处象征着美好的东西;"博"字不仅有博大精深之含义,而且也代指轻博客和社交网络;"乐"字表示快乐之含义。"汤博乐"读起来朗朗上口,含义明确,品相雅观,属上等中文名字。

1.8.2　轻博客的功能与特点

Tumblr 是允许用户发表文字、照片,引用、链接、聊天、音乐和视频的轻量级博客,其服务功能和国内新浪博客等提供的方式类同。它的创始人为戴维·卡普(David Carp),《商业周刊》将卡普评选为 2009 年度最佳青年企业家。PC World 则将 Tumblr 称为"奥巴马的五个最佳技术平台"。

Tumblr 沿用了传统博客的形式,并将其演变成一种意识流式的琐碎叙述,日志短小精悍、触发点十分随意——可以是一幅照片、一段视频、一节引言、一条链接甚至一个闪念。尽管 Tumblr 不是基于 Twitter 开发的(它是基于"Tumblelogs"的,譬如 projectionist 或 Anarchaia),然而 Twitter 的成功则为实现更多微博客应用程序的发展提供了通途。Tumblr 实际上是介于 Twitter 和传统的全功能博客之间的服务。该网站目前用户数超过 2 000 万人,Tumblr 表示将进一步提供增值服务。在使用 Tumblr 前需要在官方网站注册账号开通自己的微博,Tumblr 不但支持在本站发布微博,还可以同步到 Facebook 和 Twitter。Tumblr 2011 年 5 月有近 2 000 万博文,这一数字还在快速增长。

1.8.3　轻博客与微博的区别

最初,轻博客只是微博的另外一种展示形式,相比微博展示更加简洁、便捷,展示方式更加丰富。除了使用微博的图文视频等富媒体(rich media)展示手段,轻博客还保留了"聊天对话展示"、链接、丰富的版式等博客固有的外在形式,甚至支持自定义 CSS 等附加形式。有人说,微博像是日报,而轻博客更像是一本生活杂志,他们共同的特点是简洁的发布形式。所谓的轻博客融合了微博传播和博客,它的出现模糊了两者之间的界线。

1.8.4　轻博客的盈利模式

Tumblr 盈利模式在于公司的广告,但公司的广告模式与 Facebook、Google 不同,一则网站对用户的干扰更小些,更有用一些。简言之,Tumblr 与讲故事有关,卡普希望品牌与市场营销者能将 Tumblr 作为一种讲故事的渠道,其他社交网、搜索广告没法这样做。二则,在主要内容区显示的内容相当神圣,它是用户挑选出来、愿意付费的内容。在内容中不会掺杂品牌广告内容,这与 Twitter 和 Facebook 做的不同,Tumblr 不会在右侧放广告,而是用来提供内容栏,这些内容可能是用户没有看到的。

卡普说:"我们最近尝试的新营收模式在于创造性品牌广告,Facebook 和 Google 并不支持。"卡普希望自家广告不只是一个链接,用来寻找有效的广告,而是品牌利用 Tumblr 讲故事。

1.8.5　中国的轻博客

目前,中国轻博客网站有前盛大边锋总裁许朝军创办的点点网,以及盛大网络富微博社区"推他",轻博客的概念首先是由点点网提出,点点网也是目前功能最完整的轻博客社区。此外,还有新浪轻博客以及人人网推出的轻博客社区"人人小站",拍旁科技推出的"身旁网",凤凰新媒体推出的"凤凰快博",以及"米博"社区等。

第 2 章 社交网概述

本章将从狭义的角度来概述和分析社交网络。

盘点新技术平台的变化,大概每 10 年就会出现一种新技术平台的变革;如 20 世纪 70 年代出现大型计算机,80 年代出现个人电脑,90 年代出现互联网,以及 2000 年后出现社交网络以致后来出现的移动互联网。每一次新技术平台的变革都给社会带来革命性的冲击,给企业带来巨大的影响。在每一次变革过程中,不管以前是多么具有竞争优势的企业,如果不能及时理解并对新兴技术做出回应,恰当地采用新兴的科学技术,便会被时代边缘化,甚至被时代的滚滚洪流而淘汰。

从 2003 年 3 月起,SNS 网络自美国悄然兴起。SNS 网站因 Web. 2.0 用户原创内容(UGC-User Generated Content)的网络特质,使其更具备传播、实时、大量的媒体特点,随后蓬勃发展,在全球以病毒繁衍的速度发展,成为互联网时代人们交流信息、知识和沟通情感的重要方式。国外最著名的有 Facebook、Myspace、Friendster 等。国内也先后出现了众多此类网站,如开心网、人人网、QQ 中的 Qzone、51 社区等。其中人人网是中国目前最大、最具影响力的 SNS 网站之一,目前已有 2 亿注册用户。2012 年 10 月 Facebook 的会员已突破 10 亿用户。

Facebook 是最成功的社交网站,以至于有人把当下互联网时代直接称为 "Facebook 时代"。其原因为:Facebook 是全球按量级排名最大的一个社交网,根据 Hitwise 等互联网流量监测机构公布的数据,Facebook 已打败了谷歌,成为互联网上最繁忙的网站。关于 Facebook,在第 3 章将会详细介绍和分析。

2.1 社交网的作用与影响力

社交网发展到现在已经成为我们生活中的重要组成部分,它已经覆盖人们日常生活的方方面面:改变人们的工作方式,如通过社交网络传播品牌、与客户沟通;改变人们交友的范围——通过虚拟世界与"朋友的朋友","朋友的朋友的朋友"交友,形成泛关系链;改变人们休闲娱乐的方式、作息时间和生活工作的节奏;改变人们寻找和分享信息的方式和相互交往的手段。毋庸置疑,人们的生活与工作已经进入了社交网络时代。

社交网的发展非常迅速。据美国市场研究公司 Pingdom 的报告称,互联网经过 30 年的发展其网民才达到 7.5 亿,而 Facebook 仅仅花了 8 年时间即达到了 8

亿用户。不到 10 年的发展,Facebook 的用户就超过 10 亿。另据尼尔森的报告,网民上 Facebook 的时间占网民总上网时间的 53.5%。正如 eMarketer 首席分析师德布拉·艾霍·威廉姆森(Debra Aho Willamson)指出:"社交网络作为全球在线活动的强大力量是不可低估的。"

由于社交网积聚了大量的用户和人气,而这些用户之间的关系是线下的真实关系在线上的体现,关系真实可信,传播效果为病毒式传播。此外,在一些社交网络中存在不少强力用户(有影响力的用户),如 Twitter 名人、Foursquare 排行榜(签到排行)、雅虎 Answers 的荣誉回答平台。这些有影响力的用户,既享受着社交网络带给他们的荣誉,又对社交网络产生影响力,这些网站将强力用户与普通用户区分开来。

社交媒体的影响力正在以惊人的速度扩张着,它已经也正在波及个人、公司、政府以及其他团体的行为。Facebook 的创始人马克·扎克伯格说过:"人们分享得越多,他们就能够通过自己信赖的人,获得更多关于产品和服务的信息。他们能够更加轻松地找到最佳产品,并提高生活品质和效率。在这一过程中,企业获得的益处是:他们能够制造更好的产品,即以人为本的个性化产品。与传统商品相比,那些基于社交关系、社交图谱、社交圈推广的产品更富有吸引力。"

社交网的作用和影响力具体体现在以下几个方面:

2.1.1　对个体而言

从社交媒体给人自由的角度来看,社交网络对公民个人最大的改变就是增加了人的自由度,包括个人获取信息的自由度、交流信息的自由度和采取联合行动的自由度。社交网络与传统媒体的区别在于:对于普通公众而言,传统媒体只能传播知识、信息和观点,但是社交网络却能为普通人提供创造知识、观点并且进行互动交流的平台,使公众作为参与者而不仅是接受者参与到社会活动中。

从社交网络对于个体的价值来看,主要体现在联系价值和内容价值上。

1) 联系价值

由于在社交网络上,用户可以发现、联系其他用户,而且用户越多,其可联系的范围越广,因而给每位用户带去的价值也就越多。Skype、Whats App 就是两个比较好的例子。使用这类通信工具的联系人、好友多了之后,使用的人便会越来越多,也就越来越有用。婚恋网站和 LinkedIn 同样是社交网站联系价值的好例子。具有联系价值从而就具有社会资本。经济学里的社会资本有特定的含义,区别于物资资本与人力资本,是无形资本,表现为人际关系。哈佛大学政治学教授 Obert Putnam 首先引进这一概念,将其定义为:所有社交网络共同形成的价值和互相帮助的意愿。根据其观点,我们可根据团体里或个人之间的联系和互惠的等级来衡量社会资本。

个人和组织的竞争优势有两个来源：人力资本和社会资本。人力资本包括才能、智慧、魅力和权威，这些是成功的必要条件，但这些天赋常常不由个人直接控制。斯坦福商学院教授 Deb Gruenfeld 和哈佛商学院教授 Miklaji piskorski 的研究表明：社会资本同人力资本一样（甚至比其更）具有影响力，是一个巨大的资源，能够带来知识、思想、机遇、支持、声誉和显著性。拥有更广阔社会资本的人能完成更多的交易、受到更好的尊重，获得更高级别的工作。在社交网络时代，每个人的社会资本都在增加。

一个人一生中有很少的强力联系（家人和好朋友）及众多的弱联系。邓巴数字（在社交网理论基础部分会有详细说明）表明个体能够维持的稳定社会关系认知数量极限大概在 150 人，因为人类能够维持稳定的社会关系有生理极限。社交网络扩大了这一数值，尤其是弱联系。20 世纪 70 年代以来的社会研究表明：我们的弱连接携带了最大量的社会资本。经常我们雇佣、受雇和完成交易的对象不是好友、家人，而是我们略有交情的朋友、朋友的朋友，甚至是刚遇到的人。弱连接同时也在人群中扮演重要的桥梁作用，为网络成员提供一种信息优势。

联系价值体现在人与人之间的强弱联系、社会资本上。对于个人的联系价值而言，以下三点特别重要：

（1）一生中，要建立一个庞大的、有可能是非常有价值的弱关系"池"，当你需要时你可从"池"中调用资料；

（2）要能区别：哪些关系需要投资，需要优先考虑，哪些关系有可能从边缘关系更进一步；

（3）发现有潜在价值的关系：我们无需在看来毫无价值的关系上浪费时间，也不要漏掉可能长期发展的关系。

甚至对于个体而言，不论是找工作，完成交易还是谋求升迁，很多时候都需要借助自己的朋友、朋友的朋友等社交网络中的朋友们的力量。

2）内容价值

内容价值是指用户在社交网站上发现、使用其他用户创造的内容的价值。用户数量越多，所产生的内容也就越多，带给用户的价值也越多。YouTube、Flickr、Quora、优酷、土豆等内容平台以及 Airbnb、Etsy 等市场平台也是在用户创造大规模内容之后才变得非常有用的。由于社交网络涵盖内容非常广泛，在形式上从最初的博客，到后来的 SNS，再到发展迅速的微博，以及腾讯的微信，在内容上，社交网络每天产生大量的信息，这些信息满足用户各方面的需求。

2.1.2　对企业而言

对于企业而言,社交网络的价值主要体现在商业和营销价值上。

随着 SNS 的发展,SNS 平台具有越来越大的营销潜力、商业价值。

一是因为 SNS 为用户建立泛关系链提供了平台。SNS 最大的特点在于帮助人们建立真实、诚信、可靠的联络和评价体系,利用信任关系拓展自己的社会性网络,累积、使用并管理个人的社会资本。王国钦、曹胜雄等(2010)的研究表明,以人际网络为基础的 SNS 网站,其信息的高信任度使其无论是网络流量还是广告营收都以惊人的速度扩展。据 CNNIC 2010 年中国网页游戏调查报告显示,96.8%的用户选择游戏时需要与好友互动,但并不一定需要好友同时在线。在 SNS 社区,每个网民都可以是传播主体,网民通过信息发布,将产品和品牌信息植入到网络社区中。

二是因为 SNS 为企业传播品牌信息提供了很好的平台。由于 SNS 用户庞大,在此平台用户的泛关系链诚信可靠,用户间可以互动,尤其是通过用户原创内容(UGC)互相影响,加之 SNS 网络流量庞大(Facebook 曾宣布,2010 年每个月连接网络和新闻文章分享的图片数量,超过 300 亿张之多,会员们每月总花费浏览时间大约 7 000 亿分钟,而且这些数据还在继续保持高速增长),因而 SNS 为企业传播品牌提供了很好的平台。企业可以借此发布品牌信息,如通过植入式广告游戏发布品牌信息,用户通过玩游戏不经意的接受品牌信息,而且在此平台受众接触广告信息时间长、次数多、互动好,较之传统品牌传播方式的单向、脆弱,此种传播品牌的方式是消费者乐于参与的形式和渠道,而且用户可驱动其关系链上的好友参与并传播品牌,增加品牌认知,企业还能通过奖励机制激励用户及其关系链上的好友线下消费,这样线上的品牌传播与线下的销售促进相结合,使其线上品牌的影响力转化为线下实际的销量和效益,从而达到低成本高效率的品牌传播效果。

由上述 SNS 网站的特征可知,SNS 网站由于针对性强、黏度高和互动性强等特点和优势,因而凝聚了庞大的用户群,这些用户群所集聚的高人气使得 SNS 网站蕴含了巨大的商业潜力,决定了其具有高营销价值,是企业很好的传播品牌的平台。国内外企业借此平台进行了营销实践的创新。如中粮集团、伊利集团和百事集团就借助 SNS 平台将品牌植入颇具创意的游戏中以传播其品牌,如表 2-1 所示。

表 2-1　中粮、伊利和百事三集团借助 SNS 平台传播品牌的营销实践

企业	中粮集团	伊利集团	百事集团
产品	悦活	舒化奶	乐事薯片
SNS 网站	开心网	Qzone	人人网

（续表）

企业	中粮集团	伊利集团	百事集团
游戏类型	开心花园	QQ牧场	乐事农场
活动时间	2009年5月16日～2009年6月25日	2010年8月9日～2010年10月11日	2009年4月16日～2009年6月3日
关键环节	1.以新颖的游戏设计,吸引用户的参与 2.在娱乐中植入广告信息 3.给用户实际的利益回报	1.QQ牧场的品牌植入 2.Minisite的答题抽奖 3.Qzone送礼组件的应用,以及Qzone好友关系链的病毒传播	1.产品原料的无缝植入 2.乐事"100%天然土豆种子"和"薯片加工机"等分别植入《开心农场》原料与道具中
关系链传播品牌	通过系统的随机抽奖,用户好友通过悦活的线下配送,收到在线上送出的果汁的真实版	用户在QQ牧场收获舒化奶的动态信息会在好友关系列表中迅速广播,达到传播效果	利用参与体验用户产生的人人(原校内)好友新鲜事,对本次活动进行口碑式渗透推广
传播效果	"悦活"的品牌提及率短短两个月从零提高到了50%多,而消费者对"悦活"的购买兴趣则已经仅次于汇源的果汁产品	实现超过10亿次品牌曝光,超过2亿用户深度参与;伊利营养舒化奶"营养好吸收,活力更充沛"的卖点被广泛传播	用户对乐事薯片的喜好度提升近一倍,从39%,提升至72.4%。无论是预购还是首选,"肯定会"的所占比重均提高了一倍左右
目标消费者	年轻时尚、注重健康的都市白领目标客群	高端用户群体	年轻人

　　由表2-1可知,这三家公司借助SNS平台进行的品牌传播活动取得了很好的效果。

　　以上是快速消费品行业的案例。其实,很多其他行业如医药行业的公司也发现了社交网络的好处。早在2007年辉瑞(Pfizer)公司就宣布,与美国发展最快的医生社交网站Sermo合作,成为较早进入互联网社交网络的大型药企。Sermo(于2012年与WorldOne合并)是美国波士顿的医生创建于2006年的在线论坛,只开放给有执业执照的医师加入会员,让加入的医师们能在病理观察以及临床护理方面得到其他资深医生的指导以及建议,且鼓励医生在这个开放的网络平台聊天室能互相交流其看法。医生们在上面发布评论以及建议、创造并回应网内的调查、并浏览网站上的医学文章。医生们也能在网站上发布个人信息,并提供更多关于自己在其专业领域的信息,这种封闭式而且专业性很强的性质,让Sermo成为医生间的有名的网上交流空间,比起一般我们所熟知的社交网站,Sermo更好的针对医学领域的工作人员提供一个专业的线上交流工具。Sermo的获利来源主要是通过向金融组织、健康组织以及政府出售那些医生写的匿名评论和调查数据、论坛上发布的药物副作用以及能反映医疗市场趋势的评论。

辉瑞与 Sermo 的合作,昭示着制药行业对于社交网络的关注程度,其合作目的在于确定制药商如何才能最好地和医生进行在线沟通,并根据双方的需求提供药品和疾病信息。辉瑞宣称,这个合作的举动使得制药行业能够进入一个医生们联网的时代,类似于企业热衷于热门网站的个人空间,这样的合作能够有效地弥补制药厂商对于实际临床上的信息不足,而不需再被动地被受制于仅依赖医学杂志上的文章和临床实验资料,也能更加快速地获取临床上的第一手医疗消息,并提供一种双向的交流,临床的医生们也能从制药企业得到市场接受度以及市场信息。传统上,很多临床和用药的消息是需要制药公司花费大量人力物力去获得,辉瑞(Pfizer)与 Sermo 的合作能大大减少制药公司销售代表的派遣量以及派遣强度,如果这种合作有效地降低这些成本,那么其他的相关行业也将仿效,使得制药公司与医学社交网站的合作成为一种接触医生的新方式。

以上是社交网带给企业巨大影响的正面案例。事实上,社交网的巨大影响力也体现在给企业带来的危机上。如加拿大歌手投诉美联航就是典型的案例。2009年,加拿大歌手 Dave Carroll 在自己名贵的吉他被美国联合航空公司(United Air Lines, Inc. ,简称"美联航")的行李运输工摔坏后,历经九个月索赔未果。于是,Carroll 制作了一首名为《美联航摔坏吉他》的音乐视频并上传到 YouTube 上。意想不到的是,这部视频竟在短短 10 天内就获得了近 400 万人次的点击量,后来获 800 万次的点击率,成了互联网上最红的视频之一,压力之下美联航被迫赔偿。

Carroll 亲眼目睹了他的吉他在芝加哥机场被行李员在装卸时抛来抛去,在向机组投诉未果后,倒霉的 Carroll 在离开目的地奥马哈机场后才发现,吉他盒子完整如初,里面跟了他 10 年的吉他几乎断掉。在事后九个月的时间中,Carroll 都试图心平气和地和美联航进行交涉,希望美联航向他赔偿大约 1000 英镑的吉他维修费用。在辗转反复的投诉后,Carroll 得到的只有冷冰冰的一个字:"不!"

愤怒的 Carroll 决定用音乐的方法对美联航展开"报复"。他将美联航"拒赔"事件编成一首歌,精心制作了一部充满着幽默感的蓝调音乐视频并上传到 YouTube 视频分享网站上。而在互联网高度发达的时代,各类网络社区、用户分享网站的蓬勃发展使得信息的传播速度更加惊人。在 10 天的时间内,已经有将近 400 万人次通过 YouTube 知道了 Carroll 的不满,随着视频在各个国家被不断地转帖,这一数字截至今天很可能已经超过 1000 万人次。在《美联航摔坏吉他》走红网络的几天内,美联航的股票价格也暴跌了 10%,相当于蒸发了 1.8 亿美元的市值。美联航的高级主管全都惊呆了,他们确信公司股价暴跌是这段音乐视频惹的祸。

如今,越来越多的公司意识到社交媒体对企业声誉带来机会的同时也带来威胁,以及股东们对公司治理的要求。企业公关人士将在社交媒体上变为创新者,提供有价值的传播建议,并在实践中为公司赢得直接收益。这是从发掘社交媒体中蕴藏的商机和潜伏的危机的角度而言。

2.1.3　对政府而言

谈到社交网对政府的影响,莫过于"埃及事件"典型而巨大。"埃及事件"所体现出来的当代政变模式,是以广泛而强烈的社会不满情绪为基础、社交媒体为组织方式、强大的公民社会为推动力、普通公众为主体、反政府为共同目标,通过街头运动的形式,达到了政权更迭的目标。这种政治运动缺乏传统政治运动中不可或缺的政治组织、政治纲领,而以群众性、突发性为特点。

社交网络在"埃及事件"中发挥了关键作用,这是这场社会革命能够发生、并且有序进行的重要因素,它取代了传统政治运动中的基层组织功能。有政治图谋的力量总是致力于建立自己的组织,因为有组织、有纪律的团体,其能力往往大于无组织、无纪律的团体。但是在这次"埃及事件"中社交网络在很大程度上弥补了组织和纪律缺失带来的不足。社交网络的出现打破了这样的传统规律:一个政权只要控制电视、报纸等传媒工具,就掌握了信息发布权和舆论主导权。在"埃及事件"中,国家媒体没人收听,群众通过互联网、"脸谱"(Facebook)、"推特"(Twitter)、短信等社会网络,传播信息、引导舆论和控制运动节奏。

事实证明,只要有一个共同的目标,社交网络可以用极低的成本将大家协调起来。由于社交网为普通大众提供了方便及时的表达观点、并且进行互动交流的平台,使公众作为参与者而不仅是接受者参与到社会活动中。这能大大地激发普通公众的政治参与热情。2011年1月25日的游行最初就是在社交网络上发起的,反对派人士聚集在"脸谱"网站的一个叫做"我们都是萨伊德"的页面上,呼吁人们参与示威游行。短短的一周时间里,网页支持者的数量迅速增加,从7.5万人增至44万多人。后来,经过社交媒体的传播,参加游行的人数迅速增加。当埃及当权者意识到社交媒体的危害后,命令全国的互联网在凌晨全部关闭,埃及所有的手机网络均被切断,仅剩固定电话可供通讯。然而,为时已晚,公众已经被发动起来了。通过社交网络,没有战争、没有武装斗争、没有流血短期就实现了政权更迭,这样的结果是民众、政府都没有意料到的。

如今,公众对政府政策、行动的透明度要求越来越高,政府顺应民众的要求也不得不借助社交媒体与公众对话。政治家们逐渐意识到了社交媒体是他们与广大人民联系的强大工具。如美国总统奥巴马的竞选,其选举阵营就很好地利用了社交媒体的作用。2012年美国的大选显然破了Twitter的纪录。2012年4月14日在芝加哥启动竞选连任运动的美国总统奥巴马和Facebook的关系急剧升温。

奥巴马于 4 月 20 日访问了 Facebook 总部,并通过该网站发表全国演讲。奥巴马 2012 年 2 月与美国科技业领袖聚餐时,扎克伯格就坐在他旁边。同年 3 月底,扎克伯格还邀请奥巴马前新闻秘书罗伯特·吉布斯加盟负责企业公关。所以奥巴马被誉为"社区总统"。近来以色列国防军与哈马斯用 Twitter 向国际官员和公众交流中东的冲突情况。

目前在中国,社交媒体对于政治对话方面的促进将在未来有显著增长。从地方到国家级的官员将越来越多使用社交媒体与公众保持联系。近年微博在推动中国政府和民众的对话以及政务增加透明度方面起到了积极作用,政府和官员微博纷纷开通,各种反腐事件经由微博爆料,使得很多官员纷纷落马,对反腐起到了很大的推动作用。2012 年来,尤其是该年年底关头,不雅照"秒杀"贪官的传奇在网络上逐步上演,从"表叔"到"房叔",从被醉驾"坑爹"的李亚力到"承诺"离婚的单增德。一幕幕社交媒体反腐"连续剧"让大多数网民陷入了一种狂欢状态,不少媒体也称之为反腐新阶段。

2.1.4　对其他方面而言

社交网对社会的影响是全方位的,除了对社交网的用户、企业、政府的影响外,还会对社会的方方面面带来重大影响。如社交网对体育盛会如奥运会、对电影盛会-如奥斯卡以及社会公益活动等方面也带来深远的影响。

1) 对奥运会而言

社会化网络的迅速成长给媒介环境带来了改变,社交网络让 2012 年的伦敦奥运"零距离",伦敦奥运也使得社交网络从青涩迈向成熟。网友不再局限于看电视上的比赛直播,更喜欢在社交网络上与三五好友一起"吐槽",这样的互动变成了年轻人参与奥运的新形式,也制造了一个个惊人数据和话题流行。

作为史上社交网络最活跃的一届奥运会,社交网络成为奥运赛事资讯、奖牌信息、运动员互动等的集散地,FacebooK、Twitter、微博、人人网、已经成为网友们在观看比赛的同时"吐槽"、评论、分享信息、进行互动游戏的主战场。正如伦敦奥组委主席塞巴斯蒂安科(SebastianCoe)所说:"人们再也不会置身事外消极被动地观赏比赛了。"社交网络让人们参与、分享奥运更彻底,实现了普通百姓和体育明星、体育官间"零距离"接触,从观众到运动员都可以实践"重在参与"的奥运精神。

以人人网为例,在奥运会期间,网友上传与奥运相关的日志有 16 万多篇,状态 600 多万条,照片 45 万张,分享达到 900 万次。共有 117 万网友参与了"为中国队加油"的活动,奥运会相关的公共主页"粉丝"增加到了 100 万以上。

奥运会期间运动员微博账号最受关注。毫无疑问,除奥运赛事外,运动员也是网友热议的核心话题。据了解,早在奥运开赛前,就有超过 200 位中国奥运代表团成员的微博独家落户腾讯微博。在中国军团最终获得的 87 枚奖牌中,有 35 位金牌得主、21 位银牌得主和 14 位铜牌得主在赛后第一时间发出了"获奖微感言"。截至 8 月 13 日零点,中国奥运军团有 218 人在腾讯微博发布 6 648 条消息,网友与他们互动 1 244 万次。

2) 对奥斯卡奖而言

在社交网络时代,Facebook、微博等平台已经开始成为最新、最热信息发布以及用户高频互动的平台。对于奥斯卡来说也不例外,2013 年,社交网络成奥斯卡新秀场,Facebook、微博互动过千万。

有统计数据显示,2013 年从奥斯卡各奖项提名宣布到周一的颁奖盛典期间,Facebook 上共出现了近 7 000 万与奥斯卡相关的社交互动。而在新浪微博上,与奥斯卡获奖名单、华人导演李安得奖相关的信息数量也超过了 3 000 万条。

Facebook 方面经过统计表示,"今年(2012 年)的奥斯卡奖和去年相比,获得了超过 3 倍的用户关注度,获最佳影片提名的影片关注度则超过了 20 倍。在今年(2012 年)所有热门电影中,《悲惨世界》获得了最多的'赞'。"

而在中国,最受关注的则是华人导演李安携《少年派的奇幻漂流》再次角逐金像奖,最终李安获得最佳导演奖,这在微博上迅速引发热议。如媒体人陈文茜在李安获奖消息传出 10 分钟后即发微博惊呼:"李安,沉默而巨大的艺术家! You are the Pi。"

除了通过 Facebook、微博互动,有不少用户表示是通过社交平台第一时间知晓了奥斯卡奖项的信息,社交平台上最新消息的发布时间大大领先正式的新闻发布。当然为了迎合用户习惯的改变,国内外各大娱乐媒体在发布正式新闻之前,第一时间通过官方或记者个人 Twitter、微博发布消息,推升了相关话题热度。

3) 对社会公益活动而言

社交网对其他如社会公益活动也起到很大的作用。如 2011 年 3 月 11 日日本地震与海啸过后,美国专家前往灾区帮助日本重建 IT 系统。由于宽带不足,日本当地的一些大网站被迫关闭,但 Facebook 网站仍然得以正常运营,原因就在于它是一个影响力无法估量的社交工具,能够帮助人们建立联络,搜寻失踪者。

2.2　社交网的发展

2.2.1　社交网发展阶段

从世界范围内,社交网发展的阶段没有公认的统一划分,但是中国的社交网发展阶段可以从以下轨迹看出其发展路径。

经历了早期概念化的六度分隔理论时代,社交网络凭借娱乐化概念取得了长足的发展。国外社交产品推动了社交网络的深度发展。自 2008 年开始中国社交平台经历了井喷式的增长,从 Facebook 演变到开心网、51 游戏社区、朋友网、人人网等多样式的社交网站,人们通过社交网站分享心情、趣事、相片、交友。部分专家认为,国内社交网络的发展可划分为三个阶段。第一阶段以开心网、人人网和 51.com 为代表,这些网站都是因为玩游戏、看帖等特定需求,形成人群聚集。这些网站的核心在于应用和信息内容,而不是人与人之间的关系。第二阶段以微博为代表,它以信息快速流动为驱动力,弥合局部分割人群,带来信息流通的革命式变化。第三阶段是社交网络真正发力的阶段,电子商务开始在关系网中体现价值。

也有学者和研究机构社交网发展阶段有不同的划分,如清科研究中心的研究就大为不同。该中心的研究认为,中国社交网络的发展历程主要呈现为以下四个阶段:

1) 早期社交网络雏形阶段

此阶段的典型企业为天涯、猫扑、西祠胡同等产品。从社交网络的深层演变来看,社交网络应该是从 Web1.0 时代的 BBS 层面逐渐演进。相比于 E-mail 形态,BBS 把社交网络向前推进了一步,将点对点形式演变为点对面,降低交流成本。此外,相比于即时通信和博客等轻社交工具,BBS 淡化个体意识将信息多节点化,并实现了分散信息的聚合。从 VC/PE 关注度来看,2006 年以前,资本主要关注 BBS 及博客形态的社交网络产品,但是后期来看,这类企业的发展大多不尽如人意。

2) 娱乐化社交网络时代

此阶段典型的社交网为 2002 年成立的 Linked In,2003 年运用丰富的多媒体个性化空间吸引注意力成立的 Myspace,以及 2004 年复制线下真实人际关系来到线上低成本管理成立的 Facebook。经历了早期概念化的六度分隔理论时代,社交网络凭借娱乐化概念取得了长足的发展。以上企业的成立推动了社交网络的深度发展。这些优秀的社交网络产品或服务形态,一直遵循社交网络的“低成本替代”原则,降低人们社交的时间与成本,取得了长足发展。

随着国外社交网络如火如荼的发展,中国社交网络产品也相继出现,如 2005 年成立的人人网、2008 年成立的开心网,乃至 2009 年推出的搜狐白社会等,因而拉开了中国社交网络大幕。这段时间大体跨越了 2006~2008 年 3 年有余,VC/PE 在此间经历了大幅投入之后,2008 年进入缓步投入阶段。

3) 微信息社交网络时代

此阶段典型的社交网为美国的 Twitter。在中国随着新浪微博的推出,拉开了中国微信息社交网络时代的大幕。2009 年 8 月,新浪推出微博产品,140 字的及时表达,以及根据用户价值取向和兴趣所向等多维度划分用户群体,用户通过推介及自行搜索等方式构建自己的朋友圈,这种产品迅速聚合了海量的用户群,当然也吸引了众多业者(如腾讯、网易、盛大)的追随。这种模式也再次将广义社交网络推向投资人视野。

此外,随着移动互联网的发展,微信息社交产品逐渐与位置服务等移动特性相结合,相继出现米聊、微信、简简单单等移动客户端产品。另外,我们不容忽视的是SoLoMo 时代,社交功能逐渐成为产品标配,已经无法准确区分社交产品的范围。

4) 垂直社交网络应用时代

垂直社交网络应用是与上述三个阶段在时间上交叉的应用时代,并非是在上述三个社交网络时代终结时产生。这是社交网络探究商业模式的有利尝试,主要是与游戏、电子商务、分类信息等相结合,垂直社交将成为社交网络未来发展的主要方向。

随着社交网络的不断推进,各类社交网络产品不断地寻求差异化发展之路,社交网也发生了从"增量性娱乐"到"常量性生活"的演变。目前,社交网络逐渐拓展到移动手机平台领域,借助手机普遍性、随身性、及时性等特性,利用各类交友/即时通信/邮件收发器等软件,使得手机将成为新的社交网络的主要载体。

2.2.2　社交网发展现状

社交网络自诞生以来,其发展已经超出人们的预期。例如 2011 年推出的Google＋,短短的 30 天内吸引超过 2 500 万用户注册 Google＋。Printerest 在2011 年增长 512%,这些都见证了社交网的蓬勃发展。目前,74%的全球网民访问社交网络和博客网站,社交网络每月平均访问时长 6 小时。根据 Com Score 的调查数据,2011 年全球使用社交网络的人口占全球上网人数的 82%;2011 年,社交网络占据网友 19%的上网时间,而 2007 年仅 6%;全球三分之二的网民会访问社交网络,而社交网络的访问时间增速是互联网访问时间增速的 3 倍。社交网络的访问时间在互联网访问时间中的占比约为 10%。访问社交网站已经成为目前第四热门的网上活动,甚至领先于电子邮件。

目前社交网已经成为互联网最热门的话题之一,也成为投资圈最为炙手可热的追捧领域。回首 SNS 的发展,从美国的 MySpace、Facebook、Twitter 到中国的开心网、人人网等泛娱乐 SNS 应用,再到目前流行的微博、米聊(微博)、微信,以及垂直类 SNS 的应用形态,社交网不仅深入人心,而且正在影响人们日常的生活内容、影响企业与消费者沟通的方式。

1) 社交网用户规模

(1) 全球社交网用户规模。

根据艾瑞咨询(iResearch)和 eMarketer 2012 年 2 月发布的数据,截至 2011 年

12 月,全球有超过 12 亿的用户每月至少一次使用社交网络网站。eMarketer 预计,到 2014 年,全球将有超过 18 亿用户每月至少一次使用社交网络网站,同时,预计 2011 年至 2014 年社交网络用户数量将保持两位数增长(见图 2-1)。

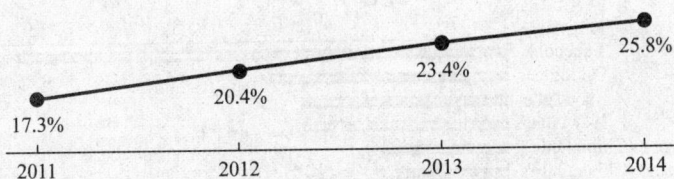

图 2-1　2011～2014 年全球社交网用户占全球人口的比例

　　根据麦肯锡的调研报告,截至 2011 年底,中国社交媒体用户数量已达 3 亿,中国拥有全球最多也最活跃的社交媒体用户群。调查还显示,主导中国社交媒体版图的是中国本土网站。中国消费者平均每天花 46 分钟在这类网站上,而美国消费者为 37 分钟,日本消费者仅为 7 分钟。

　　eMarketer 预计 2013 年全球社交网络用户达 14.3 亿人。

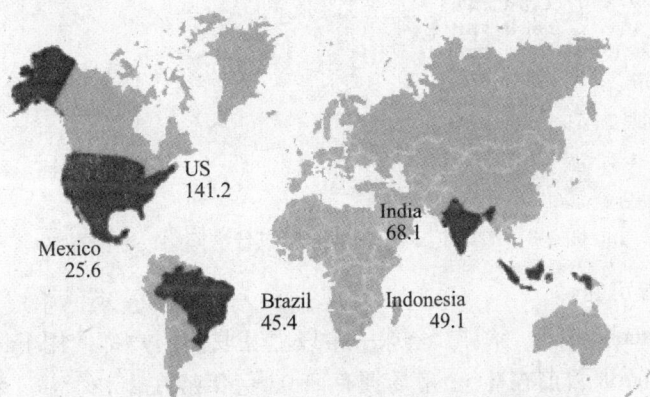

图 2-2　2012 年全球 Facebook 用户数前 5 名的国家

　　市场研究公司 eMarketer 2012 年 2 月发布"世界社交网络使用:市场规模与增长预期"报告称,2012 年全球社交网络用户将会达到 14.3 亿人,比 2011 年增长 19.2%。报告预测,2012 年 63.2% 的互联网用户将每月至少登录一次社交网站,到 2013 年这一比例将会升至 67.6%,2014 年升至 70.7%。基于这一数据计算,2013 年全球人口中的五分之一将会使用社交网络,到 2014 年则将达到四分之一。

　　Facebook 是促进这一增长的主要原因,该网站已在巴西、印度和印度尼西亚市场上取得了迅速的扩张,在这些市场上获得了许多新用户,其中很多用户都从谷歌(微博)旗下社交网站 Orkut 等当地最受欢迎的社交网络转向了 Facebook。

　　根据市场研究机构 Global Web Index 最新调查,截至 2012 年底,全球最为活跃的社交网络中来自中国的占据一半以上,前 13 名中居然有 8 名是中国的。但 Facebook 仍然高居第一,Google＋、YouTube、Twitter、Qzone(QQ 空间)分居后 4 位。如图 2-3 所示。

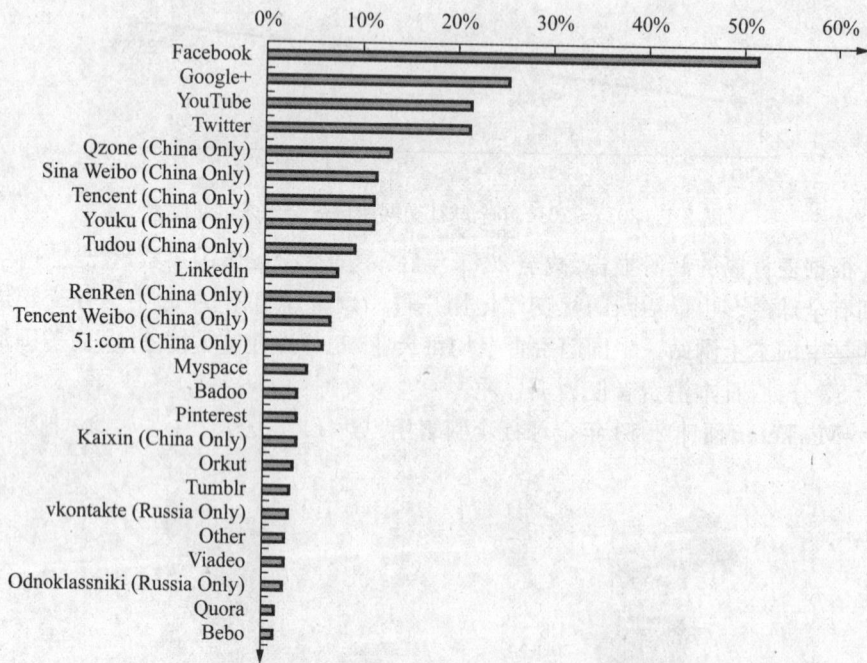

图 2-3　2012 年 12 月全球最活跃社交网络市场占有率

从图 2-3 可知:

第一,Facebook 遥遥领先,全球一半以上互联网用户都使用 Facebook。该机构预计 Facebook 目前在 31 个市场拥有 9.03 亿年龄在 16 岁至 65 岁的用户。由于该机构仅对全球 90％的互联网用户进行了调查,如果加上余下 10％互联网用户中潜在 Facebook 用户,那么 Facebook 总用户数量可能将突破 10 亿人。Facebook 在 2012 年活跃用户增长了 33％,至 6.93 亿人。

第二,Google＋成为全球第二大社交网络。Google＋2012 年活跃用户增长了 27％,至 3.43 亿人,并跃升为全球第二大社交网络。

第三,谷歌微博也很牛,谷歌旗下的 YouTube 名列第四,说明谷歌将其服务与 Google＋捆绑能够带来巨大的机会,Google＋与谷歌其他产品的整合在很大程度上决定搜索与互联网的未来。

第四,中国的社交网站。9 家中国社交网站上榜了 Global Web Index 的这份社交网站排名。其中,腾讯 QQ 空间(Qzone)、新浪微博在所有中国社交网站中排名第一、第二,在全球排名中分居第五、第六。

数据表明,2011 年中国社交网络市场规模为 43.8 亿元,较 2010 年的 32.0 亿元增长 37.1%。另外,报告预计 2014 年中国社交网络市场规模接近 100 亿元。2011 年中国社交网络用户规模为 3.7 亿人。易观国际预计 2013 年,中国 SNS 用户规模将达 4.25 亿,较 2012 年增长 25.8%;市场规模将达 52.98 亿,较 2012 年增长 61%。从增长率上来看,未来三年中国社交网络用户规模的增长逐渐趋于平稳。预计 2014 年社交网络用户规模将会达到 5.1 亿。随着社交网络在人们的生活中扮演的角色加重,社交网越来越成为人们生活的一部分,并对人们的信息获得、思考和生活产生不可低估的影响。

(2) 中国社交网用户规模。

中国的社交网络展现出一片多样化而欣欣向荣的状态。没有一个参与者像 Facebook 在美国一样处于掌控者的地位,而且对于不同的用户(城市和农村),不同的目的(社交,约会和游戏)都有一长串社交网络为之服务。这些平分秋色的同质性社交网站在领域里分别扮演着怎样的角色? 他们的定位和排名至少能说明一些问题。

TechRice 发布了中国十五大 SNS 网站排行榜,QQ 空间居首位(qzone. qq. com),人人网排第二,新浪微博位居第四。TechRice 的这一数据使我们对了解这些社交网站有了更深层次的参考。

第一名,QQ 空间(Qzone)——基于 6.37 亿活跃 QQ 用户的中国最大的社交网络。Qzone 的问题不在于数量,而是这种基于昵称的社交图谱的质量。

第二名,人人网(Renren)——Renren 是中国实名社交网站的领头羊,近期正打算 IPO。它为中国的 SNS 设立了标准,但是仍然面对着其他社交网站的挑战,比如腾讯的朋友,Kaixin001。

第三名,朋友(Pengyou)——腾讯最新推出的一个拥有大量用户的实名社交网络。但问题是,其社交图谱有多强大?

第四名,新浪微博(Sina Weibo)——新浪微博是现在当红的微博客服务,而且以其新的模式正在影响着中国的社交网络。微博客能否因为中国的流行而能够最终超越社交网络? 现在的情况是新浪微博从多方面已经超越了 Twitter,从评论,图片,视频,IM,和 LBS。

第五名,Kaixin001——Kaixin001 通过社交游戏和内容转发拥有很多白领用户。但是随着对社交游戏狂热感减退,以及新浪微博里的内容更具有转发的吸引力,Kaixin001 现在处境很纠结。很多内部人士指出,用户正在急剧下跌。

第六名,51. com——51. com 曾经在农村用户里比较风靡,但现在也展现出一个螺旋下降的趋势。一份报告指出,51. com 在最顶峰的时候只有 700 000 人同时在线,并对 51.com 所说的 1.78 亿注册用户表示怀疑。

第七名,豆瓣(Douban)——豆瓣可能是中国社交网络中最强有力的社区。在中国,没有一个社区可以以这样爆炸性的增长,拥有如此之大的用户群。它吸引的是中国城市里的年轻人,喜欢一起看看电影,看看书,听听音乐,以及参与其他活动。是一个为潮人和创意人员办的社区。

第八名,淘米(Taomee)——淘米是一个社交网络和游戏网站(就像 Disney 的 Club Penguin),在中国儿童(和他们的妈妈)中很流行。淘米实际上是一个很多儿童网站的母公司,旗下拥有:Moer(mole-themed),Saier(sci-fi themed),和 XiaoHua(princess-themed)。

第九名,腾讯微博(Tencent Weibo)——腾讯在很积极地推广其微博,以期与新浪微博相竞争。它声称拥有 100m(m 代表百万)的注册用户,但是腾讯还是面对着那个老问题,不是数量,而是质量。艾瑞(iResearch)报告指出新浪微博占据中国用户在微博客上 87% 的时间,而腾讯只有 9%。

第十名,佳缘(Jiayuan)——中国最流行的在线相亲网站,有传言说已经计划要上市。

第十一名,淘江湖(Tao Jianghu)——基于狂热的电子商务网站 Taobao 的社交网络。它为淘宝用户定制,但很多都只是个空架子;只有很小一部分的用户处于活跃状态。增加社交层面是淘宝 2011 年的一个重要目标。

第十二名,白社会(Bai Shehui)——中国最大门户网站之一搜狐创建的“白领社会”。搜狐在这个平台上开发了自己的社交游戏。

第十三名,珍爱(Zhenai)——中国相亲网站中一个领先代表,也谣传说在为 IPO 做准备。

第十四名,百合(Baihe)——中国相亲网站领头羊之一。

第十五名,爱情公寓(iPartment)——来自台湾的一个基于虚拟头像的约会网站,年轻人在里面虚拟地住在一个公寓里。收入来自广告、虚拟商品以及电子商务。

上述前七大社交网站的目标用户的年龄以及其城市分布皆不同,我们以城市的地理分布为横坐标,以用户的年龄为纵坐标,如图 2-4 所示。

从图 2-4 可以看出,人人网和豆瓣网在一线城市中较为流行;朋友、QQ 空间和 51.com 更倾向于二三线城市的普及,人人网和朋友在二线城市中也有一定的渗透率。

当中国的微博行业与社交网站争夺用户的时候,国外的 SNS 巨头也纷纷开始筹备进入中国市场。2012 年 2 月 Facebook 提交了 IPO 申请,计划融资 50 亿美元,且 Facebook 在招股书中表示将人人网、腾讯等列为竞争对手,并希望进入中国

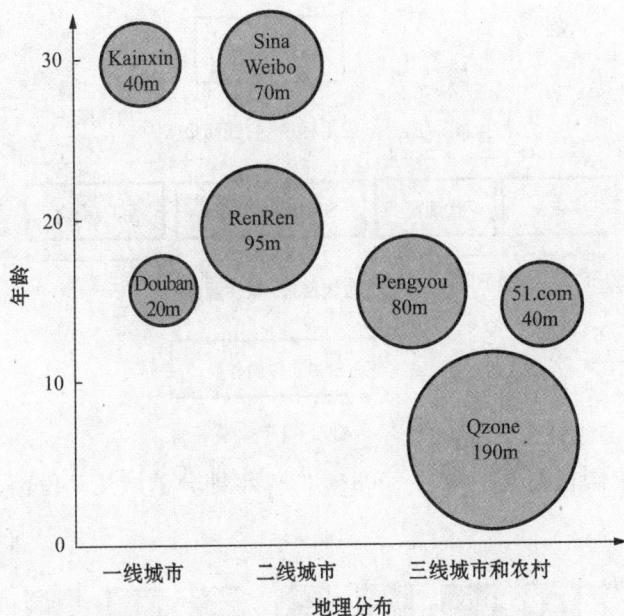

图 2-4　中国 7 大社交网站地理分布

注:图中表示用户的 m 代表百万。

市场。截至 2011 年 12 月,Facebook 月活跃用户达到了 8.45 亿人,同比增长 39%;日活跃量用户 4.83 亿。2012 年 10 月 Facebook 月活跃用户达到了 10 亿人。虽然目前 Facebook 还未进入中国市场,但一旦 Facebook 进入中国市场,对中国社交网站而言,其冲击和竞争将是不可低估。因此,中国的社交网企业必须尽快增加用户粘性,稳定用户规模。

2) 社交网的商业应用

随着社交网的发展,社交网在商业领域的应用也得到了空前的发展。目前社交网的产业链初步形成,但商业生态有待完善。其产业链如图 2-5 所示。

从图 2-5 中可见,以社交网为平台,形成了与用户、程序开发、广告主、代理商软件服务商之间的互利互惠关系。对用户,社交网平台是交友工具,为其提供增值服务并收取费用;对于程序开发商,社交网站得到应用程序,给程序商以金钱回报;对于广告主和代理商,社交网平台有足够的影响力,收获的是广告费。

根据艾瑞咨询发布的《2010~2011 中国社交网络市场研究报告》指出,SNS 如今已经形成了"网络广告+增值服务+社交游戏"为主的成熟模式,预计 2014 年中国社交网络市场规模将接近 100 亿元。报告还显示,与 SNS 相结合的品牌广告、植入式广告、精准营销广告等网络广告,是中国社交网站的主要盈利模式。

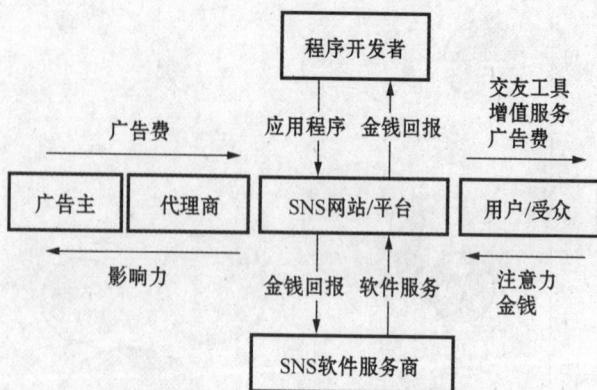

图 2-5　社交网产业链

　　图 2-6 为中国社交网络市场 2008～2014 年细分领域及其份额、规模及发展趋势。

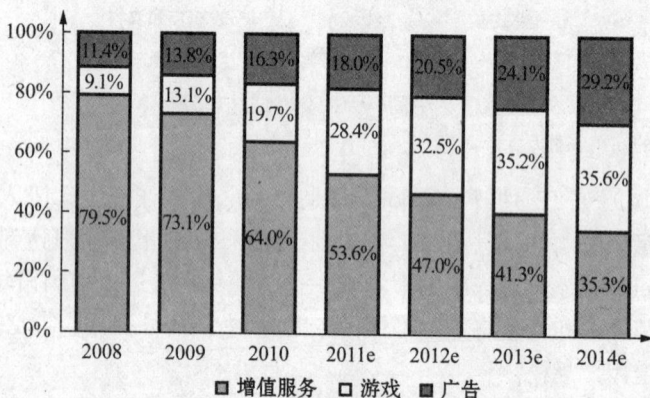

图 2-6　2008～2014 年中国社交网络细分领域份额

　　从图 2-6 可知,中国社交网络细分领域为增值服务、游戏和广告。其中,随着时间的推移,增值服务从 2008～2009 年分别占 79.5%、73.1%,到 2010 年的 64.0%,2011 年的 53.6%,再到 2012 年的 50% 以下份额,直至 35.3%,呈现年年下滑的趋势,而社交游戏和广告则从 2008 年 10% 左右的份额,年年递增,分别至 2014 年的 29.2%、35.6%,为增值服务、游戏和广告三足鼎立的竞争格局。

　　从上述图中数据和分析可知,社交网络重要的商业应用之一即为社交游戏的发展。据经济之声《天下财经》的报道,eMarketer 发布的研究显示,社交游戏发展由爆炸式增长走向理性成长。从社交游戏的收益数据上看,2008 年仅为 7 600 万美元,2009 年增长为 6.39 亿美元,2010 年的规模为 8.26 亿美元,预计到 2014 年整体的收益预估为 15.26 亿美元(收益数据包括虚拟交易、内置广告和赞助性收益三部分）。

另据 eMarket 公司的市场调研和预测,2008～2014 年的全球社交游戏市场规模如图 2-7 所示。

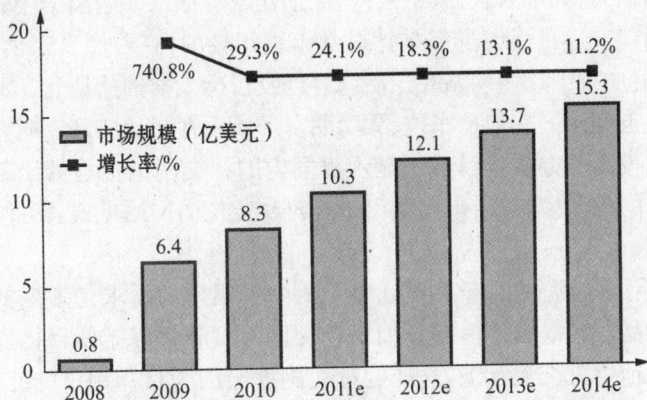

图 2-7　2008～2014 全球社交游戏市场规模

注:数据包括虚拟交易、内置广告和赞助性收益。

从图 2-7 可知,全球社交游戏的市场规模经过爆炸式增长后继续保持增长的趋势,但增长速度放缓,走向了理性成长。艾瑞咨询认为,社交游戏爆炸式增长走向理性成长的原因有三个,分别为"社交＋游戏"模式、推广传播模式、盈利模式。

(1) 社交游戏的魅力在于,"社交＋游戏"。这种模式的特点在于:与自己真实的社交圈——朋友以及朋友的朋友通过游戏一起娱乐,而游戏本身具有易上手、互动性、娱乐性等特点,相对而言游戏的社交性还是终于其娱乐性,社交性保证了用户粘度,粘度保证了产业收益不会有断崖式的变化。

(2) 社交游戏的传播模式。社交游戏传播的核心是通过社交游戏启动泛关系链。因为社交网构建了用户之间的人际网络,因此它具有独特的推广方式,以人际网络来吸引用户。如邀请制,电子邮件等病毒式的传播。由于传播速度快,这导致了社交游戏爆发增长。

3) 社交网络发展存在的问题

由上述可知,社交媒体得到了空前的发展,但现在的社交媒体还处于很混乱的状态,因为它集成了无数的功能、工具和应用程序,但真正可供瓜分的市场蛋糕还不够大。目前中国社交网站的发展面临许多问题,学者黄华认为存在模仿跟风、产品单一、盲目发展、盈利模式不明确等问题。

(1) 中国社交网站跟风模仿严重,导致产品同质性太高。此问题是国内社交网站的普遍问题。纵观国内的社交网站,功能模块的设置大同小异。最早诞生的一批社交网络,例如:开心网、校内网等,基本上是复制国外 Facebook 的模式。比如,开心网最火热的游戏"买卖朋友"和"争车位"都是模仿 Facebook 的,甚至连首页设计跟 Facebook 也有很高的相似度,开心网本身在特殊功能模块上的创新非常少。而这一批模仿外国社交网站模式的国内社交网站在市场的定位上,不但提供的功能几乎都相同(如个人页面、个人博客、创建或者加入一个圈子、共享图片和音乐等简单的功能),连目标人群都是针对都市里年轻的白领,而真正创新的内容并不是很多,这更加重了这些网站在产品内容以及目标人群的同质化。此外,在娱乐活动的设计上也是雷同。如抢车位、买卖朋友等娱乐性活动风靡一时,之后社交网站又一窝蜂地投入开办农场游戏。显示出国内的社交网站仍是处于起步的阶段,除了复制国外的成功模式,尚未摸索出符合自身定位的网站模式,因此也很难有真正的商业价值。

(2) 社交网站能提供的产品设计单一。由于用户的需求是多变的,所以社交网站的单一产品与其需求不匹配。如果社交网站没有好好定位目标适用人群,而仅仅只是单纯地供人交流互动,这样的社交网就会因为目标用户的针对性过低而导致用户粘性不足。

(3) 国内社交网站普遍盲目发展。社交网发展前期大多停留在烧钱的阶段,并没有找到适合自身发展的盈利模式上。由于大多社交网盈利模式不清晰,从而导致收支不平衡而以失败收场。另外,目前中国仍未出现真正与专业领域相关且影响力很大的社交网络媒体平台。近年来国内最为知名的新浪微博,虽说吸引了大量的专业领域中的意见领袖,但同时也充斥着鱼龙混杂的各类人士,这使得那些希望获取专业领域意见的人士对其专业性的认同感依然不高。

(4) 目前我国的社交网站缺乏清晰的盈利模式,普遍陷入运营困境,表现在用户粘性不强、活跃度不高、盈利模式模糊无法支撑网站正常运营。

2.2.3　社交网发展趋势

社交媒体是互联网一大趋势和热门的话题,社交媒体正在发生变革,它正逐步以新的方式为用户提供全方位的体验。无论是对消费者、企业还是销售商,社交媒体都是一个热门的话题。如今,社交媒体领域不仅存在很多权威,还有很多创业公司、专门的书籍以及社交媒体公司。在许多企业中,聘请社交媒体战略家和社区管理员,并制定相应的宣传方案对社交媒体加以利用的做法非常普遍。

综合诸多观点,我们认为有如下趋势:

1)"移动第一"正成为社交网络发展方向

2010 年 8 月,《连线》杂志提出过一个惊人的命题:万维网已死,互联网永生。它认为,在过去的几年里,数字世界最大的一个转变在于:从开放式的万维网到半封闭的平台的转移,通过后者,用户不需要通过浏览器显示就可以进行互联网数据传输。这种转变主要是由崛起的 iPhone 移动计算模式所驱动的,而且是谷歌无法触及的领域,一个 HTML 无法统治的新平台。

2012 年 Instagram 成为互联网业中的大热门也是例证。Instagram 是许多年轻的创业公司之一,这些公司围绕着智能手机来制作产品,并在短时间里取得了令人难以置信的迅速增长。这是一款支持 iOS、Android 平台的移动应用,允许用户在任何环境下抓拍自己的生活记忆,选择图片的滤镜样式,一键分享至各大社交网站。Instagram 累计拥有超过 3 500 万用户。2011 年,它被评为苹果最佳应用。

2012 年 4 月初,Facebook 宣布以 10 亿美元(30％现金、70％股票)收购 Instagram。根据 Facebook 提交给美国证券交易委员会(SEC)的最新文件显示, Facebook 收购 Instagram 的最终价格为 7.15 亿美元,低于最初提出的 10 亿美元。 Facebook 的这次重金收购,意在保持客户不断回头,同时赶在竞争对手之前,大举占领新兴领域。Facebook 为何重金收购 Instagram? 因为 Instagram 提供了 Facebook 两样极为需要的东西:一是照片需求:2004 年创立的 Facebook,8 年之后,拥有了近 10 亿用户,他们每天上传 2.5 亿张图片。Instagram 的吸引力主要在于,相对于其他应用,它让用户的图片更漂亮,应用速度更快,使用起来更容易。二是移动诉求:Facebook 这次出手,无疑是剑指移动市场。为什么移动市场对图片有诉求? 这是源于用户的分享方式在改变:许多人希望即刻分享。例如,人们希望在度假的海滩上就能发出自己沐浴阳光的照片,在餐桌上发出精美食物的图片,而不是等回到酒店或者回到家后再把照片上传到 Facebook 上。

2) 网站内容差异化

在社交网站的行业中,这样的情况屡见不鲜,每每有一个新的应用概念或是新的商业模式受到用户的追捧,造成的结果就是同类型的社交网站大量涌现,不可避免地出现了同质化社交网站泛滥的情况,娱乐性网站的同质化现象尤其严重。纵观国内的许多娱乐性社交网站,比如人人网,开心网等几个主要的网站,我们可以发现,几乎都提供了类似的线上服务或是线上功能。究其根本原因,国内主流的社交网站尚没有真正地体现社交的价值。社交网站的存在就是为了提供一个虚拟的社交圈子,让有相同兴趣相同话题的人们能有一个渠道彼此认识,在交流的过程中找到那份彼此的归属感并提高彼此间的认同度。但是国内的社交网站似乎逐渐地偏离了社交网站本身建立真实的社交关系的价值,反而倾向成为娱乐的平台而失去了具备特色的发展定位,没有让这种线上的社交关系转换成真实的社交关系。近年来,社交网站面对激烈同质化竞争的市场环境,为了使自身网站能成功地在竞争中脱颖而出,而开始倾向在同质化的竞争中找寻差异化,找到符合自身特质的发展定位,社交网站行业也开始出现定位明确而且特色经营的网站。

3）目标用户细分化

社交网站的核心理论六度分割理论,提到了人与人之间联系的无限可能性,社交网站设立的初衷就是为了提供一个平台让人们不受时间空间限制地尽可能跟世界上所有的人建立关系。但是,邓巴数字告诉我们,由于大脑皮层大小限制了大脑皮层的处理能力,让人类能维系的稳定社交关系圈大小,只能固定在某一个特定的人群数量。换言之,人类先天固有的大脑容量限制我们仅能够与150人左右维持一个稳定的人际关系,超过这一个数字或许就没有办法很好地维持与他人的关系,比如说,Facebook 社区用户的平均好友人数是120人。因此,为了更好并更有效的管理人际关系,把关系圈内的人数维持在150人以下似乎较为可行。但是目前国内的社交网站,似乎没有很深刻地考量邓巴数字说明的问题。目前,大部分的社交网站关心的是,如何尽可能地增加用户数量以增加盈利的可能,却没有提供一个有效的系统机制让用户们对自己的好友或是相同爱好的人进行合适的划分,当用户无限制的不断增加交际圈子的朋友数量,可能在不知不觉中超过了人类生理上所能维持的交际人数数量,使得与好友维持关系变成了一种无法负荷的压力。在这种先天的限制下,社交网站开始出现细分化的趋势,在现有的用户群中细分出目标用户,然后针对目标用户的特点来开发适合的产品或是服务,来吸引用户并增加用户的忠诚度。

4）网站发展垂直化

垂直化是中小型社交网站最有效的发展模式,其最大的优势在于,通过一个群体的共同话题或是共有的爱好建立独特定位的社交网站。主题可以是一种爱好,比如:宠物、文学、音乐、电影、宗教、汽车、化妆品、奢侈品等。也可以是一种特定功能的交友圈,比如娱乐类、婚恋类、旅游类或是商务类等。这样锁定特定市场的经营模式可以大大地降低市场推广的成本,并成功增加用户粘性。但是,这种用户数量明显受限的社交网站,难以跟大型的社交平台(人人网、开心网、新浪微博等)竞争用户,在用户规模不容易取得竞争优势的情况下,最重要的是从用户的需求开发产品,有针对性地将用户感兴趣的讯息提供给客户,提供更优质的产品和服务给这些数量有限且可能为数不多的用户。此外,垂直社交网站还必须紧密结合移动互联网,由于智能手机技术的进步,用户在浏览社交网站时大多选择在手机上浏览,其花费的时间以及精力远远超过使用电脑浏览社交网站。因此,移动化成为了垂直社交网站的趋势,移动终端的移动性和便捷性,让用户浏览社交网站的行为更为便利,让用户随时随地把线上活动与线下社交不受时间空间限制地贯通起来,社交网站只有结合移动平台才能够完全符合人们使用时的即时性需求,以吸引具有相同爱好但数量有限的用户浏览特定话题的社交网站。

5) 社交网络专业化

　　相当数量的社交型网站为提升自身的核心竞争力,开始发展成为推广专业的一个平台,使得社交网络慢慢变成专业人士的聚集地。社交网站的专业化服务,是指一个网站提供一个特定领域的专业人士互相联系互相交流的平台。这些专业人士利用社交网站来分享与交换科学知识或是个人的研究心得,通过与同业人士之间分享信息,来提升自己的专业水平,并扩大自己的知识基础。通过这些新的交流手段,能快速地得到自己想要的信息与资源,并与相同专业水平相同工作性质的同伴建立情谊。同时,同一个社交网站上面还能根据某特定领域的内容进行细分,让社交网站上面分享的信息具有专业性以及独特性。

　　渐渐地,推广专业平台成为社交网站发展的大趋势。比如,成立于 2003 年,总部位于美国加利福尼亚州的 LinkedIn. com,就是一家锁定商业用户为导向的社交型服务网站,LinkedIn 的经营目标就是让其注册用户能够与有商业上或是工作上来往的朋友在网站中建立交际圈。LinkedIn 提供许多带有商务性质的功能。首先,用户可以上传自己的简历或设计自己的档案以展示自身的工作经验,或是上传自己照片或是图片来增加他人对自己的识别度。也可以借助网上交际圈的朋友的推荐来寻找工作、合作伙伴或是商业机会。企业雇主可以利用 LinkedIn 发布工作机会和寻找潜在的合适候选人,相对地,求职者也可以在上面浏览招聘经理的个人档案以联系他们。LinkedIn 的巨大成功在于职业社交领域里巨大的人际市场。

　　网站 Hub Culture 是一个社交网站在金融专业的应用实例。Hub Culture 2002 年成立于中国香港,总公司位于北大西洋的百慕大群岛。网站成立的宗旨是在构建物理世界和虚拟世界之间连接的同时帮助扩大集体意识,是一个可以操作虚拟货币的社交网络平台。网站成立之初,仅仅是为了提供一个平台让用户讨论《Hub Culture：The Next Wave of Urban Consumers》一书,但随着时间的推移,该网站开始提供一些活动。例如:圆桌晚宴,活动和慈善募捐,让志同道合的人有机会聚集在一起,一系列的活动逐渐地聚集起数以千计的成员。2007 年夏天,Hub Culture 扩大其社交网络圈的同时,发布一个称为"VEN"的虚拟货币,成为世界上第一个进入金融市场的私人虚拟货币。

　　Hub Culture 这个社交网络是基于网络营销中整合营销的概念,利用社交网络这个平台圈囊括知识经纪以及对于选择的蓝筹客户未来的趋势分析和咨询服务。这些专业背景相似的成员可以架构一个工作群组,以管理合作项目、档案以及资讯的分享、活动的讨论与组织,虚拟货币"VEN"的出现甚至成为从在线社交网络到现实世界中的第一个全球虚拟货币,使得该网站引起世界各大商业以及金融媒体的关注和报道,目前全球已有超过 2 万 5 千个用户在网站上进行操作,每个用户都能透过邮件账号进行交易。在现实中,"VEN"的价值取决于金融市场的货币、商品和碳期货,其全球定价是由汤姆森路透社(Thomson Reuters)提供。

中国互联网业界人士从 LinkedIn 的成功案例里看到了职业社交网站的核心价值,从 2005 年起,职业社交网站就开始在中国萌芽。目前,在国内以大街网、天际网、经纬网为代表的社交网站是典型的"拓展关系",它介于熟人与陌生人之间。换言之,就是把陌生人拓展成为熟人,把熟人拓展成好友,从而更好地为自己的工作、生活创造价值。其最显性的价值之一体现在它不仅是招聘与求职的工具,更是行业交流和商务拓展的平台。

在国内的医疗科学以及健康保健领域,比较成熟的社交网站有丁香园、白天使、好大夫在线、爱爱医、小木虫、药品通、春雨掌上医生、华夏病理、爱维医学网等。

6) 开放平台

开放平台是 SNS 发展的重要趋势。在中国市场,据艾瑞之前的预测,2010 年 SNS 将吸引 11.1 亿元的广告市场,比上年增长 46.1%。而 2011 年,SNS 的广告市场将达到 19.9 亿元,增长率为 79.3%。企业的数据也显示了与其预测的一致性。相关资料显示,千橡互动 2011 年第三季度广告收入过亿元,其中集团旗下的人人网占据较大份额。易观国际分析认为,除了广告之外,利用用户付费获得收益会是未来 SNS 网站发展的重要盈利渠道,需要尽早予以投入。此外,易观国际预测,2010 年中国 SNS 市场随着一些长期不盈利的厂商相继倒闭,市场规模增长率将有所下降。但在互联网及移动互联网的不断发展下,会得到更加广阔的发展空间,利用丰富的产品和应用增强用户粘性,增加企业收益。同时,平台开放和与其他产业融合以实现共赢局面,建立一个真正的跨平台体验,将成为中国 SNS 的发展趋势。iPhone(手机上网)的体验让所有用户、企业和开发者眼前一亮。仅在 2009 财年第一季度,iPhone 的销量就达到了 440 万部。与此同时,谷歌的 Android 和 Palm 也都在努力提供跨平台的应用以及服务。在这个社交媒体的全新领域中,人们正在寻求将手机、网络和现实生活进行无缝切换的解决方案。

2.3　社交网的理论支持

2.3.1　六度分隔理论

六度分隔理论又称为六度分割理论或小世界理论等,是耶鲁大学的社会心理学家米尔格兰姆(Stanley Milgram)提出来的。20 世纪 60 年代,他设计了一个连锁信件实验,将一套连锁信件随机发送给居住在内布拉斯加州奥马哈的 160 个人,信中放了一个波士顿股票经纪人的名字,信中要求每个收信人将这套信寄给自己认为是比较接近那个股票经纪人的朋友。朋友收信后照此办理。最终,大部分信件都寄到了这名股票经纪人手中,每封信平均经手 6.2 次到达。于是,米尔格兰姆提出六度分割理论。

从该实验得出的结论为:你和任何一个陌生人之间所间隔的人不会超过 6 个,也即,最多通过 6 个人你就能够认识任何一个陌生人。这并不是说任何人与其他人之间的联系都必须通过 6 个层次才会产生联系,而是表达了这样一个重要的概念:任何两个素不相识的人,通过一定的方式,总能够产生必然联系或关系。按照六度分隔理论,每个个体的社交圈都不断放大,最后成为一个大型网络,图 2-8 为六度空间理论示意图。根据这种理论,有人创立了面向社会性网络的互联网服务,通过熟人的熟人来进行网络社交拓展。

图 2-8　六度空间理论示意图

2.3.2　主我与客我理论

美国学者米德在研究人的自我意识与内省活动之际发现:自我可以分解为相互联系和相互作用的两个方面。一方面是作为意志和行为主体的主我,它通过个人对事物的行为和反应具体表现出来;另一方面是作为他人的社会评价和社会期待之代表的客我,它是自我意识的社会关系的体现,人的思维内省活动就是一个主我和客我之间双向互动的传播过程。根据这个理论,可以说明人在很大程度上是活在他人的判断之下的。人们渴望认识客我,渴望得到他人的肯定。米德的理论强调的是交流互动,强调人在与社会中他人的交流互动中确立自己的角色,进行角色扮演,强调与社会的交流。Facebook 就为人们提供了这样的交流互动平台。社交网的诞生和发展就是顺应和满足了人们的这种心理需求。

2.3.3　邓巴数字(150 定律)

邓巴数字,即著名的"150 定律"。该定律指出,人类智力将允许人类拥有稳定社交网络的人数是 148 人,四舍五入大约是 150 人。该定律由罗宾·邓巴(Robin Dunbar)提出。罗宾·邓巴是英国牛津大学的一名人类学家。他是根据猿猴的智力与社交网络推断出该定律的。罗宾·邓巴让一些居住在大都市的人们列出一张与其交往的所有人的名单,结果他们名单上的人数大约都在 150 名。见图 2-9。

该定律指出:人的大脑新皮层大小有限,提供的认知能力只能使一个人维持与大约 150 个人的稳定人际关系,这一数字是人们拥有的、与自己有私人关系的朋友

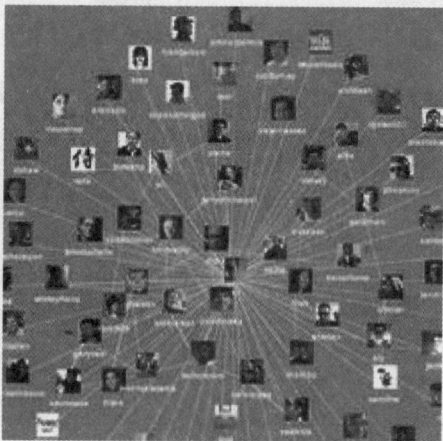

图 2-9　150 定律

数量。也就是说,人们可能拥有 1 500 名好友,甚至更多社交网站的"好友",但只维持与现实生活中大约 150 个人的"内部圈子"。而"内部圈子"好友在此理论中指一年至少联系一次的人。

根据六度理论和邓巴数字理论而建立起来的社交网涉及的人数理论上可达到 $150^6 = 11\,390\,625\,000\,000$。由此可见,社交网在人类社交活动范围上拥有强大的潜力,可以帮助人们建立强大的社交网络。

根据上述六度分割理论和邓巴数字,人与人之间联系几乎有无限可能性,社交网站的建立基础就是为了提供一个平台让人们不受时间空间限制地尽可能跟世界上所有的人建立关系。但实践中人们借助社交网建立强大的社交网络存在很多障碍。一是阻力问题,二是关系强弱问题。

阻力问题:限制社交网络范围的最大的阻力是关系的成本问题。表面看来,在 Stanley Milgram 的实验和火炬的实验里面,都没有任何的花费,或者说看起来成本为 0。其实,这不是真实情况。虽然每个人传递一下信件花费极低,然而那些人肯这么做,其实是看朋友的面子,所以这里花费的成本实际上就是人情债,就是关系的成本。现实中每个人都有自己的生活,没有人喜欢和愿意与整天都需要帮忙的人打交道,人情债与金钱债一样,背了就一定要还,而且在某种程度上人情债比金钱债还难还。这样的人情就是传递中的成本问题。如果有人不愿意帮这样的忙,那就要花费更多的时间成本、精力成本、人情成本去找这样类似的关系。

关系强弱问题:关系强弱的程度如何决定?关系的强弱由人与人之间的关系类型决定。一般而言,关系类型决定关系的亲疏,从而决定关系的强弱。关系分为血缘关系(如:直系亲属、亲戚)、地缘关系(老乡、邻居)、业缘关系(同事、同学)、趣缘(志同道合、趣味相投)等。血缘关系一般是高过其他任何关系类型的强度,血缘的远近决定这类关系的亲疏,直系血缘高于旁系血缘。孩子与父母的关系强度就高于与祖父母、外祖父母的关系强度。与知心朋友的关系就强过与一般朋友的关系,与朋友的关系就强过与朋友的朋友的关系。六度分割理论只把这些不同的关系类型归结于联系,却没有强弱之分。而在网状结构里面,人与人的关系,需要加权处理,因此六度分割理论还欠完善。

强弱关系除了由人与人之间的关系类型决定外,还会由六度理论的度数来决定。很显然,度数越低,其关系强度越强。也即1度关系要强于2度关系,2度关系强于3度关系,如此类推,5度关系强过6度关系。

此外,如果在SNS中,强弱关系还可能会根据建立关系的依据来决定,同好/同兴趣、同群组/同圈子、同应用,这类关系相对较弱,但同一类关系的交集越多关系则可能会越强。

以Facebook为例,说明现实的社交网上的关系人数则依情景而论。美国Facebook内部社会学家卡梅伦·马龙(Cameron Marlow)表示,Facebook社区用户的平均好友人数是120人。而与邓巴理论不谋而合的是,女性用户的平均好友人数多于男性用户。不同用户好友的人数差距很大,一些Facebook用户拥有的超过500位好友。在个人好友名单中,人们经常联系的好友却非常少而且相对稳定。好友之间联系越活跃、越亲密,这个群体的人数越少、越稳定。平均拥有120个好友的男性,一般只会与其中7位好友,通过在图片、状态信息或留言板上留言进行回应。女性用户则明显更善于交际,她们通常会给10位好友留言。男性用户一般只与4位好友利用电子邮件或聊天来进行交流,而女性用户进行此类交流的好友人数是6位。

对于拥有500个朋友的Facebook用户来说,这些数字会相对较高,但也并非很多。拥有500个朋友的男性用户只会给其中17位好友留言,女性用户会给26位好友留言。男性用户会与10个好友通过电子邮件或聊天进行交流,而女性进行此类交流的好友人数是16个。因此,主要增长的并非是核心网络,而是人们被动偶然联系的人数,这验证了马斯登的核心网络想法。尽管那些Facebook用户拥有最多的好友,但他们只与其中一小部分人联系。人们可能更有效地宣传自己,但一如既往,他们仍然只拥有同样少量的亲密朋友。

2.4　社交网的盈利模式

所有社交网站都面临如下几个问题:

第一,吸引用户,也就是目标用户群问题。即网站提供的内容能够吸引人们注册登录;

第二,留住用户,也即网站具有独家特色,能够满足用户的需求;

第三,盈利模式。在访客量激增的情况下能保证网站运转自如。

以上第三个问题即盈利模式很重要。社交网络强大的用户粘度,使得"有用户就有利润"。广告收入、增值服务、第三方合作(游戏和 B2C),特别是看到 Facebook 商业模式的成功,促使更多的商家投入,而现在社交游戏的商业模式已经趋向于饱和,已经形成了稳定的生态模式,社交游戏迈入了一个成熟的市场,预计未来几年社交游戏营收会趋向于平缓。

有研究认为,社交网络盈利模式为:80%社交网的盈利来自于广告,增值服务和电子商务等。广告包括植入式广告、活动广告(参与性、互动性)、精准营销广告(主题特定)、口碑(病毒式传播);15%来自用户的用户收费、增值服务(个人增值服务(自我表现、情感交流));5%的电子商务(购物推荐(熟人网络))、网络招聘(招聘推荐(熟人网络))和公共关系(线上线下互动活动(归属性、互动性))。

一般而言,大多数社交网络的收入主要来自广告、游戏和电子商务三块。易观国际分析师刘冠吾认为,广告是目前我国大部分社交网络的主要收入,但是量较小。而依靠电子商务贡献收入仍比较遥远,比如人人网旗下有社交电子商务网站,其收入占总营收比例非常小。"国内社交网络盈利能力很弱,社交网络的产值微乎其微,只是互联网产业的一个零头。"

不同的社交网站其盈利模式不一,如 Facebook 的盈利模式为:定制广告、虚拟礼物,加上收费调查;开心网的则是:广告、名人企业账户收费、与第三方合作获得利润分成,加上虚拟货币。

2.4.1　广告

社交网的广告有两类:一是植入广告、活动广告;二是精准广告。

第一种广告形式与传统的互联网的广告形式类似,通过一些图片、文字联盟广告,或者通过投置图片和文字链,或者将广告植入到游戏中,让用户参与活动以便获益。

第二种为精准广告。由于社交网站是实名制,拥有会员的基本资料和个人信息,而且还可追踪其浏览的内容,了解用户的消费偏好和习惯,因而容易进行市场细分,进而进行目标人群定位,为精准营销提供了庞大的用户数据库。

广告收入是来自于广告商的收入。社交网虽说是新的传播媒体,但也与普通网站一样,社交网站的用户黏性、互动性、影响大、用户广等特点吸引着广告商投放广告,而广告收入是其主要的收入来源。这种广告是一些初始 SNS 网站的做法,因为 SNS 网站并没有多大的影响力。植入式的广告近些年得到了越来越多广告主的认可,一方面因为传统的广告太形式化,单调,点击率降低,效果开始越来越差。另一方面植入式广告可以巧妙的和网站的一些产品结合,让用户不知不觉的增加对该品牌的印象。其中开心网在停车位放置宝马的广告,还有在买房子中内置了万科房地产的广告。这些内置广告一般来说对用户并没有多大影响,用户一般对这种广告容易接受,反感程度很低。

这种模式校内网最开始采用,开始和千橡集团的猫游记,还有另一款三国类的网页有些合作。51 当时也和国内一家网页游戏合作。这种模式其实就是在廉价的出售流量,SNS 并不缺少流量,但是缺乏影响力,所以得不到品牌广告商的青睐,所以只能靠这种方式出卖流量。

2.4.2　与 APP 应用开发者利润分成

APP 应用是社交网站有效的利用外界资源来赚取利润的有效途径,同时 APP 应用平台的开放为社交网站增加了用户活性。从网站内容而言,开放 APP 应用平台,新鲜的内容与创意不断出现在社交网站应用中,这对社交网站的长久发展意义深远。

越来越多的 SNS 网站推出了开放平台,提供一定量的 API 接口,允许其他公司开发的 APP 让自己网站的用户自由选择使用。这种形式,既可以满足取悦自己网站的用户,也能给开发者带来一定的金钱收益。自 Facebook 从 2007 年 8 月份推出开放平台后,到现在大概吸引了超过 40 万的开发人员,APP 程序超过了 4 万个,据说一款扑克类的游戏 APP,在 Facebook 2011 年的收入为 5 000 万美金。slide. com 公司 2012 年初再次融资 5 000 万美金,而 Slide 公司是专门给 Myspace 和 Facebook 等做 APP 的公司。

2.4.3　增值服务(用户费用)

社交网站的资源基础与最重要的利润源泉是社交网站的用户。实际注册用户规模和活跃用户规模,加之一直稳定在位的网站流量,使得用户本身成为社交网站相对稳定的利润源。主要表现在增值业务上:一是直接向用户收取会员费用,为会员用户提供更多个性化服务;二是用户购买虚拟货币进行消费,以获得更多增值服务。

2.4.4　与电信运营商、手机厂商利润分成

手机逐步发展为手持移动终端,电信运营商协同制造厂商把软件放在战略高度上,重视更多软件的开发与应用。两者的发展趋势为移动 SNS 提供了发展契机。同时移动 SNS 具备即时性的优势,能有效帮助用户排解在等待时间的无聊。因此,社交网站与电信运营商合作将会创造移动时代发展的新模式,并且社交网站可从中获利。电信运营商连同手机厂商被认为是社交网站利润来源。

2.4.5　从电子商务中获得利润或者分成

将社交网站与电子商务结合起来,对于社交网站的运营商与电子商务运营商来说,很可能是一种激活自身发展的契机。将电子商务引入到社交网站中或者社交网站谋求与电子商务运营商合作,对社交网站将是战略意义上的重要内容。电子商务运营商是社交网站的一个潜在利润源。

2.4.6　虚拟增值服务

这种模式类似于腾讯的 QQ 秀,不过在 SNS 网站中采取这种盈利模式,似乎并不能产生多少收入,用户已经买过 QQ 秀了,没有必要到各个 SNS 网站再分别买一套虚拟服装。目前这种模式 51. com 一直在做,但是效果比较不理想。在一些专业的 SNS 网站,还有一些类似向用户收费的增值服务。比如世纪佳缘,百合网等,收取一部分的费用成为高级别的会员,能享受更多的服务,可以查看一些用户照片,或者花费一定的虚拟货币,把自己征婚的照片放到首页,能让更多的用户了解自己。

2.4.7　免费撬动其他服务

前述 6 种都是能直接产生收入,还有一种情况是用户对这种服务仅仅是使用,不付费,因而不能直接产生收入。但是这个用户可能是另一个服务的潜在收费用户,或者这个用户可以为另一个服务创造价值。比如有一款查杀木马的软件,注册费用大概几十元,如果不注册还享受正版服务的话,那就需要把指定的网址设为主页,通过那个主页来获得收入。再比如,注册天涯网站,快捷的方式是通过手机注册,一次 2 元钱。还有就是邀请,还有一种就是先注册天涯邮箱,然后通过邮箱就可以激活天涯的账号。这个也属于通过撬动其他服务的模式,来最大化的发挥用户价值。此为未来的发展方向之一,即使用户不付费,最大化地使用网站的其他服务,也是一种潜在的增值。

SNS 的盈利方式不止这些,以上七种只不过是现在比较常见的一些盈利方式。这些方式并不是单一的应用,一般都是几种模式混合起来一起使用。但是综合起来最基本的只有两种,一是用户付费,二是广告商付费。只要不对用户产生负面影响,而且还能获得收入的,都是可商议的盈利模式。

第二部分

国内外社交网
经典案例及精解

第3章 国外社交网经典案例及精解

3.1 Facebook 案例精解

3.1.1 公司简介

Facebook 是全球最大的社交网络,于 2004 年 2 月 4 日上线。用户通过 Facebook 分享照片和视频,同时与好友交流。Facebook 也是美国排名第一的照片分享站点,每天用户上载 850 万张照片。Facebook 的总部位于加利福尼亚州旧金山的帕拉阿图。截至 2012 年,Facebook 共有超过 300 名雇员。Facebook 的创始人是马克·扎克伯格,他是哈佛大学的学生,之前毕业于 Asdsley 高中。最初,网站的注册仅限于哈佛大学的学生。而如今,在全球范围内有一个大学后缀电子邮箱的人,如 edu,.ac,.uk 等都可以注册。

Facebook 网站的名字来自传统的纸质"花名册"。通常美国的大学和预科学校把这种印有学校社区所有成员的"花名册"发放给新来的学生和教职员工,帮助大家认识学校的其他成员。Facebook 的中文译名为脸谱,在港台又被译作脸书。

2012 年 5 月 18 日,Facebook 正式在美国纳斯达克证券交易所上市。2012 年 6 月,Facebook 称将涉足在线支付领域。根据国外网站消息,随着用户数量增加,Facebook 的目标已经指向另外一个领域:互联网搜索。

3.1.2 网站特点及功能

1) 网站特点

(1) 用户海量人气超旺,粘性高。

据国外媒体报道,市场研究公司 Pingdom 援引谷歌相关数据称,平均每名 Facebook 用户每月浏览 661.8 个 Facebook 网页。按用户粘性计算,Facebook 远远超过竞争对手:社交网站 Hi5 排在第二位,平均每名用户每月浏览 351.2 个网页;平均每名 MySpace 用户每月浏览 261.8 个网页。业内人士指出,Facebook 的优势不仅仅在于庞大的用户群——约 3.5 亿用户,每月访问至少一次,用户粘性也高,难怪 Facebook 广告日趋受到广告客户青睐。Facebook 对人际网络深耕细作,以网站的实用工具性黏住用户。作为一个 Web 2.0 网站,Facebook 一切从用户出发,以提高用户的使用体验为目标,开发出一系列深受用户喜爱的应用。

（2）开放平台。

早在2007年5月,已经拥有1.32亿名活跃用户的社交网站Facebook就开放了自己的平台。所谓开放,就是Facebook通过开放自己的API（应用程序编程接口）,将网站海量用户和关系数据开放给第三方开发者。利用这个框架,第三方软件开发者可以开发与Facebook核心功能集成的应用程序。

Facebook的目的就是为了吸引更多的软件工程师、程序员和游戏开发爱好者将他们开发创造的应用接口到开放的Facebook社区中去,这些开发者开发的应用如果吸引眼球,必然会有更多的人去下载这些应用,这些应用会在社交网站中以口碑传播的形式盛行开来。这些开发者可以直接分享Facebook的用户,迅速提高产品或品牌知名度,可以加载相关广告,实现商业价值和盈利目标。

官方数据显示,Facebook平台上运行的各种第三方应用不下2 000种,而在其开放平台F8上,有多达8 000种的第三方应用程序正在被不断地测试和利用。这些应用不但为Facebook带来用户数的几何级增长,同时也使在Facebook平台上开发应用程序的网站,依靠Facebook平台海量的用户群一夜成名,用户数暴涨。

（3）盈利模式多样化。

Facebook最初起步的时候是为教师和学生提供点名册这种简化生活、简化工作的服务。同时由于是学生创办的,避免了用户的不信任感,获得了极大的成功。正是由于Facebook对用户真实身份近乎苛刻的要求,才促使其在全球范围被用户追捧,人们以真实的身份登录Facebook是为了更方便地找到自己生活中的朋友,将现实中的人际关系移植到网络上。由于Facebook上的用户绝大多数都是真实身份,对于Facebook而言,可以清楚地知道每个用户真实信息和上网的轨迹,这对广告主是至关重要的。

Facebook是互联网上空前的开放平台,对用户数据的充分开放利用是Facebook的巨大财富,比如玩家档案里的照片、朋友关系等。无需侵犯隐私,Facebook在社交资料和游戏里可以知道用户的年龄、名字、长相、朋友圈。虽然Facebook目前还没有占主导的广告产品,但很快会逐步形成多元化的盈利模式,既可以实现当前所有互联网上存在的商业模式,也潜在蕴含着目前还不存在的商业模式。目前在Facebook可以实现的盈利模式包括展示类广告、搜索广告、电子商务、网络游戏以及向用户收费等形式,也就是说Facebook既可以做到向企业收费,也可以向用户收费,收费模式是比较多元化的。

2）网站功能

（1）用户发布。

用户可以通过发布状态向他们的朋友和Facebook社区显示他们在哪里、做什么。Facebook 让用户填入状态的提示是"(某某用户)正在",用户填入剩下的部分。在用户好友列表的"新近更新"区,显示这些状态。Facebook 还提供活动功能帮助用户通知朋友们将发生的活动,帮助用户组织线下的社交活动。

Facebook 视频(Facebook Video Sharing)是与 Facebook 开放平台同时推出的。用户可以上传视频、通过"Facebook 移动"上传手机视频,以及用摄像镜头录像。同时用户可以给视频中的朋友加"标签"。这一功能被认为会与 MySpace 的相关功能竞争。但 Facebook 的视频只能在 Facebook 网络内观看。然而,一段发表在 Userscripts 上的 Greasemonkey 代码让用户可以下载 Facebook 视频或将之转贴在其他网站。

2007 年 5 月,Facebook 推出 Facebook 市场。用户可以免费发布下列分类广告:售卖二手货、租房、工作等,供求两方均可发布。所有 Facebook 用户都可以使用这个功能。

(2) 用户交流。

Facebook 提供了很多实用的功能以方便用户进行交流。首先,用户可以通过档案页上的墙留言。有权浏览某一个用户完整档案页的其他用户,都可以看到该用户的墙。用户墙上的留言还会用 Feed 输出。很多用户通过他们朋友的墙留短信。更私密的交流则通过"消息(Messages)"进行。消息发送到用户的个人信箱,就像电子邮件,只有收信人和发信人可以看到。

Facebook 还提供一个"戳一下(Poke)"功能,让用户可以丢一个"戳(Poke)"给别人。实际上这个功能的目的只是让用户能引起别的用户的注意。有的朋友之间还会进行一种被称为"Poke 仗"的游戏——两个用户间用"Poke"功能,互相 Poke来、Poke 去。另有一些派生出来的新功能,如"X 我",和"超级 Poke",让用户可以把 Poke 替换成任何动作。

2007 年 2 月,Facebook 新增了"礼物"功能。朋友们可以互送"礼物"——一些由前苹果设计师 SusanKare 设计的有趣的小图标。礼物从 Facebook 的虚拟礼品店选择,赠送时附上一条消息。收到的礼物以及所附的消息会显示在收礼中。之后,Facebook 每天推出一款新礼物,大多数都是限量版,或只是限期供应。Facebook 用户都可以使用这个功能。

(3) 应用程序。

下面是几种 Facebook 上常用的应用程序:

① 顶级朋友:用户可以选择和显示他们最好的朋友。

② 涂鸦板:一个图形效果的"墙"。

③ 第三方网站:如进行 Facebook 应用数据统计的 Adonomics,相关博客如 AppRate、Inside Facebook、Face Reviews,等等。

④ FriendFeed：FriendFeed 是集成到 Facebook 中的实用工具,不过里面部分信息会和 Facebook 本身抓取的内容重复。支持的信息更新到 Facebook,可以支持同时更新 Twitter、Plurk、Tumblr、Gtalk、Blogger 等很多个社会化服务。

⑤ 直播频道:2010 年 8 月 14 日,Facebook 推出了名为"Facebook Live"的流媒体直播频道,该频道将主要面向 Facebook 用户直播该公司的名人访谈、新产品发布及其他一些特别活动,并鼓励用户与访谈嘉宾展开互动交流。Facebook 直播频道允许用户提交问题,并对名人访谈、新产品发布会及其他特别活动发表看法。Facebook Live 的用户界面非常易于使用,该视频位于网页中心左侧,并显示出当前共有多少用户正在观看该视频流。页面右侧则提供了一些网络工具,以方便用户从事与视频流相关的活动。此外,用户还可向主持人提交问题,或查看其他视频内容。

⑥ 团购:Facebook 在美国五座城市提供团购服务,未来还将扩大到更多城市。这项服务的推出意味着 Facebook 开始与 Groupon 等大量团购网站展开直接竞争。Facebook 用户可以在自己的新闻种子中看到团购信息,如果对某项团购感兴趣,用户可以通过信用卡、PayPal 或 Facebook Credits 支付。

⑦ 流音乐服务:2011 年 5 月 26 日凌晨,Facebook 已经与欧洲线音乐服务商Spotify 达成合作协议,两者将共同提供流行音乐服务。

(4) 新增功能。

2013 年 1 月 29 日,Facebook 首席隐私官(CPO)艾琳·依根(Erin Egan)宣布Faceboo 网站新增了一项功能——"向首席隐私官提问"(Ask Our CPO)。据悉,通过这项功能,用户可以向 CPO 提出任何有关 Facebook 隐私政策的问题。提问程序十分简单:用户只要点开 Facebook"隐私页"(Facebook Privacy Page),单击"时间轴"功能下面的"向依根提问"信箱,然后填写问题即可。依根会每月挑选一部分问题,在"隐私页"发布的公告上对问题做出回答,同时也会在定期举行的在线视频答疑会议上解答相关问题。此外,Facebook 还单独推出了一款"向依根提问"应用。

2013 年 4 月 9 日,Facebook 新增心情分享功能,通过下拉式表情菜单,Facebook 状态更新对话框开始提供"分享感受"或"正在做什么"等选项。通过该功能,当用户从 Facebook 网站或移动版网站(m. Facebook. com)更新状态时,在选项旁会看到一个笑脸按钮。该按钮允许用户选择分享自己的感受,正在观看、阅读和收听的内容,以及正在喝什么或吃什么。

迄今为止,Facebook 仍然在不断开发新的功能,以求更好更充分地满足用户的需要。

3.1.3　发展简史

2004 年 2 月,Mark Zuckerberg 在 Andrew McCollum 和 Eduardo Saverin 的支持下,创办了"The Facebook"。当时他还只是哈佛大学的学生。月底的时候,半数以上的哈佛本科生已经成了注册用户。其时,Dustin Moskovitz 和 Chris Hughes 加入进来,帮助网站的推广,将 Facebook 扩展到麻省理工学院、波士顿大学和波士顿学院。扩展一直持续到 2004 年 4 月,覆盖了所有常春藤院校和其他一些学校。之后的一个月,Zuckerberg、McCollum 和 Moskovitz 搬到加利福尼亚州的 Palo Alto 市,在 Adam D'Angelo 和 Sean Parker 的帮助下继续 Facebook 的发展。同年 9 月,另一个社会化网络站点 ConnectU 的合伙人 Divya Narendra、Cameron Winklevoss 和 Tyler Winlevoss 把 Facebook 告上法庭。他们称 Zuckerberg 非法使用了他们在让他帮助建站时开发的源代码。与此同时,Facebook 获得了 PayPal 创始人 Peter Thiel 提供的约 50 万美金的天使投资。到 12 月时,Facebook 的用户数超过 100 万。

2005 年 5 月,Facebook 获得 AccelPartners 的 1 270 万美元风险投资。2005 年 12 月 11 日,澳大利亚和新西兰的大学也加入了 Facebook,至此,Facebook 中共有超过 2 000 所大学和高中。

2006 年 2 月 27 日,应用户要求,Facebook 允许大学生把高中生加为他们的朋友。2006 年 9 月 11 日,Facebook 对所有互联网用户开放。

2007 年 5 月 10 日,Facebook 宣布了一个提供免费分类广告的计划,直接和其他分类广告站点,如 Craigslist 竞争。这个被称为"Facebook 市场"的功能,于 2007 年 5 月 14 日上线。

2007 年 5 月 24 日,Facebook 推出应用编程接口(API)。通过这个 API,第三方软件开发者可以开发在 Facebook 网站运行的应用程序。这被称为 Facebook 开放平台(Facebook Platform)。

7 月,Facebook 完成了第一次对其他公司的收购,从 Blake Ross 和 Joe Hewitt 手中收购了 Parakey(Ross 和 Hewitt 是火狐浏览器的作者,Parakey 是一个被称为网络操作系统的平台)。

2008 年 6 月,Facebook 推出简体中文版本,该页面由志愿者用户免费翻译而成,向中文用户开放,同时 Facebook 还向中国香港和中国台湾用户推出繁体中文版本。

2009 年 1 月,该网站的全球用户人数已达 1.5 亿,其中近一半每天都在使用 Facebook,Facebook 的用户人数已经覆盖全球各大洲,甚至包括南极洲。

2010 年 2 月 2 日,Facebook 赶超雅虎成为全球第三大网站,与微软、谷歌领衔前三。同月,Facebook 在美国国内替代了原排名第四的 AOL。

其他方面的数据,Facebook 也已经超过雅虎。其综合浏览量一年间增长了141 个百分点,在 2009 年末达到了 1930 亿,几乎是雅虎和微软的两倍(雅虎减少 2个百分点,为 1000 亿,微软增长 54 个百分点为 1090 亿)。谷歌综合浏览量仍然名列榜首,每月的访问量达 2740 亿(增加了 35 个百分点)。很明显,雅虎失去了竞争力。微软和谷歌至少还保持着可观的增长速度。但是人们也不难想象 Facebook有一天总会超过谷歌。

Facebook 在用户网站停留时长上也超过了雅虎(1.16 亿和 1.01 亿),同样的,其用户在网站停留的平均时长也超过了雅虎(Facebook 为每月 274 分钟)。而根据市场调查公司 Compete 的统计,2010 年一月份 Facebook 的独立 IP 访问量为1.34亿,已经超越 Yahoo 的 1.32 亿,排名美国第二,仅次于位于第一的 Google。Facebook 的上位,也说明了社交网站的巨大实力和发展前景。人们对互联网的使用已经从单纯的工具发展到了生活必需品。

2011 年 1 月,高盛和 DST 投资 5 亿美元,总估值 500 亿美元。而 Facebook 股票在二级市场的估值甚至达到了 700 亿美元。12 月,Facebook 面向全球用户推出了时间轴功能,用户数因此进一步得到扩张。

2012 年 2 月 1 日,Facebook 正式向美国证券交易委员会(SEC)提出首次公开发行(IPO)申请,目标融资规模达 50 亿美元,并任命摩根士丹利、高盛和摩根大通为主要承销商。这是硅谷有史以来规模最大的 IPO。2012 年 5 月 18 日,Facebook正式在美国纳斯达克证券交易所上市。

上市之后,Facebook 维持了其快速增长的趋势。根据 Facebook 财报显示,Facebook 2012 年第四季度营收为 15.85 亿美元,同比增长 40%;第四季度净利润为 6400 万美元,每股收益 0.03 美元,较上年同期的 3.02 亿美元和每股收益 0.14美元锐减 78.8%;第四季度广告收入为 13.3 亿美元,占总收入的 84%,同比增长41%。2012 年全年,Facebook 营收为 50.89 亿美元,较上年的 37.11 亿美元增长37%;全年净利润为 5300 万美元,每股收益 0.01 美元,较 2011 年的 10 亿美元或每股收益 0.46 美元锐减 94.7%。

3.1.4　Facebook 的影响力

1) 用户数

根据 Facebook 财报显示,2011 年第三季度,Facebook 的每日活跃用户数量为4.57 亿,到 2011 年第四季度时增长到 4.83 亿。进入 2012 年之后,Facebook 的每日活跃用户数量继续增长,前三季度分别为 5.26 亿、5.52 亿和 5.84 亿,到第四季度增长到 6.18 亿。Facebook 每月活跃用户数量也持续增长。2011 年第四季度,

Facebook 每月活跃用户数量为 8.45 亿,其中移动用户 4.32 亿,纯移动用户 5 800万。2012 年前三季度,Facebook 每月活跃用户数量分别为 9.01 亿、9.55 亿和 10亿;其中移动用户分别为 4.88 亿、5.43 亿、6.04 亿;纯移动用户数量则从 8 300 万,持续增长到 1.02 亿和 1.26 亿。到 2012 年第四季度,Facebook 每月活跃用户数量增长到 11 亿,其中移动用户 6.8 亿,纯移动用户 1.57 亿。

　　而在北京时间 2012 年 10 月 4 日,扎克伯格亲自宣布 Facebook 用户数量突破10 亿。这意味着地球上每 7 个人中就有一人使用 Facebook。

　　这一社交媒体虽然是在哈佛大学宿舍里创办的,但这并没有妨碍它去吸引新用户。如图 3-1 所示,Facebook 用户数量的增长经历了几个阶段。创立之初,由于实名制注册要求严格,且范围限定在常青藤大学为主,Facebook 仅仅保持着较为平缓的用户增长速度。2006 年,Facebook 开始面向全球用户开放并随后于 2007年推出开放平台,因而迎来了第一次迅速的增长,短短两三年内用户数就攀升到了2.5 亿。2011 年,Facebook 又迎来了新的里程碑,有 5 亿用户在同一天登录了Facebook。伴随着大量资本的注入,开放平台的发展和功能的不断推陈出新,Facebook 终于在 2012 年上市之后半年突破了 10 亿用户大关,并仍然保持着持续增长的趋势。

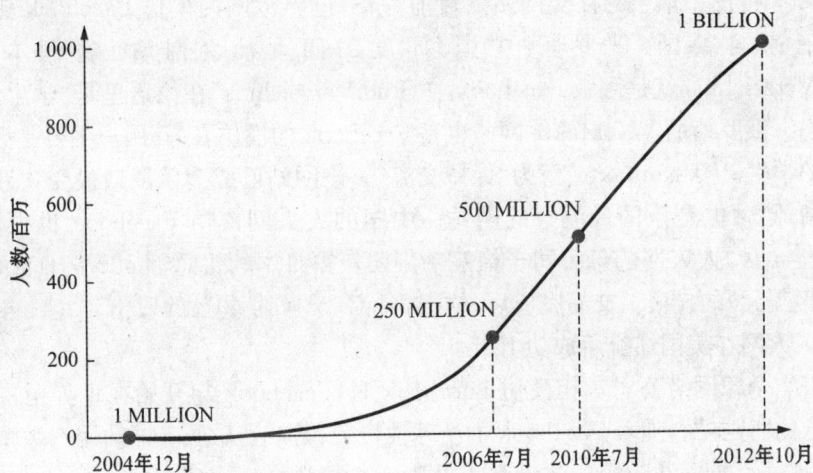

图 3-1　2004~2012 年 Facebook 用户数量变化曲线

2) 覆盖区域

　　目前,Facebook 在全球拥有超过 10 亿用户,44% 的全球网民使用 Facebook,移动用户高达 6 亿之多,美国、巴西、印度是使用的前三大国家,一共有 1 403 亿个好友连接,照片的上传量为 2 190 亿,有 6 260 万音乐被播放,播放次数高达 220 亿。

　　如图 3-2 所示,光亮区域代表了 Facebook 在全球的覆盖区域,可以看到除了中国大陆、朝鲜、伊朗、叙利亚之外,Facebook 覆盖了几乎全世界。而光线则代表不同区域用户之间的联系,可以说是千丝万缕。由图 3-2 可以看出,Facebook 无论是用户数量还是质量,均达到了一张"新互联网"的标准。这张网络不像传统的互联网那样以信息为脉络,而是以人际关系、社会交往为脉络。如果说上一代互联网是一个巨大的电子媒体,Facebook 所展现的社交化趋势,则可能造就一个"电子社会",这也是它最被业界看好的主要原因。

图 3-2　Facebook 全球覆盖区域及连接网络图

3) 成为海外社交网络企业的模仿者

早在 2008 年,随着 Facebook 在全球大红大紫,很多国家的网络公司纷纷效仿 Facebook 推出了本土的社交网站。目前为止,世界范围内模仿 Facebook 比较成功的有来自德国、俄罗斯、中国、印度的四大社交网站。德国本土的 StudiVerzeichnis 就是翻版 Facebook。"StudiVerzeichnis"在德语里是"学生索引"的意思。俄罗斯的 VKontakte 网站也是 Facebook 的模仿者,其用户主要是俄罗斯大学的学生。"VKontakte"意为"保持交流"。该网站已成为俄罗斯最受欢迎的社交网站,同时也是该国最流行的网站。中国的人人网模仿 Facebook 也很成功。2008 年 4 月,人人网的母公司千橡互动集团获得日本软银总额 400 亿日元(约合 3.84 亿美元)的投资。交易完成后,软银将持有千橡约 40% 的股份。2011 年 5 月 4 日,人人网在美国纽交所成功上市。

正当全球网络公司竞相模仿 Facebook 时,Facebook 却开始在世界范围内打造自己的"分支"。随着 Facebook 的全球性覆盖、游戏音乐服务推动用户数量不断增长,那些克隆网站的用户数量都正处于不断下滑之中。Facebook 在 2008 年推出了西班牙语、德语和法语版本的服务,并随后增加了俄语、荷兰语、丹麦语以及意大利语的服务,从此就开始统治了欧洲社交网络市场。

2010 年 7 月 12 日,据纽约时报报道,随着 Facebook 入驻印度的消息传开,Facebook 在印度的注册用户日渐高涨。2009 年 Facebook 的印度用户仅为 Google 旗下 Orkut 的一半左右,2010 年以来,Facebook 的印度整体用户数已经接近 Orkut 了。

　 　 2010 年 4 月 13 日 Facebook 年内进入中国的消息在业界不胫而走,同时有知情人士透露,Facebook 正在积极寻找国内合作伙伴,甚至有传出同搜索引擎百度合资的消息。目前,Facebook 进入中国还有诸多悬念。

3.1.5　盈利模式

　 　 Facebook 是当今世界上分布最广、用户最多的社交网络。先看一组数据:Facebook 2011 年营收达到 37.11 亿美元,其中广告营收 31.54 亿美元,占总营收的 85%;开发者分成 5.57 亿,占总营收的 15%(其中 Zynga 社交游戏一家就贡献了 12% 的营收)。从这个数据不难看出,“广告＋游戏”是 Facebook 目前最主要的盈利模式。还有一个比较大的盈利模式就是提供一系列的增值服务,比如虚拟产品、支付功能。以下对其进行进一步分析:

　 　 1) 广告费用

　 　 Facebook 在每个人的 Facebook 页面上投放平面广告,收取广告主的广告费(像通用公司等都投放过类似的广告,非常昂贵),是目前最主要的盈利来源。以最近最炙手可热的移动广告为例。根据 2013 年 4 月 4 日市场研究公司 eMarketer 发布的报告预计,Facebook2013 年的移动广告营收将接近 10 亿美元。eMarketer 表示,Facebook 目前是美国第二大移动广告发行商。2012 年,Facebook 的移动广告营收占整个美国市场的 9.5%,而 2013 年这一比例将上升至 13.2%。在美国移动显示广告市场,Facebook 目前排名第一,按营收计算的市场份额接近 30%。

　 　 2) 第三方应用分成

　 　 Facebook 是全球首创只做开放平台的互联网企业,又拥有海量用户,因此有很多第三方开发商为它开发各种应用。对于付费应用而言,其收入当然需要和 Facebook 分成。Facebook 本身自己不用花大精力来垂直划分用户,然后从某些特定的用户群里获取利益,而是把这些工作交给了 App 开发商,让不同开发商针对不同用户群体开发 App 产品,这样比 Facebook 自己来更合理,更便捷。

　 　 3) 游戏分成

　 　 游戏也可算作第三方应用,但这里单独列出,是因为游戏是很特殊的第三方应用,是目前用户消费最大的应用类型。用户在 Facebook 上玩游戏,购买道具必须使用 Facebook 的虚拟货币 credits,游戏的收入与第三方游戏开发商分成,大约是三七开,Facebook 拿小头。

　 　 从长远来看,Facebook 坐拥 10 亿月活跃用户,这座金山的开垦才刚刚开始。同时,Facebook 也在不断地进行创新,试图让自己的盈利模式更为多元化。根据福布斯杂志消息,Facebook 已于 2013 年 4 月尝试推出收费发私信服务,允许用户向名人或朋友圈之外的其他人发送短消息,每条收费最高 16 美元。Facebook

CEO 马克·扎克伯格(Mark Zuckerberg)曾表示,要将 Facebook 视为一家移动公司,这意味着 Facebook 将来会进一步发展移动业务。Facebook 有可能像谷歌一样进军手机市场,也可能进军基础设施市场。

3.1.6　成功之处

1) 外在原因

在 Web 2.0 时代,网民已经可以在相当大的自主空间内将个人信息发布开来而不受传统封闭式门户的约束,信息生产与信息传播的主动权在一定程度上回归大众,信息传播的内容多样性、互动便捷性与个性化订制功能大大增强,以个人为中心的 web2.0 应用已经摆脱少数商业精英力量的控制,自媒体促成了草根阶层的迅速崛起,推动着互联网朝着亲和开放的方向发展,显示出一种全新的传播生态。

SNS 作为 Web 2.0 的产品,可以通过建立组来实现基本的 BBS 功能,也可以在自己的"地盘"实现基本的 Blog 功能,而相对于传统的 BBS 和 Blog,其独特的人为功能使它能够快速发展。BBS 是从人映射到社会,Blog 是把人映射到人,而 SNS 是把社会映射到人。这种映射则是通过人与人之间的关系来维持,用户希望通过对"关系"的维护和延伸来达到自己的目的,比如有些人希望在业内提升个人品牌而刻意去增加一些重量级的关系。从关系的映射上来说,它有着更强劲的战斗力。

2) 内在原因

(1) 向已存在的实体社区提供辅助的网络在线服务:Facebook 网站最初的成功是通过向大学生提供实体社区不能获取的信息服务,这是一种交互式的学生指南,包括每个学生的课程计划和社交网络。Facebook 网站并没有创建一个以前完全不存在的新社区,相反,他们是为已存在的实体社区提供一种更重要的信息和交流服务。

(2) 限制用户注册来创建理想的在线服务:Facebook 作了很重要的产品决策,保证实体社区和在线服务之间的协调和信任。Facebook 网站最初仅限于能够验证所在大学的. edu 邮件地址的用户登录使用 Facebook,也限制了用户能够查找或浏览的学生范围仅限于用户所在的大学。这些措施的目的是让用户感到网站是排外的,仅限于他们实际所在的社区(学院或大学)内部的人员。对. edu 教育网外面的用户打开大门后,他们创建了一系列网区来完成这种方案,当用户加入到这些网区时,仅能够看到特指的网络中的成员。此外,Facebook 已经实行了一系列隐私控制,允许用户准确地控制谁能够查看他们所提供的信息。

(3) 集合一系列被渗透的微社区:Facebook 比其他的社交网站更能吸引广告

机会,因为能够深入地渗透到一系列微社区(各大学校园)内。如果一个地方的广告商想定位一个特殊的大学校园,Facebook 网站是将广告信息传递给观众的最佳途径。本地广告行为的 CPM 千人成本因为所具有的定位本质,而受到广告商的高度重视,每日 65％和每周 85％的用户登录率保证了广告商能够非常有效地操作时间导向的广告活动。

(4) 通过用户群和广告商建立强大的品牌效应:Facebook 把自己定位为通过在线广告业务来建立品牌的广告商,而不仅仅是为了增加点击数,使众多广告商愿意与之合作。Facebook 还完成了非常出色的公关工作,强调了 Facebook 对大学生的生活和在线消费产生的影响力。

(5) 公开页面源代码:在 Web 2.0 时代,通过强大的搜索与订阅功能,网民们已经没有必要为了取得有用的信息反复辗转于各种类型的 BBS、博客或者门户网站。用户已经越来越讨厌无处不在的显示广告,对没有经过任何过滤的海量信息已经越来越感觉迟钝和麻木。Facebook 网站充分把握住这一趋势率先公开自己的页面源代码,让各种类型的互联网内容提供商开发出嵌入式程序,方便网民使用。

3.2　Twitter 案例精解

3.2.1　公司简介

Twitter(中文称:推特)是美国的一个社交网络及提供微博客服务的网站。它利用无线网络、有线网络、通信技术,进行即时通信,是微博客的典型应用。它允许用户将自己的最新动态和想法以短信形式发送给手机和个性化网站群,而不仅仅是发送给个人。所有的 Twitter 消息都被限制在 140 个字符之内。

公司总部位于美国加州旧金山,由杰克·多西、埃文·威廉姆斯、伯利兹·斯通等人创始,现有员工约 450 人,目前已推出了共 33 种语言版本,服务范围基本覆盖全世界。截至 2012 年 8 月,Twitter 的 Alexa 排名为第 8 名,全球注册用户数量已经超过 5 亿,有 70％的流量来自于美国以外的地区。

2006 年,博客技术先驱 blogger.com 创始人埃文·威廉姆斯(Evan Williams)创建的新兴公司 Obvious 推出了 Twitter 服务。在最初阶段,这项服务只是用于向好友的手机发送文本信息。2006 年底,Obvious 对服务进行了升级,用户无需输入自己的手机号码,而可以通过即时信息服务和个性化网站 Twitter 接收和发送信息。至于名字 Twitter 的来历,是源于一种鸟叫声,创始人认为鸟叫是短、频、快的,符合网站的内涵,因此选择了 Twitter 为网站名称。

2012 年 2 月，Twitter 称有能力针对不同国家和地区实施网络内容过滤，引发关注；10 月，Twitter 收购美移动应用开发工具厂商 Cabana 并正式发布其 Windows 8 应用。

3.2.2 网站特点及功能

1) 网站特点

（1）仅提供平台和协议，可定制度高。

Twitter 是一个纯粹的 Web 2.0 产品，从本质上来讲，它仅仅提供了一个最基本的协议——Tweet 和 Reply，其他所有的信息交流和表现方式都在此基础上演变而来。用户可以借助 Twitter 实现自己想要的所有信息展现方式。比如 Retweet，包括手工的 RT 和官方的 RT，还有后来出现的 cc，以及加引号@原作者发言后的评论，再到后来的图片、视频插入，无一不是由用户自行发起的。

对于开发者来说，Twitter 仅仅是一个平台，开放 API 使得第三方可以容易开发出无论是网页还是软件形式的客户端。而用户最先接触和熟悉的不是 Twitter 这个内核，而是 Twitter 的发行版——客户端，从这个角度来看，Twitter 平台、协议的角色就更为明显。

（2）简洁优美，传播便捷。

Twitter 发送的信息限定在 140 个字以内，发送信息方便、即时，这就决定了用户发送的内容大多是脑子里偶尔闪过的念头、生活状态、日程安排等碎片化内容。虽然信息呈现的方式是碎片化的，但通过内容也勾勒出了 Twitter 用户独具个性的生活方式、反映出其志趣爱好。在这一前提下要从海量的 Twitter 用户中选择志趣相投之人，遇到问题通过自己掌握的朋友状况寻求帮助则变得非常容易。简单到不能再简单的界面和使用方法再加上最主要的"friend"圈子功能，使 Twitter 更易于建立和应用群组。只要用户合适地建立自己的朋友群组，就可以在适当的时候获得适当的答案。

同时，Twitter 把发布流程简化到极致，又巧妙实现了简短信息的异步即时呈现，无论是发布方还是接收方，都能全权处理收发的信息。它让信息的发布方和接受者处于平等的地位，都能充分享受网络所带来的便利。在发布媒介上 Twitter 整合了诸多平台，用户不仅可以在它的网站上，还可以在 IM 上发布信息，而最重要的是可以在手机等移动设备上发布信息，更突出地体现了其便捷和应用的广泛性。

2) 网站功能

（1）消息发送。

用户可以从任何注册过的设备中发送 Twitter 消息：①在 Web 页上位于页面

顶部的输入窗口中输入消息。②在手机中,发送一条 SMS 短消息到 40404,由于你的手机呼叫 ID 已绑定到你的 Twitter 账户中,因此系统可以自动识别出这是来自于你的消息。③在 IM 中,假如用户使用的是 AOL 的话,直接发送消息到 Twitter IM,如果是 Gtalk 或 Jabber,则发送到 Twitter@Twitter. com 中。在这些方式中,你所有的跟随者(followers)将会在他们的个人 Twitter 页面看到你发送的消息,或者在他们的移动设备中也可以看到。你可以使用 Direct 命令来直接发送消息给其他用户。在你的个人页面上,点击 Direct Messages 后,上面的消息输入框就具备了直接到指定朋友的功能,你可以选择其中的一个用户,进行直接发送。

(2) 跟随链接。

当用户学会如何在 Twitter 系统中发送消息后,用户的朋友就可以跟踪其更新了,下面介绍用户如何查看其他人的消息。

在网页上想添加一位朋友的前提是必须先登录个人账户。然后到朋友的 Twitter 个人页面上的"Action"栏中点"Add"链接。如果想要搜索用户页面的话,在自己的个人页面上使用搜索栏,可通过用户名、Email 地址及手机号来查找。

一旦点击"Add"后,假如该用户设置的是公开访问,那么就可以在他的联系人列表中看到他的头像。如果该用户设置的是私有属性的话,系统会发送一个友好请求,当被该用户允许后你才会看到他的更新。

用户也同样可以查看其朋友的跟随者,通过把鼠标放在位于右侧栏的头像上就可得知其用户名。假如在朋友的跟随者上点击的话,就会进入他们的用户页面,同样可以添加他们到自己的朋友列表中。

(3) 数字显示。

在用户的 Twitter 页面上有一些数字,这些都是非常重要的描述:①followers 后面的数字表示有多少人正在关注。②following 后面的数字表示关注(follow)了多少人。③Direct Messages 后面的数字表示接收到了多少来自于朋友的直接发送的消息,点击该链接就可查看到这些消息的详情。④Favorites 前面的数字表示收藏了多少推文,点击该链接就可看到每条收藏推文。可以看到,在每条推文后面都有一个"星号"图标,当点击该星号后说明这条消息就是收藏的了。⑤Your Tweets 上面的数字表示发送过多少条消息。

(4) 照片滤镜。

2012 年 12 月 11 日,Twitter 正式推出了照片滤镜功能,毫无疑问的是,Twitter 的此举将进一步加剧自己与 Facebook 之间的竞争。

Twitter 此次推出的这一功能,同照片分享应用 Instagram 所主打的照片滤镜功能别无二致。Twitter 表示,自己的滤镜功能由纽约图片编辑软件开发商 Aviary

开发,Aviary 此前还为包括 Flickr 在内的诸多图片分享网站提供技术支持。最近几年,照片分享功能受到了社交网络用户的日益喜爱,而 Instagram 等软件自带的滤镜功能则让用户可以自行编辑、美化照片。

(5) 应用程序。

Twitter 本身并不提供特别复杂的功能,而几乎所有忠实用户都会有自己喜爱的第三方应用。这里简要介绍几款:

① 官方 Widget:官方 Widget 主要有 Flash 版本和 HTML 版本两种。功能简易但比较稳定,适用于放在博客侧边栏或者其他 Profile 页面。

② Snaptu:一款基于 JAVA 的集 Facebook、Twitter、Flickr、Picasa 等多种应用的客户端,是一款很方便的集合聊天工具。它支持免翻墙推特发推,Facebook 聊天,RSS 新闻和博客阅读,天气预报,Flickr,Picasa 图片等功能。

③ Monitter:比较酷的一个监控器,可以选择三个关键词进行监控。采用了 AJAX 技术,只有一个页面,输入关键词即可,十分简易。上方有一系列小工具,例如限定地理范围、改变配色方案等,都很有趣。

3.2.3　发展简史

2006 年,性格内向的技术天才 Jack Dorsey、Blogger.com 创始人兼播客公司 Odeo 创始人 Evan Williams 和 Biz Stone 三人共同创办了后来风靡全球的微博服务平台"Twitter"。

值得一提的是,这个由 Jack Dorsey 和 Biz Stone 两人花了两周时间搭建起来的雏形最初的名字不叫"Twitter",而叫"Twttr",其主色调也不是现在的蓝色和白色,而是绿色和白色。

Twitter 的名字由"Twttr"改为"Twitter"与传统的电话键盘有关。Jack Dorsey 解释称,"开通短信服务需要一个短代码,我们决定申请'twttr'作为短代码,不幸的是,'twttr'已经被占用,于是我们决定使用'40404'作为短代码,这也是将名字改为'Twitter'的原因之一。"

尽管 Twitter 早在 2006 年 3 月就已经开始测试,但正式运营却过了 1 年之久,2007 年 4 月 Evan Williams 等大张旗鼓地将 Twitter 剥离成一个独立的公司,Jack Dorsey 出任 CEO。其母公司 Odeo 则被 Sonic Mountain 于 2007 年 5 月收购。

2007 年 7 月,Twitter 获得来自风险投资公司 Union Square Ventures、Charles River Ventures,以及 Netscape 联合创始人 Marc Andreessen、Feedburne 联合创始人 Dick Costolo、天使投资人 Ron Conway 和投资家 Naval Ravikant 等的 100 万美元投资,估值 500 万美元。

2008 年春,随着用户数的与日俱增,Twitter 频繁宕机。不过自从 Twitter 由

Ruby 服务器换用采用 Scala 语言编写的软件后,宕机次数明显减少。

2008 年 5 月,Twitter 获得来自风险投资公司 Spark Capital 合伙人 Bijan Sabet 与其他投资者的 2 200 万美元投资,此时,Twitter 估值达到 8 000 万美元。

该轮融资完成后,Twitter 逐渐被华尔街人士认可,开始在由 Facebook 和 Myspace 统治的社交王国里野蛮生长,并且伺机抢夺更多用户。同年秋,Twitter 拒绝了 Facebook 以 1 亿美元现金和 4 亿美元股票的收购计划。

Jack Dorsey 与他的搭档创办了 Twitter 并革新了人与人的沟通方式,但 Jack Dorsey 本人由于沉默寡言且不善于沟通,最终于 2008 年 10 月发生了与苹果创始人乔布斯相同的悲剧——被 Twitter 董事会逐出管理层。Evan Williams 随即出任 CEO。

2010 年,Evan Williams 被解除 CEO 一职后,投资人、时任 Twitter COO 的 Dick Costolo 接任 CEO 一职,随后 Jack Dorsey 也悄然重返 Twitter 并出任董事长一职。

《纽约时报》2012 年 11 月报道称,在被同事投诉难以共处之后,Jack Dorsey 可能又一次被赶出了 Twitter 公司。对此消息,Jack Dorsey 公开回应称,自己已经削弱了在公司的作用。

2012 年 8 月,Twitter 第三位创始人 Biz Stone 与 Evan Williams 对外展现了他们最新的项目——新型内容发布平台 Medium。

早 Twitter 两年成立的 Facebook 已于 2012 年 5 月完成 IPO,目前市值约为 610 亿美元。资本市场留给 Twitter 的时间已经不多,按照 Facebook 成立 8 年后上市推算,Twitter 预计将在 2014 年左右上市。

财富杂志 2013 年 2 月撰文称,Twitter 当前已不再准许公司早期员工抛售持股。从最近的售股过程看,Twitter 的估值已经逼近 100 亿美元。Twitter 最新一轮的融资发生在 2011 年,当时资本市场对这家公司的估值为 80 亿美元。

此外,Twitter 当前的各项用户数据仍在增长之中,并没有出现下滑,就在 2012 年 7 月,Twitter 宣布其用户数突破 5 亿,达到 5.17 亿,成为仅次于 Facebook 的全球第二大社交网站。同年底,Twitter 对外宣称,其月活跃用户已经突破 2 亿,较 2012 年 3 月的 1.4 亿增加了 6 000 万;平均每天发送的推特条数已经超过 4 亿。

因为尚未上市,所以 Twitter 的业绩数据目前还不得而知,TechCrunch 预计 Twitter2011 年营收可能达到 3.5 亿美元,彭博社认为 Twitter 营收 2014 年将达到 10 亿美元。

相对于 Facebook,利好消息是 Twitter 大约 50% 的年营收是来自移动广告。而根据 eMarketer 的预测,Twitter2012 年的移动广告收入可能达到 1.3 亿美元,约是 Facebook 的两倍。按照这一比例增长,未来 Twitter 将有充足的营收业绩为其 IPO 正名,至少也是一次相对成功的 IPO。

3.2.4　营销应用

1) 客户服务

当乔纳森在纽约国际机场等待登机时,通过 Twitter 写下了一些疑问,博客发出 10 秒后,他竟然收到了美国捷蓝航空公司(JetBlue)的邮件,为其问题作出响应。原来捷蓝使用扫描工具对 Twitter 用户进行实时跟踪,以发现解决用户的问题,如航班延迟或航班取消的信息。

无论是购买机票、电脑或咨询主机托管问题,不需要打电话给该品牌在线的客服人员,直接上 Twitter 就能找到。同时,Twitter 可以为企业提供用户追踪服务,缩短了企业对客户需求的响应时间。网络整合营销 4I 原则中提到的 Interests 利益原则强调,对目标用户群开展营销时,要时刻注意营销活动为客户提供了实在的利益,而这正显然是 Twitter 客户服务取得成功的"潜规则"。

2) 信息传播

Twitter 开发了"品牌频道",企业可以在 Twitter 构建品牌页面,同时组建多种品牌小组,同一品牌的粉丝能够聚合在一起。而企业通过平台可以向用户发送各种新品、促销信息,Twitter 的即时性和分享性让一个消息可以迅速遍布有相同兴趣爱好的 group、team。甚至用户之间也发生互动,他们也可能把信息转发给其他好友。不少美国企业已经在采取这种方式。据悉,戴尔从 2007 年 3 月开始使用 Twitter 企业平台,到 2013 年戴尔官方网站上已拥有 65 个 Twitter 群组。戴尔已经在 Twitter 内获得了约 100 万美元的销售收入。

这种方式增加了公司品牌直接接触消费者的机会,有利于维护品牌认知和客户忠诚度。如果企业自身有博客、定期出版物或者新闻发布做基础,是非常有效的。但如果没有新鲜的信息内容源作支撑,就很难吸引 followers,甚至乏味、不经常更新的 Twitter 账号比没有更糟。NBC 的一个官方 Twitter 叫 TodayShow,但仅仅是公关人员发布的一些不超过 140 个字的新闻稿,内容极端乏味,对用户加入到这个社区参与对话毫无吸引力。

3) 危机公关

强生在 Motrin.com 上发布一段广告,推广其止疼药。但是,由于创意不当,遭到网民们强烈抗议与反感。在传统时代,网民的反馈是没有大规模的传播出口的,但 Twitter 却给了他们"嘴巴"。仅仅几天,针对强生 Motrin 的批判主题成了 Twitter 上最热的话题之一。Google 搜索结果中出现了大量的 Motrin 负面信息。Motrin 因此卷入了一场公关危机。

主流媒体自上而下的威严传播一去不复返了。每个草根都有权自由地发出他们真实的声音。虽然一个草根的声音很微弱,但万千个聚合在一起形成了巨大的"社会化媒体的长尾",甚至可以影响、左右主流媒体。面对 Twitter 社会化媒体,一个不起眼的小消息都有可能被无限放大,对企业来说,在危机之前如何预警,危机产生后如何公关处理,都是值得研究的课题。

4) 舆情监测

社会化媒体的到来,使得传播由"教堂式"演变为了"集市式",每个草根用户都拥有了自己的"嘴巴",Twitter 自然是"品牌舆情"的重要阵地。越来越多的公司都在 Twitter 上追踪对其品牌的评价,监测舆论情况。Twitter 这些真实的声音,可以帮助企业迅速触摸到消费者心理、对产品的感受,以及最新的需求,获取市场动态乃至公关危机的先兆。

Comcast、戴尔、通用汽车、H&R Block、柯达就是光顾 Twitter 的常客。它们对 Twitter 的关注反映了新社会化媒体在"消费者对品牌进行公开讨论"方面的力量。Get Satisfaction 网站的总裁兰·贝克说:对品牌的真正话语权已经转移到消费者手中,这是技术所使然。

5) 互动活动

美国大选期间,Twitter 推出专门的竞选频道来报道奥巴马和麦凯恩的辩论。与 1.0 概念的媒体不同在于,用户可以在该页面下方"发表看法(what do you think?)"文本框中输入对于辩论的看法。那么如何将这种互动方式导入到商业营销领域呢? 葡萄酒行业和"体验营销"结合,作出了新鲜尝试:网络直播品酒会。

国外葡萄酒公司在 Twitter 上举办了 TwitterTasteLive,5 款雨果葡萄酒分别提供给使用 Twitter 的葡萄酒爱好者品尝。然后主办方确定一个时间,在 Twitter 上和葡萄酒爱好者进行互动交流,并用视频直播来辅助这次体验活动,加强了活动的直观性。用 Twitter 的形式将品酒会现场搬到网上,只要 Twitter 用户将自己的想法以文字由网站、短信息等发送给订阅者和好友,双方就可及时反馈。与传统的线下体验营销相比,Twitter 体验方式可以使葡萄酒爱好者突破品酒时间和地域人数的限制,全国甚至全球品酒成为可能;更重要的是来自不同地区的葡萄酒爱好者实时沟通,更加深度的交流。品牌的烙印会在体验与关系互动中"发酵"。

3.2.5　盈利模式

如图 3-3 所示,Twitter 的 3 种商业模式同时出现在同一页面:①Promoted Tweets(关注微博);②Promoted Accounts(关注账户);③Promoted Trends(关注话题)。

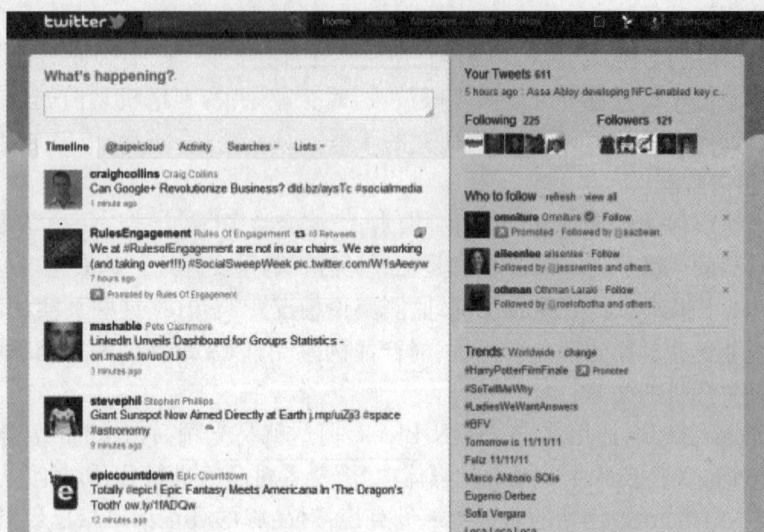

图 3-3　Twitter 页面

1) Promoted Tweets

截至 Promoted Tweets 的推出，Twitter 已知的盈利渠道有三种：①为搜索引擎提供实时数据流；②"传说"中的"职业账户"；③Promoted Tweets 平台。

Twitter 推出的 Promoted Tweets 平台无疑是通往盈利大道的重要尝试，Promoted Tweets 是什么？长什么样？下面的图 3-4 很直观地呈现出来。

图 3-4　Promoted Tweets 样图

简单地说，图中的广告展示里面有三个角色：广告主 Starbucks；广告平台 Promoted Tweets 平台；广告受众为在 Twitter 上搜索"Starbucks"的用户。广告呈现方式为在 Twitter Search 中搜索"starbucks"，图中的广告内容在搜索结果中置顶显示。根据官方博客及 AdAge 的介绍，图 3-5 是一个简单的 Promoted Tweets 广告过程图。

值得强调的是，触发整个广告过程的关键在于用户在 Twitter 上搜索"Starbucks"的动作，搜索次数的多少直接决定 Promoted Tweets 平台能够给 Twitter 带来收入的能力。Twitter COO Dick Costolo 告诉 AdAge，很多人在使用

	Step 1	Step 2	Step 3	Step 4
@Starbucks	提交和指定需要推广的Tweet			根据推广效果向Tweet支付广告费
Promoted Tweets 平台		审核批准@Starbucks提交的Tweet，在相关搜索结果中置顶，标记成Promoted by Starbucks		跟踪@Starbucks提交的Tweet在用户中的反响，如果无人RT，评论或fav，取消成为Promoted Tweets。根据广告效果收取Starbucks广告费。
在Twitter上搜索"Starbucks"的用户			在Twitter上搜索"Starbucks"	注意到/点击"推广的Tweet"，或者忽略

图 3-5　Promoted Tweets 广告过程图

Twitter 进行搜索，搜索量巨大，但是拒绝给出准确的数据。显然，Twitter 的强项并不是在于提供一个搜索的入口，那是搜索引擎巨头 Google 和 Bing 的模式。

"有多少用户会使用 Twitter 进行搜索?"，除了这个疑问，用户对于"Twitter 搜索结果出现广告"的接受程度也是需要进一步观察的。鉴于此，Twitter 对 Promoted Tweets 平台的推出也是小心翼翼：①对于不受欢迎、没有回应的 Promoted Tweets，Twitter 会适时取消 Promoted Tweet 作为广告的展示。②在搜索结果内，一页只会展示一个 Promoted Tweet。③Promoted Tweet 会"自我申明"为广告，鼠标移过时会黄色高亮显示。④Promoted Tweets 开始只在 Twitter.com 显示，将来在合适的时候会在 Twitter 第三方客户端出现，并与第三方客户端分成。

2) Promoted Trends

Promoted Trends 是 Twitter 为 Promoted Tweets 广告平台新增加的功能。该功能将帮助广告主将广告插入 Twitter 的趋势主题中。有报道称，Twitter 已经与广告主进行了讨论，但是相关条款还很模糊。消息显示，对于在趋势主题中的独家广告投放，Twitter 每天将收取数万美元的费用。

Promoted Trends 允许广告主在 Twitter 趋势主题旁投放广告。当用户点击该广告时，将会被链接至该广告主 Promoted Tweets 的搜索结果页面。Twitter 还需采取更多措施，才能使趋势主题符合广告主的喜好。

3) Promoted Accounts

Promoted Accounts 允许广告主在 Twitter 的侧边栏购买一个广告位，用于向相关用户推广该广告主的 Twitter 账户。尽管最初的消息显示,该产品将着眼于个人用户,但从初期情况来看,Promoted Accounts 主要以企业用户为主。

Twitter 通过官方博客解释了 Promoted Accounts 的工作原理:通过用户所关注的账户类型,利用算法来决定是否向其推荐广告主的 Twitter 账户。例如,有许多关注多个游戏相关账户的人也会关注@xbox。如果有人关注了游戏相关的账户,但却没有关注 @ xbox,Twitter 便会向此人推荐 @ xbox。在 Promoted Accounts 之前,Twitter 已经在话题和个人 Twitter 信息中投放了广告。目前主要的广告形式有横幅广告和框式广告。

3.2.6　成功之处

Twitter 是一款微型博客服务,用户所发布的信息被限定在 140 个字符以内,用户可以自由选择"关注"其他用户,从而接收该用户所发布的信息。这款微型博客在很短的时间内便在社交网络、商务、竞选、名人文化、公共关系、媒体和政治抗议等多个领域中发挥了重要作用。

Twitter 的成功很容易被外界认为是一个"幸运的意外",它在正确的时间、正确的地点获得了一次偶然的机会,然而这种评价却不得要领。当 Twitter 的创始人设计这款服务时,他们其实经历了深思熟虑后才作出一系列至关重要的决策,事后看来,这其中充满了智慧。而正是这些决策,才创造了这样一个由用户主导的创新环境。

首先是简洁的风格。这需要回顾一段历史:威廉姆斯此前拥有一家名为 Odeo 的播客(视频分享)公司。当苹果 2005 年 6 月开始推广播客以来,Odeo 便成了多余的产品,所以威廉姆斯开始寻找新的创意。他手下的工程师杰克·多尔西(Jack Dorsey)的一个关于"状态更新"的创意吸引了他。具体来讲,便是用简短的语言来回答"你在哪里?"以及"你在做什么?"这样的问题。

多尔西建议开发一款系统,模拟短信的简洁性,并让用户可以通过网络或者手机来发布信息,这样一来,无论身在何处,用户都可以描述自己当前所做的事情。2006 年 3 月,包括多尔西和斯通在内的一个小组用了两周的时间创建了一款原型产品。该项目当时名为"Twttr",而当时负责管理这一项目的 Odeo 联合创始人诺亚·格拉斯(Noah Glass)说:"关键在于,我们花了大量时间来简化这一项目,从而体现它的精华所在。"该系统能够从用户那里接受信息,然后将其转发给正确的人,仅此而已,非常简单。

第二个决定则至关重要:创建信息发布者与关注者之间的不对称关系。二者无需成为"好友",也无需以任何方式获得对等的关系。任何人都可以阅读某位用户所发表的信息,这便为系统赋予了强大的自由性。威廉姆斯说:"我不喜欢社交网站中蹩脚的好友请求。"他希望 Twitter 能够更像博客,读者可以关注自己所喜欢的任何事情。他说:"这将解放创造者,因为他们可以做任何想做的事情。"

这是一种意义深远的决策,它所产生的影响出乎所有人的意料。当时没有人认为,会有用户愿意关注陌生人,也没有人能想到明星会通过 Twitter 向粉丝通告自己当前的状态,更不会想到企业也会使用 Twitter 来发布新产品或者打折信息。这种毫无限制的关注政策使得用户可以随心所欲地向成百上千的关注者发布任何信息,比如,肯尼迪家族就使用 Twitter 来向公众通告美国民主党资深参议员爱德华·肯尼迪(Edward M. Kennedy)葬礼的过程。Twitter 消除了知己与受众之间的界限。

第三个关键决策是从一开始就向软件开发者开放 Twitter 平台,允许他们基于 Twitter 创建自己的应用和服务。第三方开发者甚至可以创建相应的网站来取代 Twitter 主页,并为用户提供更为优秀、功能更多的界面。斯通说:"我们只是觉得让极客们参与进来,Twitter 就能够变得很酷。我们没有想到 Twitter 能够发展成今天这样大的规模。"

外部开发者通过多种方式提升了 Twitter 的价值,例如创建了综合性的监控软件,让用户可以在 Twitter 的各项功能中自由浏览,还有一些服务则可以让用户在 Twitter 信息中发布图片或视频。Twitter 还引领了网址缩略服务的繁荣。这种服务早已出现,但一直以来都没有太大进展,但是当用户希望在 Twitter 信息中加入链接,却不希望因此而占据过多字符时,这种服务便显得至关重要。斯通说:"Twitter 的官方工作人员或许只有几百人,但真正为 Twitter 工作的人却超过5 000人,而且这些人所倾注的心血与我们相同。"

最具革命性意义的功能便是对数百万的 Twitter 信息进行检索,即使是刚刚发布的 Twitter 信息也能够被检索到。这就意味着任何人都可以实时了解到当前最热门的话题,并对他人目前针对某个产品、某部电影或某个明星正在谈论的内容有一个简单的了解。位于弗吉尼亚州的 Summize 公司就是探索 Twitter 搜索功能的几家公司中的一员。搜索技术对 Twitter 非常重要,以至于 Twitter 最终收购了Summize,并接纳了该公司几乎所有的工程师。

Twitter 的变革催生了一种全新语法,而 Twitter 社区所创建的许多惯例如今也已经被整合到 Twitter 官方服务中,包括 hashtag(在文字前添加♯号)以及在用户名前面添加@符号。使用 Twitter 来追踪金融信息的企业都使用 MYM 来标注股票名称。有着"Web 2.0之父"美誉的 IT 界泰斗级人物蒂姆·奥莱利(Tim O'Reilly)对"Retweet"的重度使用也催热了这一功能。

对于 Twitter 粉丝而言,140个字符非但没有形成限制,反而创造了一个起点。很多人或许会认为,像 Twitter 信息这样简明扼要而且存在时间较短的内容不适合发表新闻、政治分析或小说,但是用户仍然利用 Twitter 来从事这些事情。他们将多条 Twitter 信息连成信息流,从而打造了一种全新的互联网文体。从本质上讲,Twitter 就像是在场地上留下了一个球和一根棍,然后藏在场外,看用户究竟能发明出哪些棒球的新玩法。

3.3　LinkedIn 案例精解

3.3.1　公司简介

LinkedIn 是一家面向商业客户的社交网络(SNS)服务网站,成立于 2002 年 12 月并于 2003 年启动。网站的目的是让注册用户维护他们在商业交往中认识并信任的联系人,俗称"人脉"(Connections)。用户可以邀请他认识的人成为"关系"(Connections)圈的人。LinkedIn 用户数量现已超过 2.25 亿,平均每一秒钟都有一个新会员的加入,而且美国本土的用户人数已经下降到只占 38%。

LinkedIn 的 CEO 及创始人为 Reid Hoffman。Reid Hoffman 先前为 PayPal 的执行副总裁,曾经在英图易(Intuit)软件公司担任高级管理职务。Hoffman 在 eBay 公司收购 PayPal 之后,与一些大学同学创办了 LinkedIn。根据美联社的一篇文章显示,Reid Hoffman 这位同伴是斯坦福大学毕业生 Constantin Gewricke。

LinkedIn 的品牌标语为管理你的隐私。"邻客音"是 LinkedIn 公司官方注册的中国代表处中文名字,"邻客音"一词源于 LinkedIn 的音译,LinkedIn 是由 Linked 和 In 组合而成,Linked 翻译成"邻客",In 翻译成"音"。"邻客音"有"邻家朋客之声音"的寓意,也有"天涯若比邻,海内存客音"的含义,该中文名字深受中国广大网友好评。

3.3.2　网站特点及功能

1) 网站特点

(1) 简洁实用。

对部分人来说,LinkedIn 是最乏味无聊的网站;而在另一些人看来,它是帮助员工职场跳槽或获得高升的得力工具。不管你怎么看,LinkedIn 都已经开辟出自己的一片市场。

如果把 Bebo 比作大众甲壳虫汽车——改变自身以追逐年轻人市场的玩闹趋势,那么 Facebook 就是桑塔纳——流行而可靠,Twitter 是 Polo——广受技术极客青睐,LinkedIn 则是帕萨特——其受众是一小撮有商业头脑的用户。

的确,向任何媒体从业人员提及 LinkedIn,他们都会感到困惑不已。顺便提一句,媒体其实是个不断衰退、资金匮乏的行业。LinkedIn 的网站看上去毫无吸引人之处,平淡无奇的白色背景之上以黑色字体展示着联系人和职业信息。

该网站直到 2008 年才允许用户上传个人头像。不过,其创始人宣称正是这种简洁性让 LinkedIn 获得了成功。LinkedIn 欧洲运营主管凯文·艾瑞斯表示:"其设计目标就是,实用而有效。也就是说,我们希望人们都尽快得到所需的信息。如果你花了几个小时在上面,而它不能让你变得更有工作效率。我又怎么能快速找到所需的专业人士? 我又怎么能迅速找到专业人士资源,让他们帮助我完成产品设计、帮助我的公司获得成功或是抓住机遇? 这就是我们的目标所在。"

LinkedIn 还宣称自己的搜索功能非常出色,可根据行业、国家、地区、经验来搜索职位信息。

(2) 高效,安全,有商务价值。

LinkedIn 提供"高效"、"安全"并且"有商务价值"的社交服务:LinkedIn 足够高效,而且没有什么打扰用户的信息,即便是广告的投放,LinkedIn 也处理得十分艺术,右侧边栏下方几乎不会分散你的注意力;LinkedIn 上没有太多会打扰到你的人,而且用户与用户之间的关系也被严密保护起来,这和其他 SNS 拿着用户资料去做 SEO 实在是天壤之别;LinkedIn 专注于商务功能,并且提供付费服务,这极大体现了它的确具备提供高质量商务社交服务的能力,LinkedIn 是非常适合白领使用的一款 SNS 工具,尤其是有国际业务的企业员工或者自由职业者。不过,LinkedIn 不太适合学生使用,因为 LinkedIn 很注重工作经验和教育背景,如果现在还在学校还没毕业,除非有相当丰富的社会实践经验,否则完全可以忽视这个玩意,因为它现在还无法为你创造价值。

但随着 LinkedIn 的发展,它也渐渐倾向于向大学生与企业搭建沟通桥梁。2011 年艾瑞咨询显示,以 LinkedIn 为代表的社交媒体在求职领域上发展迅速,正逐渐取代传统求职模式成为大学毕业生日益青睐的对象。LinkedIn 作为一个社交媒体能在毕业生求职方面取得卓越的成果,原因在于 LinkedIn 不断提供更多的公司与毕业生互动的机会,同时提供给毕业生公司的各项信息。大学生是社交媒体用户的主力军,LinkedIn 在为毕业生提供求职平台的同时也增加了自身的用户,LinkedIn 的成功经验也为其他的社交媒体提供了借鉴。

2) 网站功能

通过 LinkedIn 的关系网,用户可以管理并公开有关专业的信息;查找并自荐给潜在的客户,服务提供商或推荐的相关领域的专业人士;创建和进行项目合作,收集数据,共享文件;找到商机,寻找潜在的合作伙伴;志同道合的专业人士可在私下建立讨论组;发现更广阔的人际连接,帮助拓展个人关系网,拓展工作和交易的范围;张贴和分发工作职位信息,用以求职、招募、猎头行为等;发布个人的工作经历,建立个人的社会关系,建立企业和个人之间的雇佣关系;基于关系和资料建立搜索匹配;在特定的关系网络中传递消息;还可以了解朋友的工作动态;可以推荐或者被推荐工作机会;可以对感兴趣的公司进行背景调查;可以对感兴趣的员工进行背景调查;可以搜索工作机会;向朋友征询工作意见;可以发起民意调查;可以搜索具备特定技能、背景和经历的员工;可以将人员的性格、爱好、职业进行归类,有针对性提供信息服务,组织主题活动等。

3.3.3　发展简史

LinkedIn 成立于 2002 年 12 月并于 2003 年启动,总部位于美国加利福尼亚州山景城(Mountain View)。

2003 年 5 月,网站正式发布,5 个创始人是最早的用户,当时最大的难题就是如何在短时间内扩大用户量。当时 5 个人都被分派了任务,每人必须找到 100 个用户,因为李锡恩和 Jean-Luc Vaillant 是工程师,人际关系不如其他三人广,他们得到特许,只需要每人找 50 个用户。Guericke 在多年的学习和工作中积累了深厚人脉,3 天之内他就找到了 100 人。

随后,LinkedIn 的用户越积越多,连硅谷最为有名的风险投资商 Sequoia 也被网罗到了 LinkedIn 之中,Sequoia 曾先后投资过 Yahoo、Google、Cisco、Apple、Oracle 等公司。

2003 年 11 月,Sequoia 决定对 LinkedIn 投资 470 万美元。当时加上 5 名创始人,LinkedIn 的员工只有 8 人。截至 2003 年底,公司仅拥有 14 位员工和超过 78 000 会员。

事实上,LinkedIn 用了 477 天(约 1 年 4 个月)才达到了第一个 100 万用户。

从 2004 年 9 月开始,LinkedIn 开始推出营销解决方案并获得营收。2004 年 10 月,以 Greylock 牵头的风险投资商又对 LinkedIn 注入了 1 000 万美元的投资。这时,LinkedIn 的注册用户数量是 120 万。随后 LinkedIn 发布了 LinkedIn Jobs,并从 2005 年 3 月开始由此获得营收,LinkedIn Jobs 是 LinkedIn 现在的招聘解决方案的一部分。

紧接着,LinkedIn 发布了它的第一份高级订阅产品,并从 2005 年 8 月开始产生营收,并逐渐发展成 LinkedIn 的最重要的收入来源,2007 年和 2008 年高级订阅服务的收入占到了 LinkedIn 总营收的一半左右。

到 2005 年 11 月,LinkedIn 的注册用户增至 420 万,其中 210 万在美国,140 万在欧洲,50 万在亚洲。此后,LinkedIn 不断推出新的业务,探索新的盈利方式,并一直保持着较高的用户增速。

2008 年 3 月,LinkdIn 发布了公司解决方案,这是其招聘解决方案的关键组成部分,使公司的营收来源更加多样化。LinkedIn 的招聘解决方案业务成为了当年其营收增速最快的业务。2010 年这部分业务的营收已超过高级订阅服务,成为营收占比最高的业务,其收入达到总营收的 41%。

2008 年 6 月至 2010 年 7 月,LinkedIn 共获贝恩资本、高盛等 9 570 万美元投资。

2007 年末肇始于华尔街的金融海啸给 LinkedIn 带来了好机遇,大量失业者利用 LinkedIn 寻找工作,网站用户人数迅速攀升。截至 2010 年 12 月 31 日,LinkedIn 共拥有了 990 位员工和超过 9 000 万名会员,这些注册者来自全球 200 个以上国家和地区,在《财富》500 强企业中,每家公司都有高管成为该网站的用户,而且这一数目正以每秒一位的速度不断增加,换言之,也就是每 12 天就有 100 万新用户入驻。2011 年 5 月 20 日,LinkedIn 在美国上市。

2012 年,对于 LinkedIn 来说是突飞猛进的一年。这一年,这家著名的商务社交网站,进行了设计简约化改革,发布 iPad 应用程序,推出 Endorsement 认证功能,并增加 LinkedIn Today 业界领袖原创内容。截至 2012 年底,LinkedIn 拥有 1.87 亿注册用户,月独立访问量(UV)高达 1.09 亿。2012 年第四季度,LinkedIn 营收同比增长 81%,净利润的增长幅度更大。

2013 年 3 月 14 日,LinkedIn 公司将以 5000 万美元收购 Pulse 新闻阅读器应用的消息放出后,LinkedIn 的股票价格在当日上午的交易中达到历史高点 181.47 美元,之后稍稍回落至 179 美元,单日增幅达 2%。LinkedIn 公司还宣布上季度盈利创单季营收记录,优于分析师的预期。按最高股价 181.47 美元计算,LinkedIn 最高市值超过 200 亿美元。

3.3.4　盈利模式

Linkedin 通过三种途径获得收入:①付费服务:企业付费来与网站会员取得联系,用户邮件地址通常是隐藏的;②广告:其广告受众包括大学毕业生和董事会成员;③它为招聘机构提供定制软件解决方案。

科技资讯网站 TechCrunch 欧洲分站编辑迈克·巴彻(Mike Butcher)表示:"LinkedIn 不是 Facebook,它是一个专业的商务社交网络,其目标是那些专业人士。"据悉,现在已经有些公司招聘全职员工,每天的工作就是登录 LinkedIn 寻找合适员工。LinkedIn 在招聘领域颇成气候,它并不打算变得社交化,其用户是这样一些人,他们只想把自己的雇佣信息放在网上。至少在 LinkedIn 上,用户可以得到他人的推荐,相当于求职时受到推介一样。LinkedIn 的商业模式很出色,比起 Facebook 和 Twitter 也更加传统。

LinkedIn 的货币化探索很有意思。它是一个细分领域的社交网络,并且做到了一手杀 B（企业），一手杀 C（用户），两边都能杀。眼下的 Web 2.0 产品里，能做到这个的貌似不多。

先看一组数据。据 10-K（美股年报数据）文件披露，截至 2011 年 12 月 31 日 LinkedIn 有 1.45 亿注册用户（同比增长 60%），月度活跃用户 8 400 万（同比增 62%），企业客户 9236 名（同比增长 139%）；营收构成上，招聘解决方案（Hiring Solutions，2B）、市场营销方案（Marketing Solutions，2B）和付费订阅服务（Premium Subscriptions，2C）贡献营收比例分别为 50%、30%、20%。

LinkedIn 如何能做到两边收钱呢？从行业和市场上来说，LinkedIn 对应的其实并非一向强调的高频需求。分析师认为，与行业的对应关系是比产品本身还要重要的前提，产品再好，也架不住一个被很多人需要的烂产品。所以选择需求是第一步。需求是有层次的。举个例子，结婚是一次性需求，但情感则是终生需求。LinkedIn 满足的是求职者和招聘者的需求，这并不是非常高频的需求，单从使用时长和用户粘性上看，和 Facebook 这类通用型社交平台应该是无法相提并论的。当然，现在 LinkedIn 的使用场景实际上已经很丰富，它实际上演变成为一个标配品、一张专业社交名片。

其次，HR（人力资源）预算虽然年年有，但却是有限的，并且它和市场预算一样有可能在光景不好的时候被砍掉。因此，理论上 LinkedIn 是很容易碰到天花板的，所以它必须不断扩张国外市场。但是，招聘和求职因为深受文化背景、国家发展程度等因素影响，隔国如隔山，我们看到 LinkedIn 的国际扩张（目前有 14 种语言版本）事实上也是非常谨慎的，除美国以外，第一大国际市场是英国，其次是欧洲，现在印度也是一块重要市场。

看到了 LinkedIn 在行业和市场上的诸多不利后，再看看 LinkedIn 的产品设计逻辑。从用户价值本身来说，LinkedIn 有一个重大优势就是垃圾用户比例必然很低。无论对企业还是求职者而言，用户几乎对自己的个人履历是强制性自我审查的。不填真实的个人资料，真实的履历，甚至不用真人的头像，用户在 LinkedIn 上的账户就毫无价值，在诚信社会尤为如此。对希望被招的人来说，技能、工作经历、个人口碑和人脉（甚至相貌）都是企业招聘时考虑的重点，如果希望被招，没有哪个用户会弄虚作假，公司也一样。对求职者而言，他希望了解公司是做什么的、有什么人在这家公司工作过、有什么人干得不开心辞职了、公司在业内口碑如何等等，企业若想希望吸引人才，也必须如实相告。

LinkedIn 面向企业的招聘解决方案就是基于对这些需求的理解，结合 2.0 平台的优势设计的（举个简单的例子，由于更加了解求职者希望找什么样的工作，能提高招聘广告投递的精准性，这个匹配可比 Facebook 希望根据用户的喜好判断用户可能希望接受什么样的广告要直接很多）。这就是收企业的钱，现在贡献营收 50%。

身为 2.0 产品的 LinkedIn 还有一个更妙的地方。它也许不是一个供人扯淡吹牛的社交网络，但它对社交关系的利用是隐形但有帮助的。LinkedIn 发明的一度、二度、三度关系是一项非常有用的创新。它暴露了用户的真实社交关系（由于平台性质，当中很多还是商务关系和工作关系），效果类似于把用户电子邮件里的联系人直接曝光给朋友看。一旦用户希望利用起这些关系，比如说希望联系到上司的某个朋友，也就是第三度关系，就必须给 LinkedIn 交钱，购买它的高级套餐。这就是收个人用户的钱，现在贡献营收 20%。

上面还谈过招聘、求职是有季节性的，求职不是高频需求，大部分注册用户实际上是 passive job seekers（被动求职者）。那么求职季之外，LinkdIn 还能怎么拓宽自己的盈利模式呢？此处不得不夸赞一下 LinkedIn 的商业化挖掘能力，在招聘以外还在平台上开发出了一个市场营销渠道，LinkedIn 的市场营销其实就是"商务版的 AdWords（谷歌的产品）"。

分享一个很典型的案例：国泰航空在 LinkedIn 上投放了精准广告，希望影响的客户是经常往返美国和亚洲的商务舱乘客，目标是提高国泰航空在这部分用户心目中的品牌影响力。这种投放的精准度自然大大高于通用型社交平台广告（例如可以直接锁定美国在中国分公司的代表、总监级别以上的用户），基本上类似于直接在北京飞往纽约的公务舱休息室入口投放广告，但覆盖的客户、时间都更广。这就是变相收企业的钱，现在贡献营收 30%。

回到一开始谈到的货币化模式选择，LinkedIn 的一个重要优势是与交易的对应性强。用户，特别是希望上去招人或被招的用户，他们使用 LinkedIn 很容易出现付费需求。在 LinkedIn 上，交易的定义就是招到合适的人和找到合适的工作，为了达到这个目的而支付费用对于用户来说哪怕不是天经地义，至少也心甘情愿。企业和用户之所以愿意给 LinkedIn 钱，理由是差不多的。所以一个 Facebook 用户的价值和一个 LinkedIn 用户的价值是截然不同的。

3.3.5　成功之处

1）前端的正确定位

LinkedIn 的董事长 Reid Hoffman 在斯坦福上学之时就对如何改善人们的社会关系生态系统充满兴趣。他在结束在苹果和富士通公司的工作之后，第一次创业便开创了社交网站 Socialnet。在 Socialnet 发展遇到困难之时，他被说服加入了斯坦福校友 Peter Thiel 创立的 PayPal。

2002 年，PayPal 被出售给 eBay，结束了 IPO 互联网泡沫的同时，Hoffman 和他的伙伴们拥有了足够来支持其他优秀创业者的资金。PayPal 的 CEO Peter

Thiel 是 Facebook 最早的投资人之一，而 Hoffman 则先后投资了 Zynga、Digg、Last. fm 等后来大红大紫的公司。

与其他创业伙伴不同，Hoffman 在出售 PayPal 之后迫不及待地拾起了旧梦——在 2002 年末创办了 LinkedIn，这也是前 PayPal 员工创立的第一个公司。

Hoffman 认为，在招聘与求职的传统应用场景中，往往是某一名求职者与某一家招聘公司的单通路信息流通。在这个信息流通环节中，求职者简历与公司的自我介绍往往是对方唯一的信息来源。显然，这种单通路的信息含量十分有限，即使双方公布信息都是真实的，也无法对对方形成准确判断。

Hoffman 认为，在职场中，个人品牌比个人简历更为重要，而品牌价值往往来自于他人的推荐和评价，即"和谁在一起"。因此，Hoffman 为 LinkedIn 的定位是实名制的高端社交网站。

然而，这个定位意味着 LinkedIn 将大大区别于以娱乐性为主的可以快速提升流量的 SNS。LinkedIn 缺少娱乐元素、甚至缺少分享与互动，用户之间保持着明显的距离感。

这使得 LinkedIn 面临的第一个挑战就是如何达到百万用户，因为只有用户数达到这个量级，才能让一个 SNS 的信息搜索和共享的价值得到体现。然而，在所有的 SNS 中，它可能是人气增长最慢的。成立初期，LinkedIn 花了 477 天才获得 100 万用户，3 年半的时间（2006 年底）达到 1 000 万用户。在这期间，Myspace 和 Facebook 已经成为互联网产业新的巨星。

曾经有很多人质疑，LinkedIn 对于互联网的流行趋势漠不关心、反应缓慢。实际上，如果说在以人为核心的"碳基"互联网时代，特征是以人为节点的信息充分流动与共享，那么 LinkedIn 则是"碳基"中的另类代表。

相比于 Facebook 和 Twitter 的强互动，LinkedIn 就是弱互动。但这种带有"圈子文化"色彩的不充分的弱互动，正是其独特的价值所在。对于 LinkedIn 用户来说，每天都登录发帖显得毫无意义，而只能说明这个人不在工作状态。

基于人际关系的 SNS 是一个天然的招聘市场。实际上，作为特殊一类 SNS 的 LinkedIn 解决的既不是 Facebook 的"泡与被泡"，也不是 Twitter 般的"看与被看"，而是"猎与被猎"的问题。这种崭新的应用场景决定了 LinkedIn 里面不需要 party，无需虚拟礼品，并且要严格与虚假冗余信息绝缘——LinkedIn 并不打算变得社交化，它甚至在 2008 年才允许用户上传头像。

实际上，LinkedIn 不但不进行娱乐，并且还通过筛选和防御机制，严格控制着人际关系的互动，以保障信息的含金量。例如，它对站内用户发送信息有严格的限制，基本账户可以发送的站内邀请极为有限，动辄就通知发送更多的站内邀请需要付费升级账号，或只能通过双方都有直接联系关系的中间人转发联系邀请。

又如,系统会要求用户注明联系的类型,有"同事"、"同学"、"业务联系人"、"朋友"及"陌生人"等几个选项。如果对方填写的简历和自己的简历并未显示出是同事或同学的关系,系统会要求用户添加相应的工作和学习经历。收到站内邀请后,用户可以采取三个行动:"接受"、"存档"或标注为"我不认识这个人"。

实名、高端社交与弱互动(即有限分享),此三者正是 LinkedIn 取得成功的前端原因。这三个定位保证了 LinkedIn 可以沉淀下真实世界中最有商业价值的那部分社会关系并作为数据金矿来挖掘。

2) 后台的深度整理

每一年的新年,LinkedIn 的每位注册用户都能收到一封系统邮件,被告知在刚刚过去的 1 年里,他通过 LinkedIn 结识了哪些人,朋友圈有哪些变动以及他所在的行业的重大变革。这看似简单的一封邮件,背后不仅仅是这家公司庞大数据能力的体现,也是其对用户进行引导的一种手段——让用户更在意在 LinkedIn 上到底有什么收获,进而更好地经营自己的个人品牌,提供更好的内容和更有价值的互动。

但是并非是每一家实名制高端 SNS 都能做的如 LinkedIn 般出色。与 LinkedIn 最接近的,是 2004 年成立于法国的 Viadeo,有 3 500 万用户,以及在德国本土上市的 Xing. com。它们与 LinkedIn 最大的区别在于深度整理用户数据的能力。

基于实名的 SNS 可以被创造出更多的商业价值,这在当下已经成为共识。而商务社交类 SNS 与传统招聘网站最大的区别之一是,前者的信息可以为搜索引擎提供索引,进而产生出 SEO 优化的空间。

Reid Hoffman 曾在西南偏南互动讨论(SXSW)上做了主题为"创业者怎样创造未来"的演讲,阐述了他对 Web 3.0 的观点。他认为移动平台固然是 Web 3.0 的发展潮流,不过数据才是下一轮互联网行业机遇的关键。他认为,Web 1.0 是"搜索,找到信息数据",Web 2.0 是"真实的用户身份"和"真实的社交关系",而 Web 3.0 则会是"用户真实的身份和关系所产生的数量庞大的数据"。

虽然同样是实名制高端 SNS,但 LinkedIn 对数据整理的算法、体系和组织形态的酝酿水平,要远远高于它的竞争对手们。这一点,从 LinkedIn 独家针对个人品牌搭建的三维坐标体系——经历、关系与技能的产品创新上,可见一斑。

2010 年 4 月,LinkedIn 告别个人品牌单一战略思路,推出了企业档案。公司也能创建并管理其网页上的"职业标签",从而为访问者及潜在求职者提供深入了解其雇佣历程的机会。求职者借此可以知道某一公司的员工曾在入职前做过什么。例如在 LinkedIn 上面,谷歌的档案中就包括好多这种数据,于是就很容易能追踪到目前有多少谷歌员工跳槽到了 Facebook。另外,在很长的时间里,业内人士普遍认为 LinkedIn 与没有工作经验的在校生无关。但 LinkedIn 随后上线了专为大学生开发的一个 Career Explorer 的应用程序，让他们可以去跟踪师兄师姐们的职业历程。

在"关系"维度上，LinkedIn 在其实验室产品中推出了一个名为 InMaps 的让人拍手叫绝的工具。它是一个可视化工具，可以把用户在 LinkedIn 的所有关系通过不同颜色的点和线展示出来，进而可以通过这张网络寻找更好的工作机会、职业发展建议、获得深层信息等。

"技能"维度上，LinkedIn 又发布了关于"技能"数据的产品——LinkedIn Skills。用户可以根据某项技能对网站上的用户进行检索，还可以联合地理位置等其他信息进行高级检索。此外，LinkedIn 还列出了某些热门技能以及掌握这项技能的一些高手们主要分布的城市。

如今，LinkedIn 推荐给用户的联系人已经具备相当的精准度，而且它可以帮助一位用户轻易找到他与一家公司或一个人（比如即将面试你的考官）可能存在的关联，甚至能根据浏览会员的不同而自动显示差异化内容。

通过后台深度的数据整理和 SEO 优化，LinkedIn 实际上已经实现了对人群之间最具价值的六度分割。

LinkedIn 深知自己并非全能。于是，它推出了 LinkedIn Answers，仿照 Yahoo Answers 和 Quora，帮助用户进一步地实现了品牌的增值。

虽然没有游戏和约会，但 LinkedIn 的这种超强的数据整理和优化，便是其内部生态最佳的维护手段。最显著的证明便是 LinkedIn 放心地鼓励用户建立起联系后自行使用邮件联系，这与其他 SNS 截然相反，其他 SNS 们都在努力研发自己的 IM 和邮件系统，生怕用户转战第三方平台。

LinkedIn 的 CEO Jeff Weiner 曾对外界透露，如同 Facebook 平台一样，马上就会有基于 LinkedIn 平台的优秀创业者诞生。

第4章 国内社交网经典案例及精解

4.1 人人网案例精解

4.1.1 公司简介

人人网,是由千橡集团将旗下著名的校内网更名而来,成立于 2005 年 12 月,是国内最具影响力的社交网站之一。人人网覆盖 2 200 多所大专院校,有着庞大的使用群体。据 Alexa 统计数据(2012 年 11 月 19 日),人人网日均 IP 访问量达到 4 368 000,日均 VP 访问量达到 23 936 640,用户数已经超过了主流门户网站。

人人网刚建立的时候一个最重要的特点是限制具有特定大学 IP 地址或者大学电子邮箱的用户注册,这样就保证了注册用户绝大多数都是在校大学生。用户注册之后可以粘贴自己的照片,撰写日志,签写留言等。该网站鼓励大学生用户实名注册,上传真实照片,让大学生在网络上体验到现实生活的乐趣。2009 年 8 月 4 日,千橡集团将校内网更名为人人网,表示社会上所有人都可以来到这里,从而跨出了校园内部这个范围。至此,人人网开始成为为整个中国互联网用户提供服务的 SNS 社交网站,给不同身份的人提供了一个互动交流平台,提高了用户之间的交流效率,通过提供发布日志、保存相册、音乐视频等站内外资源分享等功能搭建了一个功能丰富高效的用户交流互动平台。

人人网的 LOGO 由两个抽象的"人"字变形,"人"字成圈形寓意每个人的人际圈,同时两个人字中间发生交集。由图形和域名共同组合成的标志,象征着人人网是一个人与人的沟通分享平台,分享真实,沟通快乐。

2011 年 5 月 4 日,人人网在美国纽交所上市,成为全球第一家上市的社交网站。

4.1.2 网站特点及功能

1) 网站特点

(1) 用户身份的真实性。

这是人人与其他网络平台相比最大的不同点,也是人人的精髓所在。人人网的广告宣传语是:人人网是一个真实的社交网络,因为真实所以精彩。由此可见,真实是它的首要定位。人人网刚刚出现之时,就限制具有特定大学 IP 地址或者大学电子邮箱的用户注册,保证了注册用户绝大多数都是在校大学生,从源头上把控了整个网站的纯洁,为真实社区环境的打造提供了有力的保证。当然,用户身份的真实性并非就意味着把用户的信息资料和盘托出,而是用户可以自由、安全地控制个人的隐私。

（2）社会交往的群体性和开放性。

人人网是一个社交网络,与 QQ、飞信、MSN 等网络交往平台的不同点在于:人人的交友模式是"找到老朋友,结识新朋友"。整个网络环境是开放的,因为身份注册的真实性,所以只要输入相关寻找条件就可以找到任何一个你想要寻找的朋友或陌生人。用户可以通过一个老朋友结识一群新朋友,从而不断扩大自己的交友圈。在减少现实生活孤独感的同时,又能够在网络上找到一种近似现实的真实,避免过分依赖网络虚拟。从另一个角度来说,用户个人所获得的信息也会以相同的态势和速度剧增。人人网交往的群体性还表现为:常常可以是一个群体与另一个群体同时在线交流和分享经验。这样,在最短的时间内获得最大的信息量成为新时代用户对个人接受力的一种刺激性的自我挑战。

（3）交流方式的多样性。

人人网除了具备在线聊天讨论、下线留言、E-mail、写日志、群聊等基本的沟通方式之外,还可以让朋友间彼此分享相片、音乐和电影,并提供开心农场、阳光牧场、开心农民、泡泡鱼、人人餐厅等一些开放的游戏平台。丰富的多样化交流方式以及用户在线轻松一点就能实现的特点,为用户之间的流畅交流提供了极大的便利。在信息飞速发展的今天,不得不说它为广大用户赢得了许多宝贵的时间。

（4）极为便捷的互动性。

在人人网推出前,用户之间进行沟通的网络方式主要为飞信、QQ、MSN 和电子邮件。这些网络互动方式表现为一对一和一对多,而且互动过程可能会出现不对等或延迟,比如说停机、不在线等,而人人网的互动方式则不一样。首先,它实现了一对多、多对一和一对一的循环及交叉的互动方式。用户可以发起一个话题供众人讨论,每个讨论者的观点都能得到及时体现,彼此之间还可以进行互相评述和延伸。与QQ群聊不同的是,它是开放式的,并不只限于某个群落,只要你想加入都可以参与。此外,除了言语的互动,还可以有很多生活上的虚拟互动,比如祝贺生日、送礼物、表达心意,等等。

（5）沟通状态的及时性。

人人网的及时性表现在个人状态实时更新,且每个人都可以在最快的时间看到好友的最新状态,也能够给予最及时的关注和互动。同时,也成为个人沉淀自我、回顾历史的珍贵记录。

(6) 自我展示的个体性。

这一特点和一般的博客功能基本相似,用户可以粘贴自己的照片,撰写日志,签写留言等,是一个很好的向朋友们展示自我的平台。

(7) 相互认知的全面性。

正是因为上述的几个特点,人人网能够为好友之间彼此了解提供最为便捷的渠道和最为广阔的空间。用户可以通过相册了解好友现在的容貌,可以通过日志了解他的思想和生活,可以通过他的状态了解他正在做什么,可以通过他的留言签名和关注热点理清他的思想脉络,当然,更可以通过聊天和互动进行彼此的思想碰撞和情感维系。只要愿意,就可以轻松全面地认知彼此。

(8) 体悟生活的现实性。

生活是什么,就是一句话,一个表情。而人人网就是由无数个人的无数句话和无数个表情充实而成的。这里面,拥有很多个故事,也包含了很多人的现实生活,在彼此的交流和经历中,更加容易体悟到生活的现实。见识更多人的经历,分享更多人的思想,能够让用户更快地成长起来。

2) 网站功能

(1) 个人主页。

人人网的个人主页包含了功能丰富的基础模块:

新鲜事:利用该模块可以发布身边发生的或遇到的新奇事件来吸引好友或他人的关注,访问,讨论等。

留言:在该模块中可以查看好友对自己的留言,也可以通过该模块对好友进行留言。

资料:该模块的功能类似与资料存储器,可将上传或收集的资料分门别类地存储在该模块中,待查阅时使用。

状态:提供了"在线","隐身""忙碌""离开"等状态,用户可根据需要自由选择。

相册:可以上传个人照片或感兴趣的图片存储在该模块中,供自己和好友查看。

日志:用户可利用该模块发表自己的见闻和感悟。

分享:利用该模块可以分享一些吸引人的图片,视频,音乐,文章等,可以此来提升自己的人气和关注度。

站内信:用户可以向好友发送站内信,也可以查看自己所收到的站内信。

收礼盒:收藏好友或网站送给自己的虚拟礼物。

音乐:收藏自己感兴趣的音乐供需要时使用,也可以供好友查看。

好友:主要用来管理自己的好友,处理好友添加请求等,还可以设置分组,个性化地管理自己的好友。

访问记录：该模块可清晰地呈现最近有哪些人访问了自己的主页，也可详细查询所有的访问记录。

（2）公共主页。

公共主页（Page）是公众人物、媒体机构、企业品牌与人人网好友的沟通平台；2011年8月起，人人网公共主页向所有人实行全面免费开放，并进行了大规模的功能升级——除了具备个人主页的所有功能外，还具备了个性化展示、数据分析平台等特殊功能。公共主页拥有和个人主页相类似的基础模块，主页专有模块可以让用户有更多和粉丝互动的方式，而应用市场自选模块则充分满足不同的营销需求。以下是各大模块的介绍：

基础模块：新鲜事、留言、资料、状态、相册、日志、分享、站内信、收礼盒、音乐、好友、相关公共主页。

主页专有模块：视频、投票、讨论区、评分、公共相册、人人喜欢（第三方网站使用的人人网开放平台提供的"人人喜欢"按钮，当用户点击按钮，即可将喜欢的内容传送到人人网新鲜事，同时还将成为该网站公共主页的粉丝，同时所有用户的喜欢都将记录在公共主页的"人人喜欢"模块中。）

个性化展示工具：包括欢迎大图（Welcome Tab）、主页背景图片、Flash动画背景等。

多媒体增效工具：包括主要的视频播放插件（Youku、Tudou）、地图模块、LBS信息追踪模块、自定义模块等。

实用的营销工具：包括电子商城植入、优惠券下载（在线/短信）、产品知识问答、在线市场调查、团购、秒杀、品牌会员注册、拍卖等。

其他实用工具：包括豆丁网文档分享、RSS订阅、在线客服沟通、产品推荐等。

（3）积分体系。

人人网从2010年3月10日开始推出用户成长体系，只要每天登录人人网，或者写写状态、传下照片即可轻松获取积分，积分增加，等级会不断提升，随着等级的提升将有机会得到人人网提供的各种奖励，以及使用相关特权，有时候还有抽奖机会。奖品包括：VIP会员，礼券，专属主页装扮，隐身查看，人人网T恤衫等，以及更多神秘礼物。

（4）第三方应用。

对于大部分人人网网友来说，上网除了与好友聊家常之外，还喜欢通过各种各样有趣的社交应用来与好友互动。自从人人网推出开放平台并建立应用中心以后，人人网的应用中心每天都会接入各种不同类型的应用，用户每天都能够寻找到自己喜爱的游戏、应用，生活、学习、社交，各种类型的应有尽有。

下面我们以2012年风靡一时的人人网应用"夫妻相"进行举例说明。"夫妻相"是一款基于好友关系的好友匹配互动娱乐应用。它不仅可以测出和你有夫妻相的另一半,同时还可以测出你好友的夫妻相或者好基友、好拉拉,你可以将测出的结果保存至相册与更多的好友分享。开发者充分利用了人人网开放平台的相册上传接口及@点名功能,加上该应用极具话题性、互动性,因此在人人网上一夜走红。

4.1.3　发展简史

2005 年 12 月,校内网正式成立,是中国最早的校内 SNS 社区,最先开通的学校有清华大学、北京大学、中国人民大学三所学校。

2006 年 4 月,校内网收到亚马逊前首席科学家韦思岸的天使投资及加盟,并于两个月后开通 211 工程全部 100 所重点高校,并受到热烈欢迎。

2006 年 10 月,校内网被千橡公司收购,同年底,千橡公司完成了 5Q 校园网与校内网的合并,合并后的网站沿用校内网(www. xiaonei. com)的域名和界面设计风格。

2007 年 4 月,推出 web2.0 校友录,web2.0 校友录以用户为中心,打破了传统校友录的保守功能,支持自定义页面以及自动聚合照片、博客,并可以订阅朋友新鲜事。

2007 年 12 月,校内网已在大学生校园 SNS 社区领域内取得相对垄断的地位,进入中国商业网站百强之列,并在 2007 中国商业网站综合社区网站中排名第七。

2008 年 1 月,根据《2007 中国空间社区(博客)研究报告》显示,校内网流量和访问用户超过新浪、搜狐博客,排名第三位。

2008 年 4 月,校内网获得 2008 艾瑞新经济年会 2007~2008 年度最具发展潜力企业奖。校内网还成功融资 4.38 亿美元,根据协议,软银于 4 月 7 日向千橡集团注资 100 亿日元(约合 9 600 万美元),获得 14% 股份。1 年后,软银可行使 300 亿日元(约合 2.88 亿美元)的认股权证,将持股比例增至 40%。此次融资为千橡的发展完成了战略融资,为今后的发展做好了资金准备。

2009 年 7 月,校内网开放 APP 平台。校内网开放平台(Open Platform)是一套应用程序的开发标准和实现方式。任何第三方公司与个人通过校内网开放平台,都可以深度结合校内网用户的开放信息,开发出完全个性化、富于互动性的校内应用程序。

2009 年 8 月,千橡集团发布消息,以"为了给校内网带来一个更长远、广阔的发展前景,我们需要割舍对校内品牌的依恋之情,去积极地、勇敢地创造一个更伟大、更具延展性的新品牌,一个广大用户心目中的至爱品牌"为理由,宣布将旗下著名的校内网更名为人人网。原本的校内网网址依然会继续使用,将成为一个转跳网址,同时公布了新的品牌标志。

2009 年 10 月,人人网通过人人连接与多家优秀网站全面连接。

2009 年 12 月,人人网推出全球首家 SNS 移动开放平台。

2010 年 3 月,人人网推出招聘平台。

2010 年 5 月,校内推出 API 开放平台测试版。

2010 年 6 月,第一所"校内希望小学"正式竣工使用。

2010 年 11 月,人人网推出五款重量级产品。

2011 年 9 月,人人网以 8 000 万美元收购 56 网。

2012 年 9 月 17 日,千橡旗下社交网站人人网发布公告称,即将推出两网通行服务,将人人网与旗下开心网实现互联互通,从而使人人网和开心网的所有注册用户,可以在两站之间随意转换,而这也意味着千橡开始加速对旗下社交网站的整合步伐。

2013 年 3 月 11 日,人人公司公布了截至 2012 年 12 月 31 日第 4 季度及 2012 年度未经审计的财务报告。人人公司第 4 季度净营业收入为 4 880 万美元,较去年同期增长 48.8%,超出华尔街分析师的平均预期。其中,在线游戏收入为 2 590 万美元,较 2012 年同期增长 116.5%。2012 年全年人人公司净营业收入为 1.761 亿美元,较 2011 年增长 49.3%。

4.1.4　经营模式

1) 推广模式

人人网初期是通过用户与用户间的口口相传来达到宣传的目的。例如很多刚进高校的新生会通过学长学姐或身边已经在用人人网的同学介绍,注册人人网,建立与新老同学的联系,继而再以自身作为一个新的出发点,再次向外传染式宣传。随着人人网的进一步发展,简单的口口相传已经不能满足人人网的推广需要,因此,千橡集团推出了一系列新的推广策略:

(1) 垂直链接。

2009 年 11 月,千橡互动集团宣布,旗下人人网已通过"人人连接"技术实现与56 网、互动百科、大众点评网等网站的数据互通,用户能够使用人人网账户登录上述合作伙伴网站。通过人人连接技术,人人网几乎可以和当前所有网站实现数据互通,用户还能够找到已经在该站点上的人人网好友,并和他们取得联络,同时还能够邀请他的其他人人网友加入该站。

反向来看,通过与众多网站的垂直连接,人人网也在这些网站上通过比较隐蔽的方式植入了资金的广告。一键分享的小图标并不是一个方便链接这么简单,人们在浏览这些网站的同时,也看到了人人网的 LOGO,了解到有这样一个 SNS 网站的存在,看到了其普及率及影响力,这也不失为一种有效的宣传手段。同时,在这些合作网站的用户中,使用过人人网站的用户在交流中很可能会给未使用过人人网的用户做出无意识宣传,虽然这种方式的可操作性比较小,产生效果比较微弱,但也不失为一种通过垂直连接达到的宣传效果。

(2) 与网络即时通讯工具合作。

人人网合作网络融合了传统的 Blog、BBS、E-mail、即时聊天等形式,同时又添加了各种应用程序,既继承了传统网络的优势,又形成了具有自身特质的网络文化生态系统,建构了基于用户需求的综合化服务平台。现代网络传播技术的发展推进了多样化的传播形式和技术手段的融合,帮助人人网打造出多元互动的沟通平台,从而更好地激发网络增值。

人人网与 MSN 合作,在人人头像下方,出现 MSN 绑定字样,增强了即时通信效率。MSN 的使用以商务为主,此举增加了白领们的关注度,实现了更具消费潜力的白领阶层市场的迅速壮大。人人网依靠邮箱和即时通讯软件进行病毒式扩张,其中 MSN 就成为吸引白领们的一个主要的渠道。

(3) 邮件传送方式。

人人网另外一种传播途径就是邮件传送方式,一方面向人人用户发出自己空间的最新动态,让用户即时登录页面去查看,增强了用户对人人网的关注度,同时也增强了与用户的互动性。另一方面,通过邮件向用户好友发送邮件,发出申请,让更多的人了解并参与其中,以熟人推荐方式,增强了品牌的信任度,使其传播呈网状发散结构向外扩张,增强了口碑传播效应。

2) 盈利模式

人人网是中国目前拥有较为稳定盈利收入的 SNS 网络,其主要盈利方式包括:虚拟物品出售、无线服务、付费调查和网络广告等四种。

(1) 虚拟物品出售。

从人人网 2007 年 10 月 25 日上线 gift 礼品中心服务以来,用户可通过在线充值购买校内虚拟货币——校内宝(1 校内宝＝1 元人民币),使用校内宝在礼物中心购买可以传情达意的 gift。人人网目前比较热门的礼品有"鲜花物语"、"酒店大亨"、"狗狗"等,另有个人主页的 VIP 服务,虚拟物品的销售收入以及主页装扮可以通过"校内豆"来进行。

人人网开发的第三方支付平台校内豆,是人人网通用的虚拟货币,可支付人人网上各项增值服务,已与各大银行、网银支付渠道以及第三方网络支付平台支付宝等合作,建立了完善的网上支付系统。

(2) 无线服务。

手机校内是人人网 2008 年年初正式推出的,手机校内已经与诺基亚维信、

UCWEB等达成合作关系,并正在探索更多方式扩大手机校内在无线领域的发展,校内无线版仅仅推出一年,日活跃度就高达160万。

（3）付费调查。

人人网是一个具有无限价值的空间,它可以为商家做市场调研,这是一种付费调查。比如在用户首页,会有"健康有奖小调查"的链接,用户自愿点击之后进入"Survey问卷调查"页面,完成调查,并有机会参与抽奖活动。在人人网里面,用户早已填好的个人信息、资料等可以省去一般调查表的繁琐内容,可以让调查者更有针对性地、快速、准确地获得信息。

（4）网络广告。

覆盖了全国2000余所高校,注册人数过亿,日浏览量超过4亿的人人网的广告价值显然值得肯定。人人网的广告价值非常巨大,广告主只要在人人网完整投放广告,企业品牌就会曝光在千万大学生的视野中,学生的互动和群组传递更会让其品牌加速传播。人人网与麦当劳的全面合作《麦当劳见面吧,101个见面理由》,乐事与人人网开心农场合作向客户传达乐事薯片100%概念都是很好的例子。

人人网已经走出了页面展示广告和电视广告的窠臼,探索了包括虚拟物品派发、谷歌流量分成、虚拟物品销售等多项盈利渠道。人人网后援支持网站开通,为人人网提供涂鸦板代码,背景音乐等内容。除此之外,2009年12月,人人网与淘宝网携手推出合作购物平台"人人爱购",可以说是SNS社区网站与电子商务网站结合的一次新尝试,虽然现在的"人人爱购"仍有不少值得改进的地方,人人网能将电子商务平台发展成为一个有效的盈利手段还需要更长时间的观察。所以仅就目前而言,以上四种是目前人人网最主要的盈利手段。

4.1.5　成功之处

1）实力雄厚的网站联盟

千橡旗下拥有猫扑网（mop.com）、人人网（renren.com）、千橡游戏互动中心等知名网站,而不久前与开心网实现的互联互通以及与第三方网站如互动百科网、蚂蜂窝网、集合网和呼哈网等的互通互联使得人人形成了一个雄厚的网站联盟,大大提升了人人在SNS领域中的竞争力。

2）庞大的用户基础

作为人人前身的校内是中国最大的SNS网络平台,这也使得人人网用户基础庞大,并有固定关系链,用户与用户的关系属于一种"从有到有"的关系复制,相互之间的信任度更高,基于产品分享的效果也会更好更强大,SNS的六度特性和分享精神让植入式广告与病毒式营销同行,更快速更具体更精准更加可监控,人人网作为一个集中的用户群平台自然是众多商家清晰选择的广告平台,也就增大了人人的盈利空间。

3）准确的网站定位和较为先进的运作模式

将初中到大学通过大型的数据库串联在一起的运作模式使失散多年的老同学又能团聚在一起,对许多在校学生特别是大学生有较强的吸引力。很多网站都想拥有多重身份,但校内网最终选择了社区作为定位,原因就是:只有规模的用户群,才能够创造规模的潜在商业价值。虽然其他的定位都并不是没有道理,但是对于一个网站的发展和运营,最终是靠人起决定作用的,也就是用户。所以定位社区,目标非常明确,经营目标就是规模活跃的用户群。校内网根据定位挖掘了数量巨大、活跃度高的大学生群体,他们空余时间较多,而且各个大学之间学生交流不是很方便,且大多数人都有交友的欲望。电脑的日渐普及为交友网站的火爆提供了可能。人人网在精准定位上坚持一元为主多元发展,成功进军。

4）有效的推广模式

垂直行业 SNS 站点往往因为需要突出专业性而不愿意推出太多娱乐性功能应用,所以在前期的发展推广更多的要依靠在相关领域的人脉关系来聚拢第一批优质的专业用户,以营造专业化的站点氛围来吸引和留住新用户。同时注重站点话题的讨论深度,以突出其用户群体的专业性。这类站点往往属于慢热型,用户规模扩展较慢,用户通常都是真正有专业交流需求的优质用户,因而忠诚度都很高。人人网就是在前期通过大量对在校大学生做推广来拉动人气和保证社区话题质量,效果明显。如今,人人网的百度指数总和早已经超过了 10 万,其网站也已经进入国内热门互联网站前十位。由此可见,人人网的推广工作是很到位的,其网站知名度和品牌影响力已基本成型,这也为人人在 SNS 领域中的发展奠定了良好的基础。

5）开放平台和丰富的第三方应用

作为一个较大的 SNS 网站,人人在其网站内集合了大量的第三方应用,既为用户提供了互相交流之外娱乐和互动的较好方式,同时也为第三方应用编写者提供了发布其应用的平台。这就为人人增添了许多的人气,提高了用户黏着度。人人也通过大量的第三方应用增加了自身的盈利。

4.2　新浪微博案例精解

4.2.1　公司简介

新浪微博是一个由新浪网推出,提供微型博客服务的类 Twitter 网站。用户可以通过网页、WAP 页面和手机短信、彩信发布 140 字以内的消息或上传图片。

新浪把微博理解为"微型博客"或者"一句话博客"。用户可以将看到的、听到的、想到的事情写成一句话,或发一张图片,通过电脑或者手机随时随地分享给朋友,一起分享、讨论。用户还可以关注他的朋友,即时看到朋友们发布的信息。

新浪微博最早于 2009 年 8 月 14 日开始内测,2009 年 11 月 3 日,Sina App Engine Alpha 版上线,用户可通过 API 用第三方软件或插件发布信息。截至 2012 年底,新浪微博注册用户数已超过 5 亿,是中国用户数最多的微博产品。

北京时间 2013 年 5 月 1 日消息,阿里巴巴集团与新浪达成协议,内容是阿里巴巴以 5.86 亿美元收购后者微博平台的 18% 股份。此外,阿里巴巴集团还可在未来增持微博股份至 3%。交易宣布后,新浪周一股价大涨 1%。这项交易对新浪微博的估值为 33 亿美元。新浪预计,未来 3 年该交易将可为微博带来 3.8 亿美元广告及其他收入。

4.2.2　网站特点及功能

1) 网站特点

(1) 产品使用方便。

① 门槛低:每条不能超过 140 个字符,仅两条中文短信的长度,可以三言两语、现场记录,也可以发发感慨、晒晒心情。

② 随时随地:用户可以通过互联网、客户端、手机短信彩信、WAP 等多种手段,随时随地可发布信息和接受信息。

③ 快速传播:用户发布一条信息,他的所有粉丝能同步看到,还可以一键转发给自己的粉丝,实现裂变传播。

④ 实时搜索:用户可以通过搜索找到其他微博用户在几秒前发布的信息,比传统搜索引擎的搜索结果更有时效性,更鲜活。

⑤ 分享到新浪微博:例如,"分享到新浪微博"的按钮被添加到了百度百科词条的下面,用户可以直接分享词条到新浪微博。

(2) 新闻发布地。

新浪微博是独家信息发布的最好平台之一。新浪微博从某种意义上讲就是"永不闭幕的新闻发布会",新浪微博已经成为媒体监控和跟踪突发消息的重要来源之一。

(3) 新闻发生地。

新闻发布会是发布信息的地方,而新闻发生地,则是指新浪微博本身的变动就是值得报道的新闻。这充分证明了麦克卢汉的观点——"媒介即信息"。

(4) 信息交互平台。

新浪微博平台的商业化主要依靠广告自助及应用增值分成。其中,在广告方面,开发者可通过"广告自助营销系统"申请微广告,系统自动投放广告,平台会按照用户的活跃度以及广告曝光数为开发者支付相应的广告收入。

（5）微博平台与开发者。

在应用增值方面,新浪微博平台鼓励开发者开发游戏、团购、网络购物等多种服务,形式和付费方式类似于苹果的 App Store,根据开发者对产品的定位来定价,允许免费应用,关键要看开发者的模式,新浪微博平台与开发者将采用 3∶7 的分成比例。

2）网站功能

（1）基本功能。

① 开放 API:新浪微博 API,覆盖了新浪微博的全部功能,可以通过 API 发微博,传照片,加关注,甚至搜索等全部功能。

② 客户端:新浪微博正式上线的时候,它会同时推出各种手机、浏览器、IM 上的微博客客户端、机器人以及短信平台。

③ 图片、视频分享:新浪微博具有图片、视频和音乐分享功能。

④ 同步:支持一键同步到其他微博客。

⑤ 搜索功能:搜索其他用户和用户发布的微博。

（2）主要功能。

① 发布功能:用户可以像使用博客、聊天工具一样发布内容。

② 转发功能:用户可以把自己喜欢的内容一键转发到自己的微博（转发功能是对 Twitter RT 功能的改良,保留原帖,避免在传播过程中被篡改）,转发时还可以加上自己的评论。

③ 关注功能:用户可以对自己喜欢的用户进行关注,成为这个用户的关注者（即"粉丝"）。

④ 评论功能:用户可以对任何一条微博进行评论。（这是基于中国用户习惯而设置的特殊功能,之后 Yahoo Meme 和 Google Buzz 也都有了评论功能）。

⑤ 话题功能:用户可以在两个♯号之间插入某一话题。像这样,"♯某一话题 XXX♯",发出的微博一旦使用这种形式,就可以自动搜索微博上所有的包含有"某一话题 XXX"的相关微博,可以展开讨论,实现信息的聚合。

⑥ 私信功能:用户可以点击私信,给新浪微博上任意的一个开放了私信端口的用户发送私信,这条私信将只被对方看到,实现私密的交流。

⑦ 微群:就是微博群的简称。能够聚合有相同爱好或者相同标签的朋友们,将所有与之相应的话题全部聚拢在微群里面。让志趣相投的朋友们以微博的形式更加方便地进行参与和交流。在微群状态中,用户可以创建自己的微群,或选择自己感兴趣的微群,并且为未加入微群的用户随机推荐热门微群,根据新浪微博的推

荐机制来看,不排除关联标签、地区与讨论话题。在微群发言界面中,参与群组的用户可以互相交流,并且同步发布至微博。

4.2.3　发展简史

2008年下半年,新浪互动社区事业部总经理霍亮调集了新浪各大部门80％的工程师和美术设计师,开始共同打造新浪"朋友",这是新浪微博发展的开端。

2009年7月,经过一个多月的调研分析,新浪管理层明确了目标,下定决心要做微博这个产品,由2年前进入新浪、时任桌面产品事业部主管的彭少彬主持开发。

2009年8月28日开始内测的新浪微博的确赶上了一个中国互联网时代更迭中的绝佳时机。那个时间点正好是一个空白:饭否、叽歪、嘀咕等微博监管上遇到问题;搜狐当时仅仅只是走在SNS的路上,并未看好微博客路线。

2009年10月,彭少彬被任命为新浪副总裁、微博事业部总经理。无线、运营两大部门积极配合微博事业部的工作,三部门负责人,包括新浪执行副总裁、新浪网总编辑和彭少彬经常一起开会,彭少彬扮演协调者的角色,主动召集大家。

2010年初,新浪微博推出API开放平台,百度百科也推出了"分享到新浪微博"的新功能。细心的网友可以发现,在百科词条页的下方,新增了"分享到新浪微博"的按钮。

根据2010年官方公布数据显示,新浪微博每天发博数超过2 500万条,其中有38％来自于移动终端。每天发布微博数量超过2 500万条,微博总数累计超过20亿条,是国内最有影响力、最受瞩目的微博运营商。2010年10月27日新浪微博推出中国首届微小说大赛。

2010年11月5日,新浪微博群组功能产品——新浪微群已开始内测,微群产品具备了通讯与媒体传播的双重功能,被视作为网页版的"QQ群"。

2010年11月16日,"2010中国首届微博开发者大会"由新浪微博主办、CSDN协办,在国家会议中心举行。此次大会上,新浪微博事业部总经理彭少彬表示新浪微博将启用独立双拼域名weibo国际域名,结合2011年厦门站长交流大会上周立清的讲话,再次确定了新浪微博独立启用weibo这个域名已经势在必行。

2011年3月,新浪启用短域名t点cn服务,用户微博发布链接缩略成带有t点cn的短链接。T点cn域名替换Sina url之后,用户在新浪发布的链接将会更短,这样可减少占用到微博的140个字的限制。此前,国外著名博客Twitter也采用了t点co缩短网址服务。

2011年4月,新浪微博正式独立启用微博拼音域名weibo国际域名,同时启动新版LOGO标识,新浪微博进入双域名并存阶段。

2011 年 4 月 5 日,新浪股价涨至 116.56 美元,市值达到 71.1 亿美元,具备独立运营的坚实基础,从收购 weibo 国际后缀等三个拼音域名到"围脖"等多个商标申请一系列的行为,证明新浪微博为此已筹谋良久。

2011 年 4 月 8 日,中国首届微博营销大会在厦门国际会展中心举行,微博营销大会由新浪微博与台交会组委会共同主办,福村梅记普洱茶独家冠名。

2011 年 5 月,新浪微博已将原先的链接正式跳转为 weibo.com。至此,新浪微博正式结束双域名并存的战略局面,用户地址也变成 weibo.com/♯♯♯。

2011 年 6 月 3 日,新浪微博开始积极筹备英文版,计划两三个月内进军美国市场。

2011 年 6 月 8 日下午,Q 版微博宣布正在内部测试阶段,新浪未对具体公测时间、具体功能及收费与否作出解释。

2011 年 9 月 21 日,有传闻称官方将发放 4 个微博牌照,其中没有新浪。纽约股市中国指数下跌 1.8% 至 230.68 点。中国概念股普遍下跌,新浪盘中跳水,收盘重挫 15.17% 报收 92.76 美元,为 2008 年 12 月以来最大跌幅。随后,新浪出面表示公司未能获得微博运营牌照的说法纯属谣言。

2012 年 3 月 31 日上午消息,新浪微博停止微博评论功能 2 日。

2013 年 2 月 20 日,新浪发布了其微博用户的最新数据,截至 2012 年 12 月底,新浪微博注册用户数已超过 5 亿,同比增长 74%。日活跃用户数达到 4 620 万,微博用户数与活跃用户数保持稳定增长。

数据还显示,2012 年新浪微博总收入约为 6 600 万美元。值得一提的是,从 2012 年第 4 季度开始,微游戏及会员等增值服务的收入增长迅猛,为新浪微博贡献了 23% 的年度收入,成为微博收入新的增长点。在该季度,微博增值服务的收入环比增长 65%,达到 720 万美元。

除了增值业务,新浪微博有 77% 的年度收入来自于广告,数额超过 5 000 万美元。新浪表示,目前大多数微博广告收入是基于社交媒体的展示广告,其广告主主要为品牌广告主。据新浪预计,2013 年上半年大部分微博广告收入仍来自于展示广告。

4.2.4　营销应用

目前,企业利用微博进行营销的方式主要是三种类型:一类是内容营销,通过好内容吸引用户;二类是互动营销,微博账户作为整合营销平台,线下各种活动通过微博互动来完成;三类是应用服务,作为消费服务的扮演者。新浪微博根据市场预测和实际调研情况制定了以"微博广告"为核心的微博营销战略。

1）战略目标

新浪微博的战略目标是发展成为一个适合中国用户的 SNS 应用平台,其定位是成为一款为大众提供娱乐休闲生活服务的信息分享和交流平台。主要又可以分为:

(1) 娱乐——涵盖最全面的娱乐明星与资讯;

(2) 生活——反映网民现实生活的点点滴滴;

(3) 快乐——分享发现人们身边的趣闻轶事。

2）目标客户

新浪微博用户主要是个人用户和机构及组织,个人用户包括普通用户(即草根用户,主要以青年和中年为主)和名人(明星、企业领导人、媒体、学者等),机构及组织主要有公司、慈善机构、政府部门及相关机构等,注册微博主要是为了进行营销、树立品牌、举行社会活动等。

自新浪微博诞生起,业内诸多人士就对其商业化进程保持着密切关注。在新浪举办的 2012 微博营销大会上,新浪正式向广告主推出 4 月初上线的企业微博 2.0 和新浪微博广告,微博广告产品组合即广告创意(Creative)、推荐引擎(Engine)、应用页面(Page)以及信息流(Feed),在社交媒体蓬勃发展背景下,帮助企业实现营销价值最大化。如图 4-1 所示。

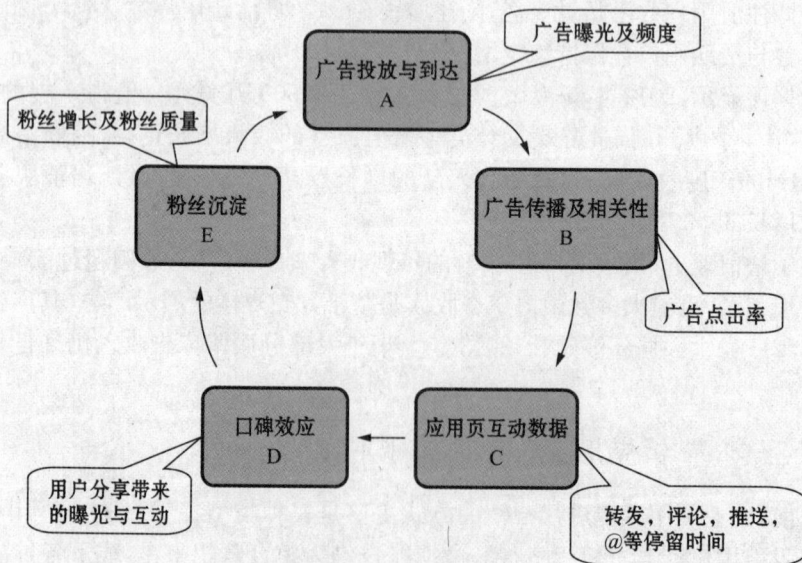

图 4-1 新浪企业微博 2.0 概念图

3) 营销解决方案

(1) 大客户品牌宣传(大客户营销方案)。

作为全球领先的在线媒体及增值服务提供商,新浪始终引领着中国互联网行业的发展,强大的内容资源让其他网站望尘莫及,强大的媒体资源优势奠定了新浪的网络媒体的品牌影响力。无论是公信力、聚合性还是用户粘性,新浪均居门户网首位。足够的接触频次可使广告产生真正的影响力,通过新浪网丰富的营销经验及成果,可使企业的品牌宣传效果、美誉度最大化,得到最广泛的口碑传递,降低企业的投入成本,并与流量背后的人群建立沟通,从而为企业争取更多的潜在用户并提高用户的忠诚度。新浪微博的大客户广告展示主要分为以下几类:

① 传统展示型广告。在高流量的页面上,与高点击的版块内容相结合,内容带动广告,提高网友对广告的关注度,以达到高曝光、高点击的传播效果。

② 赞助类广告。包括专题赞助、栏目赞助、栏目条赞助等形式,利用和相关内容潜在的联系,使网友在浏览的过程中,品牌不断曝光,从而使网友印象深刻,品牌形象深入人心,实现品牌传播的最大化。

③ 工具型广告。在一个普通广告位中,增加多种营销功能,为客户创造个性化的沟通,实现多个营销目的的整合营销广告,简称工具型广告,为新浪开发的独有的广告新形式。

④ 富媒体广告。新浪富媒体广告体系拥有 10 余种,提供具有动画、声音、视频、交互等的丰富表现的广告形式,广告容量可达 300K 以上,广告的创意空间不再受限。同时认证了多家富媒体技术供应商,为客户及代理商提供更多服务。

⑤ 频道内容合作。频道内容合作是一种强强联手的营销方式,利用潜在的相关性,随着网友浏览频道内容,品牌形象不断地曝光,在潜移默化中使品牌形象和产品深入人心。这样的成功案例有 Nike 社区、欧莱雅女性频道和李宁社区。

(2) 中小客户营销方案。

① CPM 广告。新浪针对中小客户预算低、追求广告效果等特点,在重要频道的重要位置进行 CPM 广告的部署,使客户的广告也可以出现在新浪的黄金位置,覆盖面广,可定向,直达产品核心消费群,投放成本低、回报高。

② 新浪智投。新浪智投产品是新浪网针对中小企业推出的一款按效果付费的全新页面广告形式,用户可以按广告效果付费,自主投放自主管理,达到提升品牌、精准投放的广告目标,协助找到潜在的客户群,低投入、高回报。

(3) 行业客户营销方案。

IT、鞋服、家电、金融、手机、汽车、通信、快速消费品……针对不同行业的不同客户,新浪为客户量身打造最适合的营销模式。

(4) 视频广告。

　　越来越多的网友习惯于在线观看视频及娱乐节目,视频广告直接出现在网友的视线中。相比传统的影视广告,网络中的视频广告覆盖面更广、到达率更高、受众更精准。

　　(5)无线广告。

　　手机新浪网是中国第一无线门户,超前的无线互联网门户意识,免费 WAP 门户的领航者与业内标准,资源最为丰富,信息量超过千万;美誉度最高,获多项殊荣,并成为中国移动的紧密合作伙伴,成为免费手机网的标准;用户最为优质,相对于其他无线门户,手机新浪网用户以高学历、高个人收入、男性用户为主,购买能力显著。手机新浪网,精准高效的移动营销。

　　(6)社区/植入式营销。

　　将客户元素作为工具植入到社区产品中,使网友在玩的过程中潜移默化接收客户的品牌推广信息,该产品为新浪独家合作产品,合作公司为微软的黄金合作伙伴。

　　(7)定向/精准型营销。

　　定向广告,即根据市场细分传播广告信息,在适合的时候对适合的人推出适合的广告,能通过分析内容、判断时间、辨别访问者属性,按广告主要求和设置,将广告有针对地投放到目标客户面前。这种新型广告模式可以精确定位广告受众,从而更加有效地节约了广告成本,提升了广告效率。定向广告的优势:

　　① 对于广告主:

　　• 节省成本:单个用户消耗费用及 CPC 低于非定向广告。

　　• 针对受众:广告只投放到目标受众,针对性更强、效果更明显。

　　• 消费引导:分析并预知消费者购买趋势,主动出击广告。

　　• 互动营销:用广告吸引受众参与互动,获得受众对企业产品的反馈信息,从而成功营销。

　　• 选择多样:多样、灵活的广告发布形式,根据不同的客户产品随需应变。

　　• 更科学:能基于有效数据对不同用户群的不同上网习惯和不同需求进行分析,并根据客户产品特征提供更合理的投放方案建议。

　　② 对于受众:

　　• 减少干扰:减少了无关广告信息的干扰。

　　• 增加有用信息:广告与内容的高度相关,使其成为内容的扩展和辅助。

4.2.5　盈利模式

1)"微币"业务

据新浪微博的介绍,微币类似于腾讯的 Q 币,是由微博平台发行的虚拟货币,可用于购买微博平台上的各种虚拟产品和增值服务(包括第三方提供的虚拟产品和服务)。微币和人民币的兑换比例是 1:1。

用户可以在新浪微博上购买道具和应用服务,新浪微博目前占据了关系资源的制高点,"微币"的推出是微博发展中的一个有益尝试,它的应用有可能会成为微博未来盈利的一个方向,它可以满足网民对娱乐应用、游戏软件的需求,实现人们在工作、学习、生活中的诉求。

用户可以通过网上银行、支付宝等充值渠道为微币账户进行充值。用户不仅可以给自己微币账户充值,也可以给已关注好友的微币账户进行充值。充值成功后资金直接进入对应的微币账户,如果用户充错了账户资金,损失由用户自己承担,微博不负责资金损失。

新浪还推出了与微币配套的微游戏,微游戏是一个基于微博用户体系的互联网游戏平台,"链接游戏与 3 亿新浪微博用户。"目前该平台拥有六款小型游戏。新浪微币预计将首先用于小游戏等增值服务的在线支付。不过新浪微博也有一些潜在的隐忧。Facebook 目前最热门的游戏是 Zynga 旗下游戏《CityVille》,但这款游戏用户人数已经开始出现下降苗头,每月活跃用户人数不断下降。除此之外,《帝国与同盟》等 Facebook 前五大热门游戏每月活跃用户人数均为下降趋势。可以看到,社交游戏火起来很容易,但是必须加快游戏开发的速度和质量才能维持盈利的局面。

2) 收费"微号"业务

微号是新浪微博用户个性化纯数字号码。微博数字短地址、独特微号标识、炫酷微博勋章都是微号用户特殊身份的象征。用户可以通过免费领取、参与活动、微币购买等方式得到中意的号码,让更多朋友找到你,好友快速@你。微号的理念是"微号,让关注更容易,让联系更简单。"

用户申请微号需满足以下要求:①必须是新浪微博用户;②微博账户已设置头像;③微博账户必须绑定手机。微号面向广大新浪微博用户,有海量的免费号码供广大用户选择。如果用户想拥有位数更短、特征更显著的靓号,也可以选择参加活动或微币购买的形式获得。微号的相关费用分为选号费与使用费,根据号码等级的不同有所区别:一等贵金号码是由号码初选费+月使用费组成收费的号码;二等雅银号码是第一年购买即送一年使用费,之后可通过参与活动等方式免年费或按照月付使用费的号码;三等炫铜号是无初选费、无使用费的号码。

3) 短信微博业务

该服务内容为新浪微博用户每月付 5 元或者每年付费 50 元,可订阅 5 个微博的更新提醒。当对方有新内容、新评论时,用户将受到短信提醒,享受 300 条短信提醒服务,包括新粉丝、新评论、新私信的通知。新浪微博的这项收费服务看重的是微博属于传统互联网和移动互联网双栖的产品特征,但仅靠短信模式的提醒就收取所谓的高级会员费,从持续盈利能力以及消费体验上看都不是最佳的方式。

4) 广告

新浪微博的传统广告部分是其目前最主要的利润来源,主要包括网页广告位和品牌推荐。其中又分为电脑微博、PC 微博、无线微博和手机微博。而这里面新浪微博的广告资源最主要的两个部分为 PC 微博和无线微博:

(1) PC 微博:主要指的是通过个人电脑登录的微博页面。而目前主要的广告位置有顶部公告、推荐活动、推荐商品、底部公告、登录页左侧公告、推荐账号、推荐话题、微直播、微访谈等。其计费方式是按 CPM(Cost Per Mill-impression),即每千人印象成本,依据广告播放次数来计算广告收费。广告图形或文字在计算机上显示,每 1 000 次为一收费单位,如一则 Banner 广告的单价是 50/CPM,5 000 元的广告费用就可以获得 100×1 000 次播放机会。

(2) 无线微博:主要指的是通过手机等移动互联网登录的微博页面。主要的广告资源有广场首页热门文章推荐链、话题页推荐文字链、顶部公告以及广场首页等。计费方式主要是按 CPD(Cost Per Download),按广告下载模式收费,一次下载成功或者安装成功记为一次有效安装数。

4.2.6　成功之处

新浪微博在国内发展迅速,探究其成功背后的因素,可归纳为良好的推出时机、丰富的经验资源、突出的微博特性、广泛的认证效应、丰富的用户体验这几个方面:

1) 良好的推出时机

回顾新浪微博诞生,结合当时中国国内微博市场的发展情况,不难发现,新浪微博选择了一个相对良好的时机推向公众。在 2009 年 8 月,国外最大的微博网站Twitter 在中国无法访问,而国内最大的微博网站饭否网已经被关闭。新浪在这个时候推出新浪微博,恰好处于竞争相对较弱的状态,一定程度上保证了"天时",为新浪微博的初步发展提供了广阔的空间。但是,当时部分相关部门仍对微博心存疑虑,认为它在某程度上具有颠覆性。因此,新浪微博推出时就在监管和审查方面投入了大量的人力和时间,以构建一个"和谐"的平台。选择良好的推出时机,并努力扫除推出时遇到的障碍,为新浪微博以后的发展奠定了基础。

2) 丰富的经验资源

新浪是以媒体平台为主的定位来运营微博,网站通过多年的发展已积累了丰富的经验和资源。一方面,新浪网在之前的运营本身所积累的强大媒体品牌为新浪微博提供了充分的可依托天然资源。在发展过程中,新浪微博本身已经成为品牌,先手优势所积累的庞大的微博用户和良好环境使得用户对新浪的前景充满期待,进入了一个良性循环。另一方面,新浪在博客运营里积累了大量的经验,它将这些经验复制到微博上并做了一些改进与创新工作,使得新浪微博以指数级发展。新浪微博能领先于逻辑上同为门户的搜狐网易等微博,是因为它不仅充分利用了已有的网站资源,而且通过努力具备了其他网站所没有的经验与优势。例如,通过强大的内容审核机制平衡"实时保证内容符合互联网安全规则"和"保护用户积极性"、充分发挥名人效应等等。

3) 突出的微博特性

新浪微博充分利用了微博的优势与特性,并在外观与使用上加以强调突出。在首页上写着醒目的三句话:"随意记录生活"、"随时随地发微博"、"还可以在这里获得最新、最酷的资讯"。用这种最直接的方式将微博随时发布、语言简短的特性告知体验用户。同时,首页还有最新微博的滚动显示、关注度排行等内容,界面友好、人性化。这些设计将引导对微博不太熟悉的体验者充分感受微博的特点与优势,极大地刺激了微博体验者向高产使用群的转变。此外,新浪微博在发扬以Twitter 为代表的微博模式特点时,更是针对中国用户做了大量的本地化工作,如多种评论方式、一键插图、分享视频、微博筛选等,形成了自身的特色。

4) 广泛的认证效应

新浪微博实行名人身份认证策略,对于知名演艺、体育、文艺界人士、在特定领域内有一定知名度和影响力的人、知名企业、机构、媒体及其高管、重要新闻当事人等通过严格的认证程序进行认证。新浪微博充分利用新浪博客的运营经验和网站优势,利用"认证机制"在短时间内积累了大量的"加 V"用户。一方面,可以在避免身份混淆、避免引起公众误解的同时,打造权威的信息发布平台;另一方面,又可以利用微博认证的名人效应和营销优势,吸引更多用户群体。新浪微博上线仅一年,就已经有超过 2 万的名人获得了新浪微博的认证,除各界名人外,还包括 466 家主流新闻机构、2 500 家企业、41 家政府机构等。截至 2012 年底,新浪微博已有超过30 万认证用户,其中有 13 万多家企业与机构账户。在认证名人的数量和质量上,新浪微博有着明显优势,拥有其他微博不可比拟的吸引力。这种实名认证制使得用户更具粘性和持续性,新浪微博也由此成为一个更加强大、可信的高质量平台。

5) 多样化的用户体验服务

新浪微博从面市发展至今,根据用户需求不断改进与完善微博功能,推出多样化、创新性的用户体验服务。首先,在使用技术上提供大力的支持,迅速推出新浪微博手机客户端、PC 客户端,方便用户随时随地使用微博。目前,新浪微博利用移动互联网定制开发的手机客户端已经可以覆盖四大主流智能手机平台:Android、iPhone、SymbianS60、Java。其次,还推出多种极具特色的个性化服务。例如,可以通过添加头像、标签、学校及工作等信息,方便找到自己感兴趣的人;通过热门话题榜了解最新的热点资讯;通过关注的话题随时获取相关信息、参与互动讨论;通过即时的宣传选择参与感兴趣的热点活动;参与或发起投票活动等等。此外,新浪微博还设有专门"意见反馈"、"不实信息曝光"两大板块,以便更好地了解用户的使用体验、改进服务,一定程度上也保证了信息的安全可靠。

4.3　丁香园案例精解

4.3.1　公司简介

丁香园生物医药科技网一直致力于医药及生命科学领域的互联网实践,是国内目前行业规模最大,并极具影响力的社会化媒体平台,也是医学、药学、生命科学专业人士获取最新进展、交流专业知识的网络平台。丁香园生物医药科技网目前汇聚超过 350 万医学、药学和生命科学的专业工作者,每月新增会员 3 万名,大部分集中在全国大中型城市、省会城市的三甲医院,超过 70% 的会员拥有硕士或博士学位。全国 45 岁以下,在三甲医院工作的医务工作者中,90% 以上均知晓"丁香园"。据丁香园公告出来的资料显示,截至 2012 年,整个网站拥有 320 万的注册用户,而网站社区则拥有 285 万,这些用户大多都是该领域的专业人士。

丁香园原名为《丁香园医学文献检索网》、《丁香园医学主页》,始建于 2000 年 7 月 23 日,创办者为李天天,现隶属于观澜网络(杭州)有限公司。2002 年 5 月,丁香园论坛正式成立,由于 5 月正是丁香花盛开的季节,丁香园由此成为中国文献检索知识传播和生物医药学网站中最响亮的名字。

目前丁香园拥有丁香人才网、丁香通、丁香客、用药助手、丁香医生、PubMed中文网、调查派、丁香会议等产品,丁香园平台上的所有产品共同更好地为所有的会员提供服务。

4.3.2　网站特点及功能

1) 网站特点

丁香园的诞生是为了给中国生命科学专业人士一个专业交流的平台,一个情感交流的家园。在浮躁的时代回归本应专注的学术,在冷漠和隔阂的年代与学术同道一起建设共同的网上家园。

一个几乎没有任何商业赞助的网站,能够一直坚持创立之初就立下的"独立、非营利、纯学术"的专业自由交流平台理念,并发展到今天这个局面,其中的快乐与艰辛,是完全可以想像的。

2）网站功能

（1）丁香园医药数据库。

丁香园医药数据库是由丁香园资深专业团队基于 CDE、SFDA、FDA 官方数据进行功能整合后，面向药品立项调研、注册数据查询、项目合作等用户需求开发的数据查询工具。

（2）丁香园内容频道。

丁香园旗下专业的内容资讯平台，涵盖骨科，神经，肿瘤等热门医学学科，致力于为广大医生和科研工作者提供最专业最有价值的医药信息，内容覆盖各医学学科领域国内外最新进展、临床指南、专家说明等。

（3）丁香通。

丁香园旗下专业的生物医药商业信息平台，拥有试剂抗体、仪器耗材、医疗设备、辅料原料药等各类产品供求信息近 300 万条，致力为医药企业和生物医药相关行业人士提供优质服务，满足供应采购、招商代理、合作转让、技术服务、信息资讯等各类营销及科研需求。

（4）丁香客。

丁香园旗下面向医生群体的社会化媒体。丁香客将医生群体通过关系网络凝聚在一起，帮助业内人士建立更广泛的学术圈子，扩大学术影响力。此外，丁香客与现有的丁香园产品如论坛、文献求助等进行了深度整合，充分兼顾老用户的使用习惯。

（5）丁香学院。

丁香园旗下专业的网上继续医学教育平台，致力于为广大医生提供最新进展、专家讲座、诊治指南、在线答题、病例讨论等多种类型的精品课程。

4.3.3　发展简史

网站创始人李天天在读研究生期间，感到现在的中国医学院校的学生有相当一部分对计算机感到陌生，甚至连一部分研究生、医务工作者也是如此，要想在浩瀚如烟的互联网信息资源中查找到对自己有用的信息更是难上加难。于是他就萌生了建立专业检索网站的念头，以向大家介绍检索经验，传授检索方法和技巧，实现知识共享。

丁香园创立时，还只是网易免费建站空间中的一个小站，李天天通过这个小站将自己使用专业医学搜索 PUBMED 的心得以及跟踪医学最新进展的文章发在网络上，并和大家一起探讨文献检索的方法和技巧。网络的最根本作用在于网友间的分享，而这些分享的来源主要是来自与自己有着相同爱好的受众（用户），因此丁香园逐渐累积起了一批医学专业用户。丁香园成立初期，网站的运营资金由几个网站创始人共同筹集,还有一些资金来自同样热忱的网友的赞助,网站创立之初未掺杂任何商业内容以保持论坛学术性和独立性,并体现网站创始人对医学领域的责任感。

过了1年左右,凭借积累的几千用户,丁香网进行了第一次转型:从医药文献检索服务转型为专业医药论坛。2003年8月,丁香园独立主机投入使用,生命科学专业建设和纯学术的交流被确立为丁香园的灵魂。"专业是Soul,专业是Key,专业是Core"的认识深入人心。教育与继续教育、真正自由的专业交流、完全免费的知识和资源共享,在这里被淋漓尽致的展现。

但随着论坛规模扩大以及用户急速增加,急剧上涨的运营成本让李天天深感资金匮乏,无奈之下,李天天决定走商业化这条路。2006年以后,丁香园开始走向商业化路线,但这个决定在网站内部激起了很大的风波。丁香园的讨论板块以及维护网站的各论坛版主是来自全国的志愿者,在没有盈利指标和商业气息的轻松氛围下,各论坛版主仅专注于知识交流以及学术研究,在各个论坛里享有很高的声誉,所以当丁香园站在商业化转型的洞门之前时,这些资深用户拒绝跨出这一步。他们担心商家的引入会影响学术的中立性,因此,他们质疑最多的是,丁香园一旦走向商业化路线还能否保持医学论坛的专业性和独立性。

李天天开始跑遍全国会见各路豪杰,从北至南,一路拜访沈阳、北京、青岛、大连、上海、杭州等地热心网友,他的目的是要说服这些在丁香园上享有很高学术声誉的版主,告诉他们丁香园商业化的重要性,让大家知道商业化不影响论坛的中立性以及专业性。李天天跟各论坛版主们保证,网站绝不会出现一大堆广告影响用户使用网站时的观感,强迫用户接收这些广告信息,丁香园将继续保持学术的纯洁性,以减轻各论坛版主对于丁香园商业化的抵制,并讨论出双方均满意的商业模式。

在得到各论坛版主的理解以及支持以后,丁香园营运正式往商业化模式发展。2006年,丁香园建立了两个商业目的明确的子网站——丁香人才网和丁香通,点击主网站(丁香园)有关商业内容的链接,页面将自动地转到两个子网站(丁香人才网和丁香通),来自企业的广告主要登在子网站上,丁香园一边坚持着主网站的"学术形象",一边开始摸索出适合丁香园发展的盈利模式,经过几年的尝试终于在2009年达到盈利平衡,并于2010年得到投资方的关注而完成了第一轮的融资。根据2012年年底新浪科技的报道,医药生命科学网站丁香园已完成第二轮融资,由顺为基金领投,金额在千万美元左右。随着大众群体对于医疗健康方面的服务需求增加,加上移动互联网应用的大趋势,2013年丁香园将加大人力投入和移动互联网投入,计划推出多款医药类APP。

4.3.4　盈利模式

据了解,中国目前医疗卫生领域的从业者约为 650 万人,而丁香园的注册用户数已突破 300 万,不得不说丁香园几乎覆盖了全国一半以上的医务人员群体。丁香网的人才招聘、会议和生物试剂耗材的电子商务交易平台,以及广告齐头并进,让丁香园完全实现了营收平衡。2009 年,丁香园真正实现盈利,目前平均每年保持千万元以上的营业收入,同时用户有增无减。截至 2012 年年底,其 Web 端的产品包括丁香园论坛(总站)、丁香人才网(生物医药招聘平台)、丁香通(生物医药商业信息平台)、丁香客(医学相关人士微博平台)、丁香博客(医药生物人士分享平台)以及丁香会议(生物医药专业学术会议平台);在移动端,丁香园推出了"用药助手"等面向临床医生、药师、护士及医疗人员的产品,都为丁香园带来一定的收益。

丁香园的盈利来源主要来自以下 5 个方向:

1) 企业招聘服务和电子商务

丁香园的商业化之路是从企业招聘作为突破口的。丁香园通过后台统计调查后发现"招聘"是关键词搜索方面排行第一的。因此在 2006 年,丁香园的分网站"丁香人才网"成立,给医药行业相关企业提供招聘服务。之后,丁香园通过后台统计调查后又发现,很多医生有采购医药耗材以及购买生物试剂做研究测试的需要,但相关的企业并没有提供相配合的市场推广机制,于是丁香园正式涉足电子商务,开通了网上采购平台"丁香通"。"丁香人才网"和"丁香通"均是利用论坛后台的用户搜索关键词开发的人才招聘和生物试剂耗材电子商务交易平台,除了从在网站上发布广告获利,企业会员的固定年费和增值费用也是盈利的来源之一。

2) 广告渠道获利

在广告这个获利渠道,企业可以把想要推广产品的信息放在丁香通上,除了直接在丁香通上发布广告,丁香园有时候会针对药厂指定的产品制定推广方案。比如,围绕着某一款新推出的药品做主题策划,虽然这种方案的价格远高于直接在网站上发布广告,但制药企业仍愿意做这样的广告,因为可以通过系统中的关键词匹配,使得产品能更精确地推广到相关的讨论群中。丁香园通过收集用户反馈数据建立相应数据库,也会投放一些跟用户个人行为比较匹配的广告在用户个人页面,这样的广告模式与一般互联网提供的广告类似,但是目标人群针对性强,很好地利用社交网站的优势来实现精准营销,因此能获得很高的广告投放效果,对用户来说也更添加说服力。

3) 资料数据分析

丁香园在数据的分析上也获得了庞大的利益,基于后台数据分析以及庞大的资料库,通过分析用户使用网站的行为以及后台数据库的用户注册信息,以此为基础来寻求进一步的商机。比如,如果有市场调查的需求,只需要把问卷发送到丁香园用户的手机或是邮件信箱,很快就能收到反馈信息并统计成结果。又或者,一些医学相关的生产厂商也能利用丁香园庞大的数据信息库,对潜在的合作伙伴进行匹配以及推荐,或是让这些企业能顺利找到可能有购买意愿的潜在客户群。

4) 提供营销解决方案

丁香园真正开始赚钱要算是为制药企业提供营销解决方案。2010 年丁香园开始帮助制药企业进行学术推广。在中国,医生有着对病人用药的绝对权威。因而,医生就是制药企业的最大客户。过去,往往需要通过雇用大量的医药代表深入每个城市的医院,并且在平时维护与医生的关系之外,还要花大钱举办药品推销会,即便是后来盛行的学术营销,制药企业为了影响医生仍必须花费相当高的成本。为此,丁香园组成了一支由数位医学和药学硕士组成的团队,通过对丁香园用户的分析找出对相关信息有需求的医生,通过站内新闻、短信的方式向他们推广,或是建议企业会员用讲座、调研或是竞赛类的活动让网友主动接受资讯,大大降低了制药企业为了推销医药产品而需花费的成本。

5) 智能手机应用程序"用药助手"

丁香园将药品查询应用"用药助手"的出发点定位于为中国医生临床诊治提供用药参考工具,其主要特点是在医疗方面的专业性,基于丁香园的专业医学团队以及商业背景,"用药助手"在药物商品的信息收录完整性以及分类搜索上具有明显的优势,这项产品是围绕医生的工作流程进行,目的是为临床医生、药师、护士及医疗人员提供便捷的药物信息查询工具,从 2011 年推出以来因为资料的权威和丰富而广受好评。目前"用药助手"已经有超过百万下载量,这款应用在医生个人的付费下载方面已经带来一定的收入,除了专业版 99 元的收费,还有药企广告、学术推广方面的收入来源。

4.3.5　成功之处

1) 外在原因

根据美国一家为健康保健行业提供线上解决方案的公司 Geonetric 的统计资料显示,消费者在通过社交网络媒体、网站搜索引擎和移动设备连接的网站参与网络活动的过程中,有 80% 的网络使用者在线上搜寻健康知识,其中有 66% 的人搜寻有关疾病的资料;56% 的人搜寻关于疾病的治疗方法;44% 的人搜寻王牌医生的资讯。在 Google 全球的用户中,有 47% 的用户会使用 Google 查询与健康相关的信息,而这之中有 81% 的人会在查询健康资讯时,点开 Google 页面提供的广告信息。在运用社交网络等媒体的时候,有 23% 的用户会遵循他们社交网络上的朋友给的健康方面的建议。Geonetric 预计在 2014 年以前,使用手机等移动装置连接网站的使用量将会超过传统上使用电脑等连接网站的使用量,而这些用手机连接网站的用户中,有 20％的人在网络上会搜寻与健康相关的内容。

以上统计资料显示的信息表明:首先,随着人们收入的提高,对生活健康水平的要求也跟着提高,在互联网的普及性以及搜寻功能的便捷性之下,人们逐渐放弃传统习惯上花费大量的时间以及金钱到医院或是地方性诊所寻求专业人员的指导,转而倾向于使用网络搜寻与健康以及疾病相关的知识,而在查询健康资讯的同时,网络提供的广告链接也为有相关需求的用户们一个便利的方式,以解决面临的健康难题。其次,社交网络的影响力也不容忽视,由于存在广告效果大于实际医疗效果的疑虑,利用网络搜寻疾病解决方法的网络用户们,比起网络上大量不相识的人的推荐以及令人眼花缭乱但可信度并不高的广告宣传,人们在面对健康方面的建议时,会更容易相信社交网络上的朋友群。最后,对于互联网的连接以及应用,由于手机等移动设备的常态化以及即将取代传统电脑的趋势,与移动设备的结合将是未来社交网络在经营上的一个大方向。

在互联网以及社交网络越加普及化的大前提下,有越来越多的医疗保健消费者利用这些网络媒体来寻找疾病的治疗方法、健康的评估方法、治疗的可行方法以及保健的产品以及服务。艾瑞咨询在 2011 年提供的排名中,根据网络用户行为的监测数据,以各网站的人均月度有效浏览时长等用户访问数据为主要指标,中国最大的医药以及生物科技相关的社交网站——丁香园,位居 2011 年中国最受用户青睐的独立社区博客类网站榜首。根据艾瑞咨询的分析,伴随社区博客类网站开始往多样性和多元化发展,用户对社区网站的需求也开始倾向于专业知识的共享和专业信息的获取。以丁香园为代表的专业性知识信息获取和交流类社区网站,作为管理医学专业知识、同行间的专业信息交流以及介绍某特定医师或是某特定医疗机构的一种传播工具,向医学专业用户提供了一个学习交流的平台,并满足了一般用户对医学专业知识的需求,因而得到广大网民的支持以及青睐,其出现对于健康与医学的发展带来了很大的贡献。

2) 内在原因

(1) 围绕医生的工作流程,定位精确。

许多社交网站的出现是为了成为推广专业的一个平台。主要目的是提供一个特定领域的专业人士一个互相联系互相交流的平台,这些专业人士利用社交网站来分享与交换科学知识或是个人的研究心得,通过与同业人士之间分享信息,来提升自己的专业水平,并扩大自己的知识基础。通过这些新的交流手段,能快速的得到自己想要的信息与资源,并结交相同领域的同伴。同时,同一个社交网站上面还能根据某特定领域的内容进行细分,让社交网站上面分享的信息具有专业性以及独特型。

　　丁香园创立的初衷,就是为了给医学院的学生以及正在执业的医生服务的,加上现代医学的分类越来越细,医生们也需要用互联网让医患之间的沟通更容易。丁香园大多数的产品是围绕医生的工作流程进行,医生最重要的三件事:医病、教学、研究。每个工作的流程都包含了很多阶段,因此可以设计的产品也很多。为此,丁香园开发了许多帮助专业用户的线上工具,包含多个医药生物专业栏目的丁香园论坛,以及丁香人才、丁香通、丁香会议、丁香客⋯⋯涉及求职招聘、电子商务、会议论坛、互动交流等等板块,用户可以根据自己的需求选择适合的板块。

　　丁香园于 2011 年推出的可用于 iOS 和 Android 系统的药品查询应用"用药助手",也是基于围绕医生的工作流程所开发出来的产品。开药是医生的工作流程中很重要的一个环节,"用药助手"能有效提高医生在这方面的工作效率。通常,一个医生查纸质药典需要花 15 分钟,在 PC 互联网上检索需要 3 分钟,而"用药助手"能令查询变得随时随地地并同时将时间成本进一步降低到 15 秒钟,几何级地提高医生查询药物信息的速度。用药助手收录了数千个药品说明书,可通过商品名、通用名、疾病名称、形状等迅速找到药品说明书内容。数据来自于药品生产厂家的说明书,为临床医生、药师、护士及医疗人员提供了便捷的药物信息查询工具。这款应用因为资料的权威和丰富而广受好评,推出后即长期处于 App Store 和 Android 应用商店中国区医疗类免费应用前列,目前下载量已经超到百万次。

　　2013 年丁香园推出新的线上产品"论文助跑计划",也是一个围绕着医生工作上遇到的困扰而开发出来的一个线上产品。SCI(Scientific Citation Index)是美国科学信息研究所编辑出版的刊物,SCI 论文指的就是 SCI 这一刊物上面发表的论文,发表 SCI 论文的多寡在国际上被当成是评价研究成果以及研究水平的指标。2012 年在国内有一篇报导引起了医学界的注目,一位从业了 20 几年的老医生专业程度很强而且临床经验丰富,因为喜欢临床所以没有放很多心思在研究和发表论文上,结果在医院进行重新聘用的时候没有通过 SCI 的评鉴,从副主任医师被降级为主治医师,这个报道在医学界引起了很大的恐慌。针对医生工作时间看病人做临床,休息时间写论文搞研究的困扰,丁香园推出的"论文助跑计划"就是为了让医生主动发起病例讨论,并从与其他网站用户的讨论以及互动中,获得灵感来源并理清自己的思路,网友们除了可以对提出的病例发表自己的看法以及意见,丁香园还会根据"病例描述完整度"、"病例访问量"、"病例参与度(投票量和评论量)"、"病例难易程度(回答正确率)"等等评选标准,让这些跟帖网友们评比选出每月十大病例,当发起者的病例获选如每月十大病例,丁香园会把这些优秀病例依据分类推荐给国外的合作期刊,病例发起者获得期刊的邀约后,依照期刊的要求把内容撰写成英文文章,通过丁香园内部的专业人员评审后即可发表(流程见图 4-2)。丁香园对这种网上病例的讨论形式有着很大的要求,比如病例必须真实而且从未发表过,发起人必须先有自己的思考以及标准答案,这样才能让其他的用户更乐意也更积极地参与。

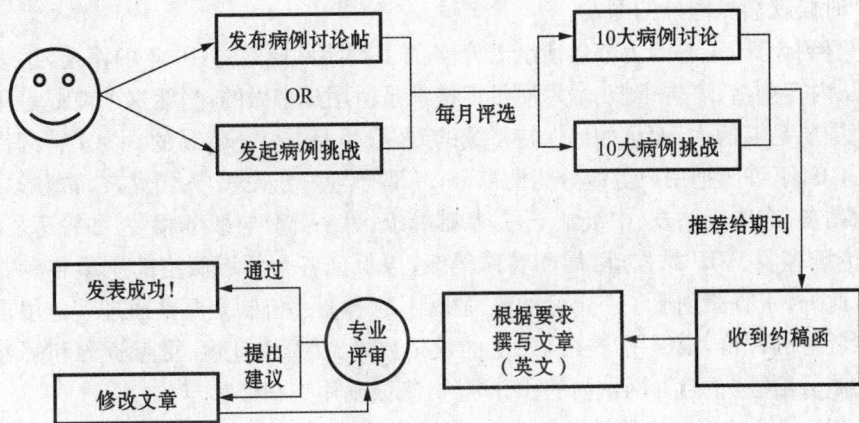

图 4-2　丁香园"论文助跑计划"活动流程

图片来源:丁香园。

(2) 基于创始人强大的医学背景,以医学专业用户为主要目标。

丁香园的核心团队成员几乎都与医疗背景有莫大的关系。创始人李天天毕业于哈尔滨医科大学,丁香园最初的雏形是他在念研究生期间做的医药文献分享论坛;现任的 CEO 张进拥有湘雅医学院博士学位,曾在浙江一家大型公立医院担任一名神经内科医生,并且他还曾是丁香园论坛的深度用户以及资深版主;同为创始人之一的周树忠从事过多年的医药研发;现任丁香园市场总监李凡于 2010 年加入丁香园,有多年的医药推广背景。这类背景的好处是,他们总能敏锐地发现医生的实际需求并加以满足,在保持学术专业性和论坛纯洁性方面优势得天独厚,并能迅速地找到在医学专业性与市场推广之间平衡的办法。

在丁香园,"U"是他们最关注的。今天的互联网界,UGC 是一个非常时髦的词汇,它是一个常见的互联网术语,全称为 User Generated Content,也就是用户生成内容的意思。网络上内容的产出主要是由用户(User)创造,每一个用户都可以生成自己的内容,所以互联网上的内容能够以很惊人的速度增加,形成一个多、广、专的局面,这对于人类知识的累积和传播起到了一个非常大的作用,社区网络、视频分享、博客和播客(视频分享)等都是 UGC 的主要应用形式。

因为丁香网上的内容绝大部分都是用户创造的,版主都是各个领域的专家,所以能提供优质而且大量的医学专业信息,但是,如何从海量的信息里把真正有潜力的用户给挖掘出来就成了首要的任务。创始人李天天一开始的做法是:与用户沟通,面对面地沟通。他在攻读医学博士的期间,利用每一个假期,从南至北地拜访丁香园上所有活跃的客户,他与那些网友聊天、吃饭,称兄道弟,从他们之中挖掘好的写手,听他们的反馈,一般性会面的更是不计其数,若有去国外开会的机会就趁这个时候就会见国外的网友。

直到今天,丁香园上依然活跃着众多的丁香园网龄超过 10 年的网友,很多工作,从内容创造、广告审核、学术质量审核都是由用户来做的,当然这个前提是用户的范围要足够的大,而且如何保持持续的 UGC 也是非常不容易的。为了持续优质的 UGC,丁香园把用户等级分为两部分,一部分与积分关联,入门站友、常驻站友、资深站友、准中级站友、中级站友,是基础等级;另一部分与职务相关,如管理员、版主、论坛客服、VIP 站友等,属于特殊等级,以保证各个领域版主的质量和专业地位。此外,丁香园创造了一个好的激励机制,这种激励机制主要是通过其他用户和资深版主的评价,根据用户在网站上的发帖数量、文章专业度、贡献资源和解答问题的质量给予"丁当"(网站内的积分名称)来鼓励用户积极参与。

(3) 保证论坛的专业性和学术性,专注于医学领域稳健经营。

在互联网界,存在着一群秉持着"众人皆醉我独醒"概念的慢公司。这些公司不做市场炒作也不做概念炒作,在发展过程中维持着自己的速度,异常专注于某个领域,即使公司的规模不大但仍能保持业绩持续稳健增长。丁香园就是属于这样的慢公司,专注于经营医学领域是它最大的优势。但因为受限于行业的特殊性和政策的限制性,因而有了属于它自己的缓慢生长方式,它并非不想追求公司发展的速度,而是当其他人渴望成为行业标杆而且期待高额获利的时候,丁香园在自己所属的医疗板块精耕细作,在逐步成长蜕变中获取稳定的收益;当其他人盲目寻求高获利但高风险的新商机,丁香园坚持细细雕琢一个需要慢火熬炖的行业,然后捧在手里等待它自然生长,它做到了绝对的专一,所有的业务都围绕着医生这一群体的需求展开。

为了确保论坛的专业性,丁香园在注册环节会考虑设置一些门槛,以保证论坛内部都是业内人士或与专业相关的人群。在这种封闭式的专业氛围下,通过一些奖惩机制,在用户活跃度上面做文章。比如,跟普通论坛趋同,根据发帖数量、精华发帖和解答问题的质量给予积分回赠。其次,丁香园论坛组成七人的最高管理机构,全权负责广告和项目审核。如果公司要借助丁香园论坛的人气进行商业广告或项目运作,事先必须在管委会备案,版主同意则项目放行,以此来避免伤害学术独立性的事件发生。

因此,丁香园对待广告盈利模式这块领域,专注于把广告变成医者需要的内容和数据,以避免学术与商业相悖,但论坛版主仍会不时对活动内容提出反对意见,若双方协商后,广告商仍拒绝更改内容,丁香园通常会尊重版主意见,如果广告的内容通不过这些审核者的把关,丁香园仍会把广告撤掉,以保证用户体验。就算广告已经上线,如果版主们觉得有广告不实的嫌疑,丁香园仍会把这个广告从网站上撤下来。

同时,论坛中发布的广告也摒弃传统模式,丁香园选择将广告做成专业活动内容,吸引网友关注以及参与,并通过与大型知名医药企业合作,保证广告产品质量,再以专家讲座、专业答疑讨论的形式,将广告内容或是知识竞赛、会议直播、专家调研等活动信息,根据医学专业分类巧妙地纳入各个分论坛。这种操作手法类似于医药行业的学术营销,通过与医学专业用户的互动式沟通来强化产品的特性,快速有效地把新产品推向市场。不同的是,丁香园巧妙地利用 SNS 营销的优势,将广告内容根据医学专业分类放到适合的分论坛上,这样既能保证广告内容精准到达目标客户手中,又不会引起专业网友反感。

(4) 紧密结合社交网络发展趋势,拓展移动应用。

一般来说,互联网的发展模式,普遍基于用户数量的累积以及用户的使用粘性,来寻求发展突破以及寻找新的商业模式。但是,丁香园作为一个受限于医学专业用户的社交网站,其用户数量是可以预期的。在丁香园十多年的经营下,国内知道丁香园的专业用户几乎都已经在上面登录了,对丁香园来说,由于专业用户数量受到限制,因此它倾向采用"纵向深挖"而非"横向扩张"的发展方式来寻求突破。

2010 年底,李天天在美国参加某一医学国际论坛时,发现了一种医药移动应用,察觉到商机的他将其引入国内。当时,移动医疗类产品正在受到越来越多的关注。根据 2011 年 DCCI 中国移动互联网市场观测报告表明,由于移动互联网有着普及率高、使用简单、与用户紧密接触等多个特点,2011 年中国移动互联网市场规模达到 311 亿,相比 2010 年增长 97.31%;2012 年继续快速增长,达到 737.7 亿。同年 10 月,国家的推广重大专项"区域协同医疗服务示范工程"当中,移动医疗即成为重点发展对象。同时,国家《电子商务"十二五"规划》也专门部署了关于移动医疗的项目,基于移动终端的医疗健康类市场正在成为跨界焦点。近年来,由于智能手机功能越来越强大,移动上网应用也出现创新热潮,拥有优质、丰富医生资源的丁香园也瞄准了这一巨大商机,于 2011 年进入了移动互联网领域,推出了药品查询应用"用药助手",这款应用因为资料的权威和丰富而广受好评。

一般来说,移动医疗领域有两个常见的大方向,一个是没有实体的 APP 应用程式,仅存在于互联网上,常见的产品有医疗文献阅读应用、药品或者医院查询应用、在线问诊等;另一个是有实体的终端仪器。例如:可佩戴在人身体上的移动医疗感测器,通过它们与智能移动设备连接,对人体健康数据进行采集和监控,对慢性疾病健康管理和突发事件的医疗救助大有裨益。而作为一个拥有医学专业性的社交网站,丁香园选择发展第一条路径,在医生日常的工作流程中,重点深挖几个工作环节,例如:诊断、治疗、医患互动、开药等,并以此开发相应的移动产品,"用药助手"的开发就是从医生平日工作的需求点切入移动互联网,以提高医药处方的准确性与安全性。

移动终端药品信息查询系统非常适合医生的工作环境。基于医生的工作大多是临床看诊,他们不可能总是在电脑前,而药品是医生工作最重要的一个环节,移动终端药品信息查询系统能有效提高医生在这方面的工作效率,"用药助手"能令药品的查询变得更随时随地,并同时能很大程度地降低时间成本,提高医生查询药物信息的速度,为临床医生、药师、护士及医疗人员提供了便捷的药物信息查询工具。移动终端药品信息查询系统因此成为丁香园这样的专业网站在核心用户与患者之间找到创新模式的一个好机会,移动终端的医疗健康类市场也意味着更广阔的用户市场和产品延伸空间。

4.4　腾讯泛关系链解决方案

4.4.1　公司简介

腾讯公司(腾讯控股有限公司),成立于1998年11月,是目前中国最大的互联网综合服务提供商之一,也是中国服务用户最多的互联网企业之一。成立十多年以来,腾讯一直秉承一切以用户价值为依归的经营理念,始终处于稳健、高速发展的状态。腾讯把为用户提供"一站式在线生活服务"作为战略目标,提供互联网增值服务、移动及电信增值服务和网络广告服务。通过即时通信QQ、腾讯网、腾讯游戏、QQ空间、无线门户、搜搜、拍拍、财付通等中国领先的网络平台,腾讯打造了中国最大的网络社区,满足互联网用户沟通、资讯、娱乐和电子商务等方面的需求。

4.4.2　发展历史

1998年11月12日,马化腾和他大学时的同班同学张志东正式注册成立"深圳市腾讯计算机系统有限公司"。

1999年2月,腾讯公司开通即时通信服务OICQ,这是当时流行的ICQ汉化版。马化腾以BBS为营销工具,到11月,OICQ用户注册数达到100万。

2000年4月,由于美国在线(AOL)的起诉,腾讯的OICQ更名为QQ,注册用户数达到500万人。5月27日晚,QQ同时在线用户首次突破10万,成为中国最大的即时通信服务商。

到2001年底,腾讯实现营业收入4908万元,净利润1022万元,成为中国即时通信市场的领导者。当时其他国内IM软件的真实在线人数未超过万人,QQ注册用户数超过9000万,占有95%以上的市场份额。从0到9000万,腾讯QQ只用了3年时间。

2002年3月,腾讯QQ注册用户数突破1亿。7月,倡导行业自律,签署《中国互联网行业自律公约》。2002年度,腾讯净利润为1.44亿元,比2001年增长10倍多。

2003年开始,腾讯公司从单一的即时通信领域进入到多项互联网业务中,开展相关多元化经营。

从2003年以后,腾讯不仅巩固了中国即时通信市场的领导者地位,而且快节奏地进入多项互联网业务领域:网络游戏、门户网站、网络购物和搜索引擎等,以庞大的即时通信用户群为基础开展运营活动,而且在较短的时间内,采用了诸多的创新策略后来居上,成为中国互联网业中极少见的"多项冠军"企业,使各业务的龙头企业刮目相看,甚至被人称为"人民公敌"。

2004年5月,腾讯位居"2003年深圳软件企业百强"排行榜第四,6月16日是值得腾讯骄傲的时刻,在香港主板上,股票代号为700HK的新股正式亮相,全称为腾讯控股有限公司(TencentHoldingsLimited)的股市新军,带着第一家连续12个季度盈利的中国互联网公司的殊荣在股票市场上稳步前行。

2004年7月位列"2003年度广东省民营企业百强"第25位。8月27日,腾讯QQ游戏的同时在线突破了62万人。QQ游戏从2003年8月18日开始试运营,在短短一年间,QQ游戏的最高同时在线从其试运营第一天的100人到发展到现在的超过62万。这也标志着QQ游戏成为了国内最大乃至世界领先的休闲游戏门户。2003年9月全国"私营企业纳税百强榜"中排名第29位。10月腾讯网被评为中国"市值最大网站"之一。10月22日,在"2004中国商业网站100强"大型调查中,腾讯网得票率名列第一,领先于新浪、搜狐、网易等门户。同时,腾讯网还被评为中国"市值最大5佳网站"之一。这表明,腾讯网已经跻身中国的强势门户,成为中国最具影响力的门户网站之一。同年10月27日推出腾讯TT(TencentTraveler)。

2004年12月,腾讯以其在过去三年高达1398%的业务增长量在德勤国际会计公司颁发2004年度亚太地区高科技、高成长的五百强公司排名中名列第17位。

同年12月QQ游戏最高同时在线突破100万。这是继2004年8月QQ游戏在线突破60万以后创造的休闲游戏平台在线新高,腾讯打造国内时尚娱乐第一门户网站腾讯网在推出一年多的时间里,取得重大成绩。在Alexa国内门户综合排名第4,首页及三大频道国内排名第3或第4。

2004年12月入选"2003年度深圳民营企业50强"。

2004年12月腾讯公司已经独立开发出近30项拥有著作权的软件产品。

2005年1月腾讯公司被认定为"2004年度深圳市重点软件企业"。2005年2月腾讯QQ同时最高在线人数突破1000万。2005年2月16日,腾讯QQ的同时在线人数首次突破了 1000 万。自 2000 年 5 月腾讯 QQ 的在线人数突破 10 万以来,仅用了 4 年时间就达到了 100 倍的增长。2005 年 4 月腾讯公司获"2004 年度深圳市知识产权先进单位"称号。

2005 年 5 月腾讯公司位列"2005 年中国软件产业最大规模前 100 家企业"第 25 位。

2005 年 5 月 12 日,在信息产业部根据国家统计局与信息产业部联合统计前一年全国软件产业统计年报数据,按照企业完成"软件产品收入"、"系统集成收入"、"软件服务收入"三项指标之和进行排定审定的"2005 年中国软件产业最大规模前 100 家企业"中,腾讯公司排名第 25 位。

2005 年 11 月 21 日推出 Foxmail。

2006 年 11 月 16 日推出超级旋风。2006 年 12 月 7 日推出 QQ 医生。

2007 年 7 月 24 日推出 QQ 日历。2007 年 11 月 20 日推出 QQ 拼音输入法。2008 年腾讯用户达 4.3 亿。

2010 年 3 月 5 日,19 时 52 分 58 秒,腾讯公司宣布 QQ 同时在线用户数首次突破 1 亿。

2010 年 9 月 5 日下午,胡锦涛总书记一行来到腾讯公司参观考察。腾讯首席执行官马化腾、首席行政官陈一丹向总书记介绍情况。

2011 年 5 月 9 日腾讯控股有限公司 4.5 亿元入股华谊兄弟传媒股份有限公司。

2011 年 7 月 7 日,腾讯控股以 8.92 亿港元购得金山软件 15.68% 的股份,成为金山第一大股东。

2012 年 5 月 18 日,腾讯正式宣布,为顺应用户需求以及推动业务发展,将进行公司组织架构调整。

2012 年 8 月,腾讯、阿里巴巴集团、中国平安,将联手试水互联网金融,合资成立上海陆家嘴金融交易所。

2012 年 8 月 16 日,深圳亚太传媒股份有限公司与腾讯联合打造"腾讯网亚太家居"。

2013 年 01 月,腾讯公司员工志愿者自主发起公益 404 页面——互联网公益活动。

4.4.3　腾讯 SNS 介绍

1) 三维分层系统

用户对于网络关系的第一维是 QQ 好友、QQ 空间好友;第二维是不同种类和兴趣爱好的 QQ 群;第三维是按照年龄、职业、爱好、地域等垂直划分的细分关系,如同学录、同事录、同城好友等。这三维构成了一个立体空间式的 SNS 系统。如图 4-3,腾讯依托其强大的网络用户覆盖率和高粘性建立起了其独特的 SNS 三维分层系统。

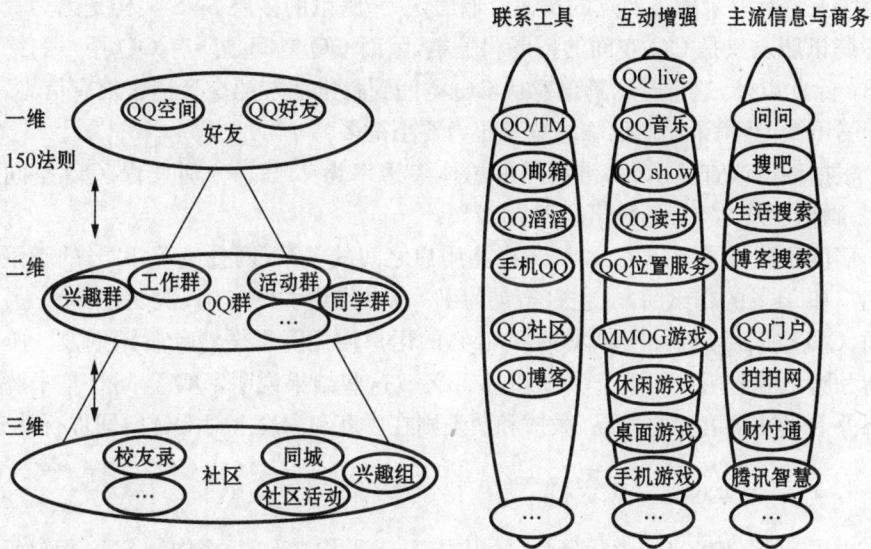

图 4-3　腾讯 SNS 三维分层系统

2) 产品介绍

依托于腾讯独特的 SNS 三维分层系统,腾讯开发出了多层次的 SNS 平台产品:

(1) QQ:QQ 号是登录 QQ 的唯一途径,以及登录其他腾讯产品的途径之一,包括 SNS 在内。QQ 空间和朋友允许用户使用 QQ 号或 QQ 邮箱登录。在所有产品中,腾讯微博是唯一一个允许用三种途径登陆的产品,包括 QQ 号,QQ 邮箱和微博用户名。

(2) QQ 空间:QQ 聊天软件和 QQ 空间的界面设计改善了腾讯朋友和腾讯微博产品的交叉推广。腾讯用户可以通过点击按钮或工具条,轻而易举的从 QQ 或 QQ 空间进入腾讯朋友和腾讯微博。腾讯正逐步将用户迁移住微博和朋友平台以满足不同的需求。瑞信认为,随着未来 QQ 用户继续在数量和粘合度上保持增长,腾讯的战略是成功的。

(3) 腾讯朋友:比较腾讯朋友和腾讯微博这两款腾讯 SNS 新产品的界面,腾讯用户可以在 QQ 聊天软件、QQ 空间和腾讯朋友中登入腾讯微博,腾讯在这三种 SNS 产品中都提供了一键式登入腾讯微博的按钮。但是,在腾讯微博中却没有退回到这三款 SNS 产品的方法。瑞信认为,腾讯的战略就是要与新浪微博展开激烈竞争,可以想象它会调动所有平台推广腾讯微博。

（4）腾讯微博:QQ空间为腾讯朋友设置了唯一的登录界面,甚至是QQ软件上都没有直接登录腾讯朋友的按钮。腾讯朋友上则有登录腾讯微博的按钮,但腾讯微博上没有登录腾讯朋友的按钮。瑞信认为,腾讯的多层SNS架构是因为真名SNS腾讯朋友只是QQ空间的拓展和子集,因而QQ空间是所有QQ用户的终极SNS。除此以外,这也暗示腾讯对从QQ空间到腾讯朋友的交叉销售很有信心,相对于腾讯微博,腾讯朋友面临的竞争压力要小得多。

根据瑞信调查显示,腾讯产品的总体渗透率为74%。分别来看,QQ空间为70%,腾讯朋友为25%,腾讯微博为27%。

瑞信还调查了腾讯三大SNS产品用户之间的关系,调查显示,92%的腾讯微博用户和91%的腾讯朋友（主打产品）用户也在使用QQ空间（次要产品）。另一方面,QQ空间用户中,只有36%和32%的用户使用腾讯微博和腾讯朋友。腾讯微博和腾讯朋友用户的重合率都超过50%。这些结果说明,QQ空间是整个腾讯SNS平台的主要和主打产品,微博和朋友则在广度和深度上对QQ空间进行补充。

4.4.4　SNS市场分析

中国SNS市场呈碎片化趋势,原因在于:①平均来看,每个中国SNS用户每天使用4.2个SNS账号;②只有26%的中国SNS用户更倾向于使用真名,44%的中国SNS用户倾向于使用非实名。

同样的,中国SNS用户的需要比预期要更多样化。看起来中国SNS市场会紧跟全球市场趋势,碎片化的趋势比起之前将减弱。但瑞信认为碎片合并的过程将是逐步发生的,而不会突然改变,因为许多小规模的SNS平台在学生或社交游戏等某些垂直区域也发展出一批坚实的用户,并且还获得了足够的资金。

而在中国的SNS市场中,腾讯毫无疑问已经成为了龙头老大。腾讯三大社交网络服务产品SNS使用时间的市场占有率为25.9%,成为中国最大的SNS平台,超过新浪微博15.9个百分点。此外,腾讯QQ空间和腾讯朋友也分别位列SNS使用时间市场份额的前六位。

4.4.5　腾讯泛关系链传播案例

1) 案例引言

从2005年开始,腾讯公司董事会主席兼首席执行官马化腾先生首次提出在线生活模式,构建四大平台全方位满足用户资讯、沟通、商务与娱乐需求。经过5年多的努力,目前腾讯已覆盖90%以上中国网民。在构建在线生活平台的过程中,腾讯通过多产品和平台服务,聚合了每个用户的多重关系,例如好友关系、兴趣关系、话题关注、购物分享等,由此逐渐形成了丰富的泛关系链网络。

2010 年 6 月 18 日下午,广州香格里拉酒店,腾讯网络媒体总裁刘胜义先生将一个小写的字幕"n"轻轻地放在了一个大写的字母"S"的右肩膀上。这一刻腾讯网宣布将正式推出其 SNS 营销新工具——泛关系链营销解决方案。

2) 案例背景

随着六度空间理论和 WEB2.0 技术的发展和结合,Myspace、Facebook 先后诞生,经过六、七年的发展,创新并引领了 SNS 行业。在资本的簇拥下,国内效仿者甚众,从诞生时间上看,2005 年上线的腾讯 Qzone 无疑是国内 SNS 的先驱,经过市场、用户的洗涤和淘汰,截至 2012 年底,在国内 SNS 市场,腾讯 Qzone 无疑占据了绝对领先的市场优势。

目前 SNS 厂商的核心盈利模式主要聚焦在页面广告、植入广告、品牌主页/空间、虚拟物品、公关活动等方面,而未来网页游戏、电信增值、电子商务等也将成为新增长点。曾经凭借买卖人口、停车、开心农场等游戏抢占大量白领用户的部分 SNS 站点,已日益遭遇用户扩张困境:新用户增长缓慢、老用户流失加速的瓶颈如果不能得到有效跨越,那么社交类游戏玩家出于对游戏疲劳的反应,出现的集体出逃现象将最终扼杀这些 SNS 平台的前途。据 CNNIC《2009 年中国网民社交网络应用研究报告》的数据显示,在用户放弃继续使用的原因中,觉得"游戏玩腻了"的用户占到 14.8%。

在用户方面,腾讯 Qzone 却从不需要担忧,借助腾讯 QQ 即时通讯优势,5 年来腾讯 Qzone 积累了海量忠实用户。据腾讯 2010 年一季度财报显示,截至 2010 年 3 月,腾讯 QQ 即时通讯活跃用户账户数达 5.686 亿,而 QQ 空间的活跃用户账户数则达 4.28 亿。为了促进和活跃腾讯 SNS 产品上用户关系链的活跃度和参与度,为高效营销奠定基础,腾讯在 5 月 26 日曾宣布,将改变社区产品(SNS)游戏为中心的策略,对网络社区 QQ 空间进行最大规模的版本更新,向用户提供线上、线下紧密交融的社区体验。

国内 SNS 行业到了告别纯粹的"游戏制胜",回归社交本质的时候了,人是社会化的动物,SNS 社交站点的根是人与人之间的社会化交往以及由此形成的多元化关系链条。这也意味着未来人与人之间的关系链营销将是未来 SNS 发展的方向,也是 SNS 盈利的核心出路。对于广告营销界而言,全民 SNS 风潮为高效在线营销提供了新场域,SNS 植入式、交互体验式关系链营销逐渐成为业界共识。

3) 传播策略

如图 4-4,腾讯泛关系链营销本质上是在线营销方式,即在提供完整的泛关系链营销产品工具的基础上,全程介入消费者的决策路径,帮助品牌持续迅速实现对目标用户的大范围覆盖,进行可信、持续、有效的互动沟通,并在此过程中利用口碑在好友关系链间形成品牌信息的再传播。

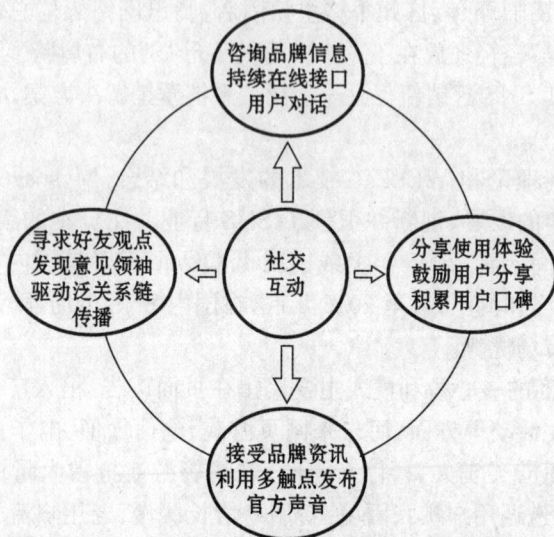

图 4-4　腾讯泛关系链产品全程介入消费者的决策路径

4) 产品体系

在泛关系链营销运用中,据腾讯公司网络媒体产品部助理总经理刘曜的介绍,首先应该搭建和把握好以下三大系统。

首先,是社交的交互系统,即覆盖每个网络用户的关系种类和圈子。腾讯在构建在线生活平台的过程中,通过 SNS 社区、个人虚拟世界、即时通讯、资讯、QQ 校友、QQ 农场、QQ 秀、电子商务等产品和服务,聚合用户的多重关系,构建起庞大的泛关系链网络。

2005 年上线的腾讯 Qzone,5 年来积累了大量的忠实用户。截至 2010 年 3 月,腾讯 QQ 即时通讯活跃用户账户数达 5.686 亿,QQ 空间的活跃用户账户数则达 4.28 亿。这个庞杂的网络关系形成一个个生态圈性质的关系链,并不断扩展、延伸。

其次,是品牌的互动平台,即实现跨平台产品及众多营销模式之间的无缝互动和互通互联。腾讯通过融合沟通、资讯、娱乐和电子商务四大网络平台的网络社区,在每个平台上都承载并匹配着众多的广告产品与营销模式,而每个用户的关系网络纵横交错地存在于此平台上,如持续性的主题活动、用户的口碑系统、企业官方的空间、粉丝的累计体系及资讯发布平台等,使平台之间互通并精准互动式传播。

最后,是内容植入系统。在在线营销过程中,根据广告主对覆盖、影响力、相关性、粘性的市场运作需求,腾讯借助 QQ 即时通讯、QQ 空间农场、Qzone 品牌空间、QQ Show 魔法卡片等 SNS 关系链产品,为用户需求提供精准的策略支持。

这三大系统是建立在腾讯的 QQ IM、Qzone、QQShow 三大产品/平台之上,促使各种关系链有效整合,使品牌信息不知不觉地成为关系链中用户生活的一部分,而且不让用户对这些品牌信息反感,使这种互动沟通能可信、持续、有效,由此彰显泛关系链营销的力量。

5)核心优势

腾讯 SNS 营销是以 Qzone 为核心,以 QQ IM 及 QQShow 为延展,充分整合海量用户与强势产品优势的泛关系链营销体系,这个体系充分体现了腾讯跨平台产品和众多营销模式之间无缝的互通互联,具有四大核心优势。

第一个优势是三大产品平台的联动,拥有多个品牌触点,多种营销手段。腾讯特色 SNS 营销不仅体现在 SNS 社区,更同步于 IM 客户端,QQ 秀平台,电子商务平台等多个网络触点;不再是某一营销手段的单打独斗,而是包括常规广告展示、App 植入、口碑营销、病毒营销在内的多种营销形式的集中体现。

第二个优势是人群、地域、时间的多维度全面覆盖。Qzone 核心用户覆盖超过3亿,用户访问频次高,关注时间长。

第三个优势是用户活跃度与好友数量可带来传播效果几何式爆发。腾讯 SNS 社区日均新增内容过亿,极高的用户活跃度保证了品牌活动及品牌信息的参与度和传播;腾讯 SNS 用户平均拥有 50~60 个在线好友,用户及品牌信息能够在短时期内得以最大化传播。

第四个优势则是营销效果可控可衡量。腾讯 SNS 营销平台在媒体排期、广告投放、效果监控、效果优化等各个营销环节均实现了无缝的系统平台管理,提供更多更深入的点击转化率,以及人群特点 QQ 号追踪。

6)关键环节

腾讯泛关系链营销的核心是通过在"发布品牌声音、驱动关系链传播、接口用户对话、管理口碑体系"等四个环节的介入,最大化地促使企业官方声音能够在腾讯泛关系链网络内多节点曝光,吸引用户关注;同时通过意见领袖和活跃网民的影响力带动,实现企业品牌的广泛传播。在这个过程中,企业需要随时随地倾听消费者真实的声音,和用户即时沟通互动,促进用户对品牌的了解和偏好,鼓励用户与好友分享企业品牌体验,深化对品牌的情感忠诚度,同时其口碑又在好友间形成品牌信息的再传播。

在此,结合宝马—腾讯"世博网络志愿者接力"活动这个案例来解读泛关系链营销的四个环节是怎么实际运用的:

(1)发布品牌声音。

这个环节就是通过腾讯的泛关系链平台向外界发布企业需要传递的品牌信息。比如在 QQ 弹窗里，或在腾讯门户上，或在手机腾讯网，或在 QQ 内容视频上，把品牌信息或活动消息发布出去。

在宝马"世博网络志愿者接力"活动中，腾讯在 QQ 即时通讯、腾讯网、QQ 空间等进行品牌声音和活动信息发布，如做弹窗、在腾讯网进行展示等，以招募宝马的用户。当用户确认参加后，按规定时间完成申请，并作出响应世博会绿色主题的承诺。这就完成了"发布品牌声音"的过程。

（2）驱动关系链传播。

这个环节是使品牌信息得到最广泛的传播。用户在获得品牌信息后就进入一个参与的过程，但要让更多的用户积极参与，就要设置激励用户的不同措施来激发其参与热情，并借助其关系链把品牌信息不断传递下去。腾讯借助自己庞大、粘性很强的用户群而形成的不同关系链具有独特的驱动关系链传播优势。

比如宝马在"世博网络志愿者接力"信息发布和用户作出响应后，腾讯通过吸引用户去获得公益爱心图标来驱动其关系链不断滚动式扩大。用户则通过 QQ 上的好友关系链，与其好友互动，向其好友发出参与邀请，在其好友确认参与后，就会在其 QQ 上出现志愿者公益爱心图标。这样，关系链在不断驱动中，宝马的信息得到极大传播，最后参与和关注的人数超过 6 000 万。

（3）接口用户对话。

如果说驱动关系链传播环节是扩大关注面和影响力的话，那接口用户对话则是落实关注面和影响力的有效性，使之影响力转化为实际的销量和效益。腾讯利用自己积累起来的广大网民、300 多万网站站长和制定的游戏规则建立起不同的生态圈或平台，并利用 QQ 号码做品牌账号，且使之成为企业对外沟通的平台，最后筛选出与企业有真正切合需求的用户对话，以此精准、定向地完成营销目标。

比如宝马在通过用户的关系链驱动传播后，活动并没有结束，最后还需要用户上传图片和上传笑脸墙等来与活动互动。借助以"城市，让生活更美好"为主题的世博会，让用户上传不同城市的笑脸来参与宝马的这个活动，并和参与活动的朋友一起分享。之后该活动的页面 PV 已达 5 亿，用户上传图片数量超过 900 万，上传笑脸墙数量超过 600 万。

（4）管理口碑体系。

即监测和评估营销效果的过程和系统。互联网营销有这样一个过程：产生关注—搜索资讯—查看评测—产生购买行为—提出用后感觉—上网分享或开骂。

针对这个营销特点，在"世博网络志愿者接力"活动中，腾讯与宝马建立起了口碑管理体系，对用户的评价信息进行分类，包括好评信息、中性信息和负面信息。在口碑管理过程中，建立了动态数码监测系统，如关键词监测，先找到负面信息，接着聆听用户的感受并与之互动沟通,迅速化解其不悦问题。

7) 传播效果

从营销理论的角度看,腾讯从 2007 年推出的 Tencent MIND,从可衡量的效果、互动的体验、精确化的导航、差异化的定位四个纬度为所有的高效在线营销提供了方法论支持,如今这一方法论已经逐渐成为在线营销的行业标准;从营销平台和工具的角度看,腾讯所构建的在线生活模式已经形成融合了沟通、资讯、娱乐和电子商务四大网络平台的网络社区,每个平台上都为广告主创新出多种广告产品与广告工具,例如依托 QQ 即时通讯而推出的优化的天气预报广告、传文件广告、视频等待期广告等;从解决方案的角度来看,泛关系链营销依托"QQ IM＋Qzone＋QQShow"三大产品/平台,实现了腾讯跨产品/平台间的协作和无缝联动,借助 SNS 品牌空间、QQ 空间农场、牧场等应用、魔法卡片等核心产品,全面满足广告主对数字媒体接触点、覆盖、交互、可控性的高质量营销需求。

同时,依据腾讯的泛关系链营销解决方案,腾讯先后推出了较为成功的几款明星营销产品:

(1) APP 植入广告:品牌天天见的"微互动"营销。

在 SNS 营销中,APP 游戏以"多频次、微互动"的特点,赢得了网民的广泛欢迎。腾讯以 QQ 农场、QQ 牧场、魔法卡片为代表的热门 APP 游戏,每天可赢得用户约 3 次以上的频繁访问。APP 植入广告,令品牌形象在网民频繁的互动娱乐中多次曝光,并在好友中间主动传播。好友间的情感因素为广告效果增值,而高覆盖、高活跃度的 APP 为品牌传播增添话题性和流行性。

(2) 品牌空间:品牌与用户长期互动沟通的大本营。

品牌空间是广告主与目标用户建立一对一的粉丝关系的重要平台,帮助广告主在腾讯平台上数亿用户的好友关系网络中建立大本营,通过粉丝榜、feed 等机制,实现目标用户的长期积累;与网友和粉丝长期沟通互动,可通过 feed、徽章、挂件等多个触点在粉丝的关系链得以体现;腾讯人均超过 60 个好友的人际网络,帮助品牌把品牌资讯快速扩散,积累口碑,逐步沉淀忠诚用户。

8) 案例总结

泛关系链营销中的"泛"有三层创新含义:其一是指营销覆盖的每个网络用户的关系种类和圈子是最广泛最全面的。其二是指营销实现跨平台产品以及众多营销模式之间的无缝互动和互通互联。其三是指聚焦在 SNS 营销领域,腾讯在洞察广告主在线营销过程中"覆盖、影响力、相关性、粘性"四大需求的基础上,向广告主提供了最完备的关系链营销解决方案,洞察用户需求,为广告主提供精准的策略支持。只有做到真正融会贯通,才能领会到 SNS 营销独有魅力。

新时代美国广告学家 E. S. 刘易斯曾在 1998 年提出 AIDMA 理论,该理论认为,消费者从接触到信息到最后达成购买,会经历 Attention(关注)、Interest(兴趣)、Desire(渴望)、Memory(记忆)、Action(购买)5 个阶段。这一理论一直以来深刻影响和作用于传统广告营销人的实操行为中。而近 10 年来,互联网的兴起以及网民基数的不断扩大,营销方式正从传统的 AIDMA 营销法则逐渐向含有网络特质的 AISAS 发展:Attention(引起注意)、Interest(引起兴趣)、Search(进行搜索)、Action(购买行动)、Share(人人分享)。AISAS 是电通公司针对互联网与无线应用时代消费者生活形态的变化而提出的全新消费者行为分析模型,这一模型更加强调用户在购买过程中的 Search(搜索)和 Share(分享与口碑传播)。

被称为互联网革命中最伟大的思考者克莱·舍基,在其最新力作《未来是湿的》一书中表示:"不论世界是平的还是弯的",未来一定是湿的。《未来是湿的》建构的基础是互联网,是互联网上的大量社会化网络应用,让众多在传统社会看来无组织的网民通过各种关系链自发"组织"了起来,并最终产生令人意想不到的力量。在这个过程中,新型数字营销被激发起来,湿营销成为广告营销界人士当下研讨的焦点。

腾讯泛关系链营销解决方案的本质是对 AIDMA、AISAS、湿营销理论的再次延伸,是融网络硬广、植入广告、官方品牌空间、APP 类植入游戏、意见领袖、口碑互动、在线客服、口碑舆情监测与管理于一体的全新 SNS 关系链整合营销解决方案。它赋予了消费者力量,鼓励网络用户以创造性的方式贡献和分享内容,从而影响商家的新产品开发、市场调研、品牌管理等营销新战略。这些都很值得数字营销产业链从业者认真思考和总结借鉴。

然而,在泛关系链营销中也需要注意"五大雷区":

(1)只顾把想传达的信息灌输给别人,这样做容易适得其反。品牌信息不能没有与用户或粉丝们的参与性和互动性特点,要明白品牌传播应以社交互动为基础。

(2)居高临下姿态会疏远用户。在搭建好的在线平台,应以平等、真诚、开放的姿态和心态去与用户交流互动,高高在上,用户不会买你账。

(3)做在线营销的旁观者。企业不要因不熟悉泛关系链营销的实践而袖手旁观,要全程参与并与用户打成一片,才能得到想要的营销效果。

(4)偏爱某种渠道和形式。泛关系链营销必须整合各种在线平台和信息沟通渠道,不能只依靠单个沟通平台,组合才能显现营销优势。

(5)漠视用户感受。与传统营销不同,在泛关系链营销中,用户可疯狂追随你,也可猛烈反对你。轻视用户负面意见,可能演变成品牌形象危机。

4.4.6　未来发展

1) 业务进一步整合

对于腾讯来讲,腾讯 QQ 本身就是中国最大的 SNS,腾讯也誓言成为中国人在线生活的一个符号。实际上,在"用户为王"的今天,庞大的 QQ 用户群体才是腾讯发动大规模圈地运动的坚实基础。腾讯联席 CTO 熊明华表示,"QQ 作为一个人际关系管理软件,承载着人们的各种社会关系。由于好友关系链的存在,使得所有使用 QQ 的人,实际上都是存在于一个大的社会化网络中。"腾讯公司相关负责人也曾表示,整合是未来互联网的方向。腾讯在多元化的同时也应注意以 IM 即时交互业务为核心,因此,其多元化业务的高度整合显得十分必要,如何最大限度地提升用户的粘性,留守其庞大的用户基础,这将是其 SNS 战略的重要目标。从之前的 QQ2009,我们也可以一定程度上看出腾讯业务整合的战略方向,QQ2009 加强了客户端与腾讯其他网页产品的整合力度,包括:客户端 QQ 签名与滔滔微博客的整合、QQ 群与校友录的整合、群动态与群论坛的整合等。同时,整合后的 QQ 有助于推动腾讯旗下产品的互联互通。那么有关未来的 SNS 战略,有望腾讯依靠即时通讯软件的优势带动其他产品使用的提升,致力于多项业务的整合和集成,使"一站式"发挥极致,进而构建完整的在线生活社区。

2) SNS 市场进一步细分

即时通讯作为中国最早普及的网络应用服务之一,用户的行为习惯和日常需求已经发生了很大的改变,到了一个新的层面。用户的需求不断个性化和多样化,尤其是即时通讯的用户,该特点表现得尤为明显。因此,腾讯海量用户数量的背后是不断个性化的需求,如何在继续保持其竞争优势和庞大的用户基数的同时,增加用户的粘度将变得至关重要。腾讯相关负责人曾表示,"腾讯将不断强化业务组合,满足用户不同层面的需求和体验,使用户在关系链的管理上逐步精细化、具体化。不久的未来,腾讯会推出在白领垂直领域、城市垂直领域等锁定细分用户群的 SNS 网站等"。事实上,早在 2007 年,腾讯 CTO 熊明华在接受《第一财经日报》独家专访时就透露过,"腾讯的产品战略原来在工作、家庭等方面做得不够,而腾讯的用户过多地集中于 15~25 岁的年龄层面,面对庞大的用户群,如何满足他们从小学到中学、大学、工作以及在家庭中的生活娱乐需求,是未来腾讯考虑的重点。"只有对 SNS 市场进一步深耕细作,打造各类满足用户不同需求的服务应用平台,才能在 SNS 社区网络市场方面获得较大的发展空间。

3) 向 SNS 大平台拓展,打造"在线生活"梦

业内人士认为,即时通讯社区化是当前行业发展的新趋势。腾讯 CEO 马化腾曾表示,"即时通讯社区化目的是让用户不管是处于实时状态还是不实时状态,都能够通过各种产品与服务,通过这个社区内的关系增加粘性,并最终为持续增长的网民,提供符合用户价值的一站式在线生活平台或社区。"腾讯的社区化道路似乎应该更加顺利,腾讯10年前从一个简单的线上聊天工具起家,至今已经累积了10亿注册用户,并以此为核心作业务向外辐射发展,目前其业务已经涵盖了网络游戏、线上音乐、门户网站、电子商务、电子支付等。SNS战略的落实,有望将腾讯的各种业务串联起来,推动建立SNS大平台。正如腾讯的CEO马化腾语:"腾讯,是一只闪耀的企鹅,是一个互联网的神话,它更是一家在不停挑战自己,不懈追求卓越的公司。"事实上,IM的社区化已经引起腾讯的高度重视,依靠即时通讯软件的优势,带动其他产品使用的提升,利用社区关系建立粘性,增强用户的忠诚度和体验感知,进而打造腾讯完美的"在线生活"之梦。

4)微信战略地位不断提高

2013年1月15日,腾讯微信宣布,其用户已达到3亿,自2011年1月21日发布第一个微信版本的发布,耗时不到2年。马化腾称,微信2012年只做了三件事:微信开放平台、二维码服务和公共账号。随着微信用户的不断增加,其在腾讯中的战略地位将不断提高。早在2012年5月腾讯公布组织架构调整,将微信提为与QQ并重。这是时隔7年之后,腾讯再一次进行大规模的架构调整。重组后的腾讯将更新为六大业务线,几乎所有业务部门都将涉及。其中位于广州,负责微信开发的广州研发中心将被提升到新的战略高度。腾讯方面在接受南都记者采访时表示,完整的架构调整中,有三个总体目标:贴近用户、适应未来互联网发展的趋势、更好地实现与合作伙伴的共赢。

腾讯在过去几年一直在尝试业务突破,社交、搜索、视频、电商等业务均获得大力拓展。但真正令马化腾眼前一亮的,仍然是"微信"。在刚刚过去的2012移动互联网大会上,马化腾表示:"在过去一整年的时间,整个移动互联网手机短信发生了翻天覆地的变化,智能终端普及带来了过去时代完全不一样的格局。"他提出,用户和互联网连接的时间大大延长,这带来了产业链的变化,这个产业链非常长,未来怎么样值得思考。

此次架构调整后,广州研发中心的地位将会得到明显提升。"随着QQ Mail和微信的发展,张小龙和广研证明了其持续的产品改进能力。"腾讯以深圳为大本营,目前被设置在外的业务仅有位于广州的微信、位于北京的网媒,还有成都的部分业务。

除了在移动互联网的突破,微信给腾讯带来的另一个变化是"高端用户"的获取。"过去在用户、投资人、业界看来,QQ是个'低端'产品,但微信扭转了这个局面,这对马化腾和腾讯来说非常重要,也很意外。"洪波表示。

腾讯目前正在实施的,还包括微信的"平台化",即通过API(应用程序接口)允许第三方应用加入,利用开发者的才能,而并非只局限于腾讯员工。"移动平台的货币化远远不是我们的优先目标,现在的主要目标还是迅速增加用户。考虑到该服务的高渗透率和互动性,再加上我们可了解用户的位置,我认为将来创收应该是水到渠成之事。"腾讯首席战略官詹姆斯·米切尔表示。由此可见腾讯对微信的战略意图。

第三部分

国内外企业(组织)社交网营销经典案例及精解

第5章 国外企业(组织)社交网营销经典案例及精解

5.1 奥巴马利用社交网竞选总统

案例摘要 国外媒体撰文指出,2012年美国总统大选是美国历史上首次"社交竞选"。在这次竞选中,Twitter等社交媒体不仅成为候选人与粉丝互动的平台,更具备了改变舆论走向的潜力,而事实上,奥巴马作为较好的利用了这种趋势的候选人,最后确实因此在竞选活动中获得了一定的优势。首先,Twitter使得信息发布实现"民主化",奥巴马团队巧用Twitter传递报纸和电视等传统媒体不能报道的新闻来影响舆论走向。其次,奥巴马团队通过Twitter等社交媒体平台与粉丝建立有效互动,直接与选民接触,及时了解选举热点,为后续选举行为提供帮助。最后,奥巴马团队在社交媒体上投入大量技术资源,通过运用大数据挖掘等新技术为其寻找良好的选举营销契机。可以说,在这场史上第一次发生在社交媒体时代的总统竞选中,类似Twitter的社交媒体和社交网站发挥出前所未有的重要作用。作为竞选团队广泛使用的重要沟通工具和宣传渠道,Twitter已经成为这场漫长而艰苦的总统竞选中最重要的狙击工具和沟通桥梁。往年美国总统选举电视媒体都会成为选战最火热的主场,但2012年的总统大选却是一场名副其实的"社交选战",候选人利用Twitter等其他社交媒体拉票、筹款和转移舆论焦点。

关键词 社交媒体,Twitter,总统竞选

案例导读 美国东部时间2012年11月7日上午10点,美国总统竞选正处于最激烈的时刻,Twitter也在这一时刻宣布它已打破纪录。前一天晚上,有超过3100万个与选举有关的Twitter在互联网上发布,这使得这个选举夜成为"Twitter历史上最受关注的政治事件"。其中,从东部时间下午6点到午夜,就有2100万条消息发布在Twitter上。而此前,该项纪录的保持者是10月3日举行的首次总统辩论,当时,在Twitter上一共有1000万条与此相关的信息。"在本次竞选中,Twitter几乎是在所有方面都密切了人们与选举的关系",Twitter新闻发言人霍维茨表示,"从发布爆炸性的新闻到分享观看总统辩论的感受,再到与候选人的直接互动,Twitter已经成为这个国家又一个全国性的政治团体。"当奥巴马赢得竞选时,Twitter达到了另一个高潮:在仅仅一分钟的时间内,就有超过327 000个

与此有关的信息被发布出来。一条来自奥巴马的信息,"新的四年"以及这位获得连任的总统拥抱第一夫人的照片则成了 Twitter 历史上被转发最多的信息。不论你爱它还是恨它,Twitter 和它在国家政治生活中所发挥的作用都已经固定下来。社交媒体在沟通上的无障碍、低成本以及高社会参与度,使其成为历史上从未有过的公共传播利器,也自然成为总统竞选过程中难得的影响民意的工具。2012 年的总统大选,是 Twitter 第一次扮演如此重要的角色,罗姆尼和奥巴马的总统竞选团队借助 Twitter 发布的争辩以及竞选广告,几乎贯穿了 2012 年全年。

5.1.1 人物介绍

奥巴马,全名贝拉克·侯赛因·奥巴马二世(英语:Barack Hussein Obama II,1961.8.4—),美国民主党政治家。第 56 届、第 57 届美国总统(连任)。为美国历史上第一位非裔总统,首位同时拥有黑(卢欧族)白(英德爱混血)血统的总统。

奥巴马于 1961 年 8 月 4 日出生在美国夏威夷州火奴鲁鲁(檀香山),父亲是一位祖籍肯尼亚的黑人穆斯林,母亲是堪萨斯州的美国人。父亲贝拉克·奥巴马是一名在夏威夷念书的肯尼亚留学生。母亲安·邓纳姆是一个白人,原本来自堪萨斯州。

奥巴马 1983 年毕业于哥伦比亚大学,两年后到芝加哥工作。1991 年毕业于哈佛大学的法学院,获得法学博士学位,是第一个担任哈佛法学评论主编的非洲裔美国人。

1992 年和米歇尔·拉沃恩·奥巴马结婚。1996 年,奥巴马从芝加哥当选为伊利诺伊州州参议员并在之后的 3 年中连任;2000 年,在竞选美国众议院议员席位失败后,奥巴马将主要精力投入到伊利诺伊州的参议工作中。

2007 年 2 月 10 日,奥巴马在伊利诺伊州斯普林菲尔德市正式宣布参加 2008 年美国总统大选,并提出了重点在"完结伊拉克战争以及实施全民医疗保险制度"的竞选纲领。

2008 年 6 月 3 日,奥巴马被定为民主党总统候选人;同年 8 月 23 日,在民主党全国代表大会上奥巴马被正式提名,从而成为了美国历史上首个非洲裔总统大选候选人。

2008 年 1 月 1 日,奥巴马开通了自己的微博网,通过网络渠道对竞选进行宣传,后来被人们称为 Web 2.0 总统,可见奥巴马对网络的重视。2008 年 11 月 5 日,奥巴马击败共和党候选人约翰·麦凯恩,正式当选为美国第 44 任总统(届数:第 56 届,任数:第 44 任,位数:第 43 位,政党:民主党)。于 2009 年 1 月 20 日,在美国首都华盛顿特区参加就职典礼,发表就职演说,并参加了游行。

2009 年 10 月 9 日,据英国广播公司报道,诺贝尔奖评审会称,美国总统奥巴马因"为增强国际外交及各国人民间的合作作出非同寻常的努力"而被授予 2009 年度诺贝尔和平奖。

民调显示,2009 年奥巴马的支持率最高达到 59%,而后开始滑落,2011 年 1 月份到达 48% 的水平,而由于经济手段改革与医疗体制改革,奥巴马的支持率持续走低,到 3 月份末降到最低的 38%,但后因击毙本·拉登上升,近期又由于前述原因轻微下降,他的平均支持率平均在四、五成之间,属于中等水平。

2011 年 11 月,福布斯 2011 权力人物榜:奥巴马排名第一。尽管在处理高失业率和经济衰退问题上的不足导致奥巴马在国内支持率下降,但他在世界舞台上的表现完全不同。随着"基地"组织领导人本·拉登和利比亚前领导人卡扎菲相继被击毙,奥巴马的影响力迅速上升。

2012 年 10 月 17 日,经过 90 分钟的舌战,美国总统大选结束了第二场总统辩论。首战支持率大跌的奥巴马,此次成功逆转,根据 CNN 实时投票结果,奥巴马的支持率飙升到 46%。

北京时间 2012 年 11 月 7 日,当地时间 6 日晚,美国总统奥巴马获得 275 张选票,连任总统已成定局,成为第 57 届总统。他在 Twitter 上发文感谢选民。

2012 年 11 月 19 日,奥巴马正式访问缅甸,成为美国第一个访缅的总统。

《福布斯》发布的 2012 年全球最具影响力人物排行,美国总统奥巴马领衔该榜榜首。

美国当地时间 12 月 19 日,《时代周刊》公布,美国总统奥巴马当选 2012 年"年度风云人物"。该杂志评价奥巴马是"新美国的设计师"。《时代周刊》称,奥巴马当选"年度人物"最重要的原因是:美国不断变化的人口结构和他能够对其进行利用的独特能力。其名字出现在选票的那一刻,就意味着一个更年轻、更多样的美国出现在投票站前。

2013 年美国东部时间 1 月 20 日 11 时 55 分,在白宫蓝厅美国最高法院首席大法官罗伯茨主持的一个私人仪式上,赢得连任的奥巴马把手放在一本属于第一夫人米歇尔·奥巴马家庭的圣经上,正式宣誓就职美国第 44 任总统,开始了他的第二任期。

5.1.2　案例背景

美国作为当今世界上唯一的超级大国,其总统大选总是会成为全球关注的焦点。其实共和党与民主党阵营的较量,实质就是其幕后智囊团的斗智斗勇。随着社交媒体在美国日益成为人们生活中不可或缺的一部分,其在政治生活中的重要性也逐渐凸现出来。

早在 2008 年,奥巴马就开始利用 Facebook 等社交网站为自己拉票,而使他成为了美国第一任"黑人总统",那次的大选也由此拥有了"Facebook 之选"的称号。当时奥巴马的竞争对手是来自亚利桑那州的资深参议员麦凯恩,他是一位相当具有影响力的共和党人。麦凯恩的父亲和祖父皆曾担任美国海军的上将,麦凯恩曾在维吉尼亚州的亚历山德里亚圣公会中学和安那波利斯的美国海军学院接受教育,他接着担任海军的飞行员,在越战执行战斗任务,被俘并拘禁了长达五年半的时间,并因此成为全国知名人物。与麦凯恩相比,奥巴马更为年轻出色,但也同时出身平民并相对缺乏经验,最终,奥巴马团队找准自身最吸引人的地方,努力树立奥巴马平民的形象,撰写令人激动的演讲辞,提出关于有色人种自由和平等的信念,宣传"CHANGE"的口号,处处都针对竞争对手。选举过程中,奥巴马始终唯一只传达一个竞选信息——"变革"的候选人,只围绕着一个概念展开活动。完整的口号是"我们可以信赖的变革",但是在每一次集会的每一块标志牌上,"change"这个词都用了大写,而"we can believe in"则用小写字母放在"change"下面。在竞选过程中,奥巴马成功借助互联网和新兴社交媒体筹集大量竞选资金并为其宣传造势。从 2007 年宣布将竞选美国总统起,奥巴马及其团队就已经开始利用社交媒体的政治影响力。据 techpresident.com 网站报道,2008 年奥巴马为竞选总统在网络上发出了 1 300 万封邮件,400 万捐款者通过网上电子渠道捐款,其支持者网站 My.BarackObama.com 拥有 200 万个会员,奥巴马团队总计通过网络募集到了超过 6 亿美元竞选资金,创下历届总统选举募款之最。社交网络对奥巴马瞄准草根阶层的竞选活动起到了前所未有的推波助澜的作用,民众最终相信了奥巴马将拯救美国,奥巴马有能力改变世界。

时光如梭,4 年之后又到了新的一次美国大选。这次大选中,社交媒体无疑成为了下一任总统选举的掌舵者。社交媒体已与人们的生活密切相关,Facebook、Twitter、LinkedIn、YouTube 等社交网站早已发展成熟,其中 Facebook 还专门在主页放置了名为"I'm Voting"的应用,社交媒体的热潮已经势不可挡。奥巴马此次的对手也从麦凯恩变成了米特·罗姆尼——美国著名政治家、企业家,马萨诸塞州第 70 任州长。此外,他还曾担任贝恩资本风险投资与杠杆收购公司 CEO 以及盐湖城冬奥会组委会主席。罗姆尼个人形象不错,而且家庭美满,涉足商界的成功经历为他角逐 2012 年总统大选提供了充足的竞选资金。罗姆尼具有出色的管理能力,在美国共和党内有着良好的口碑,被视为 2012 年美国总统选举的热门人选。2012 年 1 月,罗姆尼称能击败奥巴马。当地时间 2012 年 8 月 28 日,美国共和党全国代表大会在坦帕正式提名米特·罗姆尼为总统候选人,在 11 月的总统选举中挑战现任总统奥巴马。而作为罗姆尼竞争对手的奥巴马,在 2012 年 9 月 6 日的民主党全国大会上,通过演讲接受了竞选总统提名,该事件还创下了 Twitter 每分钟发推 5.2 万条的新纪录。至此,奥巴马与罗姆尼之间的总统竞选之争正式拉开帷幕。

在奥巴马就任美国总统的 3 年多时间里,遭受金融危机沉重打击的美国经济仍处在艰难复苏的过程中,虽然有数据显示经济正在缓慢地走出低谷,但经济学家们也指出,经济复苏尚缺乏强有力的动力,而且随时面临着下行的风险。和四年前相比,年轻选民的政治热情也正在消退。盖洛普的调查显示,只有 56% 的年轻选民表示会去投票,而《华盛顿邮报》的文章则指出,奥巴马总统在 2012 年大选中的主要对手并不是罗姆尼或者是共和党,真正的对手是美国经济。与此同时,两个总统候选人在执政理念上以及价值观上有着天壤之别。罗姆尼更加注重保护少数富人的利益,更加注重国家的安全利益,而奥巴马谈的是一些比较空洞的价值观,像人权、民主这些东西。两方的立场都各自有其优势和劣势,如何很好地宣传自身主张并打击对方弱点,对于双方来说至关重要。随着奥巴马与罗姆尼之间竞争的白热化,总统大选的战火也自然而然蔓延到了以 Twitter 为主的各大社交媒体平台上。在第一任任期内,奥巴马的表现总体来说符合大家的预期,所以此次选战的重心转移到如何吸引那些在奥巴马和罗姆尼(Mitt Romney)之间摇摆不定的选民以及新选民,那么最有效的办法莫过于通过社交媒体增加曝光度,进而赢得广大选民的信任和投票。

5.1.3　案例正文

1) 传播目标

(1) 利用 Twitter 等社交媒体使发布消息民主化,传递报纸和电视等传统媒体不能报道的有利新闻,从而助候选人一臂之力。

(2) 利用 Twitter 等社交媒体与粉丝建立互动,直接与选区选民建立接触,随时了解全国性讨论的焦点,为后一阶段的竞选活动做准备,有的放矢。

(3) 以最廉价的方式与大批潜在选民进行即时沟通。不仅可以向数百万人传递某种信息,还能对竞争对手的抨击迅速作出有力回应,从而谋求改变整个舆论走向。

2) 传播策略

(1) 确定特定的目标受众,通过广泛信息传播扩大选民。在此过程中需要在多媒体策略方面实现线下与线上媒介的整合。选民对奥巴马了解越多,对其个人也会越认同。

(2) 借助故事营销,竞选活动中不仅会有长时间的奥巴马视频,还有传统印刷品、广播和户外广告等。

(3) 把网络作为竞选活动中心,在美国各州进行公关、广告和资金筹措,并通过网络工具帮助选民实现高效的自我组织,进行自由选举。

3）传播时间

2012 年 9～11 月。

4）目标受众

全体美国选民，尤其是奥巴马最需要争取的"无知少女"选民："无"指的是无党派中间选民；"知"指的是以知识分子、白领为主体的中产阶级；"少"有两层含义，一是指少数族裔，二是指年轻人；"女"指女性。他们中大多数也是社交媒体的忠实用户。

5）关键环节

（1）夫妻同上阵。

竞选期间，第一夫人米歇尔在美国民主党代表大会发表动情演说力挺丈夫，称艰难的成长经历让奥巴马能真切感受到普通民众的艰辛。米歇尔不断强调奥巴马与自己艰辛的成长历程、卑微的家庭背景，称他们在 40 多岁才还完学生贷款。而共和党总统候选人罗姆尼家庭背景优越，米歇尔想以此来说明，奥巴马才是真正理解民众苦难并以改善百姓生活为己任的国家领导人。此次演讲在 Twitter 上引发的讨论多达每分钟 2.8 万条，比罗姆尼同一时间在共和党全国委员会的演讲吸引的 Twitter 信息数量高出 2 倍。

米歇尔·奥巴马在 Twitter 上非常活跃，拥有 150 万个粉丝。对于拥有近 2 000 万粉丝的奥巴马来说，米歇尔是非常好的伴侣。米歇尔的 150 万粉丝不是一夜之间冒出来的。相反，是他们过去几年间苦心经营的结果。

（2）主动入驻有影响力的新媒体，包括较新的平台。

在共和党总统候选人米特·罗姆尼为数字战略增加诸如购买 Twitter 热门话题等新策略时，奥巴马竞选团队已经开始尝试一些大胆的新举措，例如在新闻聚合网站 Reddit 发起"有问必答"活动，该活动甚至能够凭借自身影响力登上 Twitter 热门话题。奥巴马在 Reddit 上的实时聊天活动为 Reddit 带来了创纪录的流量。该活动不仅导致 Reddit 网站因拥堵而崩溃，期间页面浏览量更是超过 10 万次。

（3）优雅地还击对手，更多地使用图片。

2012 年 8 月底，知名演员克林特·伊斯特伍德在民主党 2012 全国大会上做了名为"看不见的奥巴马"的演讲，批评奥巴马未能遵守承诺。很快，奥巴马团队在 Twitter 作出回应，发表了一张奥巴马座位后面的照片，同时附上简短的"此座有人"几个字，传达出奥巴马仍在承担责任的信息。2012 年，视觉社交媒体正是风头正劲的时候。据一项民意调查显示，"54% 的回应者称，如果某些品牌比其他媒体更频繁发布图片，那么他们更有可能参与这些品牌的互动。"因此，如果社会舆论走向不妙，或许正是需要发出图片的时刻。

（4）拥抱移动趋势。

2012 年距离上次选举只有 4 年时间,但移动领域的情况变化很大。尽管拥有清晰的媒体战略是必须的,但在如今的环境下,这一战略必须将日益增长的移动用户考虑进去。竞选期间,白宫更新了其苹果和 Android 应用,刚好赶上奥巴马的民主党大会演讲。这款应用允许用户流媒体直播总统大选事件,阅读博客文章,或者使用 iPad 的视网膜屏幕浏览高质量图片。白宫网站同样获得了更新,新版界面对智能手机和平板电脑更加友好。总而言之,不能落下一个移动选民。

(5) 技术的"内包"。

奥巴马一方的资金和人力投入都超过罗姆尼,但在互联网产品和技术的使用上花费相对较少。根据 Ars 网站的分析,奥巴马团队在技术服务和咨询上的花费是 930 万美元,而内部的技术相关支出是 200 万美元。相比来说,罗姆尼的竞选团队则在外部技术服务上花费了 2 360 万美元。

奥巴马的竞选团队购买了硬件和软件,组成了自己的 IT 部门。通过大量开源软件的使用,他们构建了一个复杂的云端架构。从一个事实也可以看出他们对技术的重视,竞选团队中工资最高的人是首席技术官 Michael Slaby,他的年薪是 13 万美元,而罗姆尼竞选团队的技术主管,薪水只有 8 万美元。

根据奥巴马技术团队主管 Scott VanDenPlas 的说法,他们选择了最少的花费,达到了最佳的效果。"要聪明,不要完美",他说:"我们做了许多工作来简化事情,当你拥有一个在限制面前不退缩的团队时,你会获得许多真正惊人而且有创造性的方案。"技术团队并不是唯一的内部 IT 人员,竞选团队还有运行着自己的数据分析部门,雇佣了大量的网页设计师和后台管理人员。竞选团队中的技术人员超过了 1 000 人。在硬件和软件的购买上,芝加哥外的 CDW 公司成为主要的供应商,而微软也卖给竞选团队 52 多万元的软件授权。

技术的内包不仅给了奥巴马竞选团队灵活性和高效率,而且节省下来的钱可以用在更有效的地方。比如广告,在这方面,奥巴马竞选团队的投入是罗姆尼团队的 5 倍。

(6) 数据挖掘团队作为支柱。

2012 年春天晚些时候,奥巴马竞选阵营的数据挖掘团队注意到,影星乔治·克鲁尼(George Clooney)对美国西海岸 40 岁至 49 岁的女性具有非常大的吸引力。她们无疑是最有可能为了在好莱坞与克鲁尼和奥巴马共进晚餐而不惜自掏腰包的一个群体。

在之前两年内,他们为奥巴马的连任竞选活动搜集、存储和分析了大量数据,同以往处理这些数据的做法一样,奥巴马竞选团队的高级助手决定再次听取数据挖掘团队的意见。他们希望在东海岸找到一位对这个女性群体具有相同号召力的名人,从而复制"克鲁尼效应"的成功经验:克鲁尼在自家豪宅举办的筹款宴会上,为奥巴马筹集到数百万美元的竞选资金。

奥巴马竞选团队的一位高级顾问说："我们面临无数的选择,但最终定了莎拉·杰西卡·帕克(Sarah Jessica Parker,美国知名影星)。"于是,一个与奥巴马共进晚餐的"竞争"便诞生了,那就是争夺在杰西卡·帕克的纽约 West Village 豪宅美餐的机会。

对于普通民众而言,他们根本不知道这次活动的想法源于奥巴马数字挖掘团队对帕克粉丝研究的重大发现:这些粉丝喜欢竞赛、小型宴会和名人。但从总统大选一开始,奥巴马竞选团队主管吉姆·梅斯纳(Jim Messina)便希望打造一个以数据驱动、完全不同于以前的竞选活动。

在 2008 年的竞选中,奥巴马团队对技术的应用赢得了不少赞扬,但其成功的背后却掩盖了一个巨大的弱点:过多的数据库。当时,通过奥巴马网站打电话的志愿者使用的名单与在竞选办公室打电话人所用的名单是不一样的,而动员投票名单也从不会与资金筹集名单重合。这就好像 9·11 之前的 FBI(美国联邦调查局)和 CIA(中央情报局):这两大机构从不会共享数据。其中一位官员说:"我们很早就意识到,民主党策略的问题是数据库太多,彼此之间从不沟通。"因此,在前 18 个月,竞选团队就创建了一个单一的庞大系统,可以将来自民意调查者、捐资者、现场工作人员、消费者数据库、社交媒体,以及"摇摆州"主要的民主党投票人的信息整合在一起。

这个整合后的巨大数据库不仅能告诉竞选团队如何发现选民并获得他们的注意,还允许数据处理团队进行一些测试,从而来预测哪些类型的人有可能被某种特定的事情所说服。例如,在竞选办公室里的电话名单上,不仅仅列出了姓名和电话号码,还按照他们被说服的可能性和重要性对姓名进行排序。在排序的决定性因素中,约 75% 是基本信息,如年龄、性别、种族、邻居和投票记录等。一位高级顾问称:"我们可以预测哪些人会通过网络捐款,哪些人会汇款。我们还可以为志愿者建模,建模可以对让我们的工作效率更高。"

例如,竞选团队早期就发现,在个人注意力最容易被重新吸引回来的人群中,在 2008 年大选中曾退订了竞选电子邮件的那部分人是首要目标。为此,战略家们为特定人群制订了相应的测试。例如,测试一个本地志愿者打来的电话的效果如何优于一个从非"摇摆州"(如加州)志愿者打来的电话。正如竞选总指挥吉姆·梅西纳(Jim Messina)所说,在整个竞选活动中,没有数字做支撑的假设很少存在。

这个庞大的数据库还能让竞选团队筹集到比他们预期的更多的资金。截至 2012 年 8 月,奥巴马团队里的每个人都认为他们达不到 10 亿美金的筹集目标。其中一位高级官员称:"我们曾经反对过,因为连 9 亿美元的目标都不能接受。"但另一位官员称:"结果到了夏天,互联网效应爆发了。"

在通过网络筹集到的资金中,很大一部分是通过电子邮件营销而来。因此,数据收集与分析至关重要。发送给支持者的邮件中很多只是测试,它们采用了不同的主题、发送人与内容。到了春天,米歇尔·奥巴马(Michelle Obama)的电子邮件表现得最好。有时,梅西纳表现得比副总统拜登(Joe Biden)要好。很多时候,募集资金最多的人能比欠佳者多出 10 倍。

芝加哥总部还发现,签署了"快速捐献"计划的人所捐献的资金是其他捐献者的 4 倍。因此,该计划后来被大力推广,并进行激励。到 10 月底,该计划已经成为竞选团队向支持者传递信息的重要部分,首次捐献者可以得到一个免费的保险杆贴纸。

这种协助筹款的技术随后又被用于预测投票结果。奥巴马的数据分析团队建立了 4 条投票数据流,以了解关键州选民的详细情况。一名官员表示,在 1 个月中,仅在俄亥俄州,数据分析团队就获得了约 2.9 万人的投票倾向数据。这是一个包含 1‰选民的巨大样本,使他们可以准确了解每一类人群和每一个地区选民在任何时刻的态度。这带来了巨大的优势。当第一次电视辩论结束后,选民的投票倾向发生改变。而数据分析团队可以立即知道什么样的选民改变了态度,什么样的选民仍坚持原来的投票选择。

在 10 月份选情扑朔迷离的情况下,这一数据库确保了奥巴马竞选活动的稳定。通过数据,奥巴马竞选团队发现,大部分摇摆不定的俄亥俄州选民原本并非奥巴马的拥趸,而是罗姆尼的支持者。在 9 月份罗姆尼出现失误之后,这些选民的态度出现动摇。一名官员表示:"我们比其他人更冷静。"每天晚间,投票倾向和选民数据被反复处理,以考虑多种不同情况。另一名高级官员则表示:"我们每晚模拟6.6 万次大选,并于每天上午获得结果,了解在这些州胜出的可能性,从而针对性地分配资源。"

奥巴马竞选团队还首次利用 Facebook 进行大规模的投票动员,这模仿了现场组织者挨家挨户敲门的方式。在竞选活动的最后几周,下载某一款应用的用户收到了多条消息,其中包含他们在"摇摆州"好友的照片。他们被告知,可以通过点击按钮,呼吁这些目标选民采取行动,例如进行投票注册、更早地投票,以及参与到投票中。奥巴马竞选团队发现,大约 1/5 收到 Facebook 请求的选民作出了响应,这在很大程度上是因为请求来自他们熟悉的人。

数据还帮助奥巴马竞选团队进行广告购买决策。在选择广告投放渠道时,他们没有依靠外部媒体顾问,而是基于内部数据。一名官员表示:"我们可以通过复杂的建模来找到目标选民。例如,如果迈阿密戴德郡的 35 岁以下女性是我们的目标,那么这里有如何覆盖她们的方式。"因此,奥巴马竞选团队在一些非传统节目中购买了广告,例如 4 月 23 日的电视剧《混乱之子》、《行尸走肉》和《23 号公寓的坏女孩》。以往,竞选广告通常出现在本地新闻节目中。那么,在广告投放方面,奥巴马竞选团队 2012 年的表现比 2008 年好多少? 芝加哥有这样的数据:"在电视平台上,我们的购买效率提升了 14%,确保与能够被说服的选民保持交流。"

　　根据数据分析,奥巴马竞选团队在大选的最后阶段也采取了不同以往的方式。2012 年 8 月,奥巴马决定在社交新闻网站 Reddit 上回答问题,当时多名总统高级助理并不清楚此事。一名官员表示:"我们为何将奥巴马放在 Reddit 上? 因为我们发现很大一部分目标选民在 Reddit 上。"

　　6) 传播效果

　　尽管现任总统奥巴马曾是首批使用网络工具进行选举并最终受益的候选人,但诸如 Facebook、Twitter 和其他社交平台在连任大选中发挥的威力远超 4 年前的光景。

　　在 Twitter 平台之争中,美国现任总统奥巴马远远领先于共和党总统候选人罗姆尼,前者的 Twitter 粉丝数量约为 1893 万,而后者还不到 92 万。格林的分析结果表明,奥巴马发布的 Twitter 消息数量是罗姆尼的 10 倍,因此从这个平台上赢得了更多人的支持。不过,罗姆尼的 Twitter 消息被分享和转推的频率更高,表明他的粉丝更活跃。

　　截至 2012 年美国总统大选结束,奥巴马在 Twitter 有超过 1900 万关注者,发送推文超过 5600 条,在 Facebook 上收获了超过 2800 万个"赞",YouTube 上的频道观看量引进超过 2.1 亿次。与此相比,罗姆尼在 Twitter 的关注者连 100 万都不到,发表 1000 多条推文,在 Facebook 上收获的"赞"也只有 550 万多,在 YouTube 上的观看量也仅仅只有 2000 多万次。

5.1.4　案例分析

　　1) 电视选战已过时,新媒体更有竞争力

　　随着社会的进步,科技的发展,总统竞选所用的媒体也应该是与时俱进的。1960 年总统的选举,在电视辩论举行之前,盖洛普指数显示尼克松尚以 47∶46 对肯尼迪保持着微弱优势,然而在第一次电视辩论之后,他反而以 46∶49 落后于肯尼迪,而在最后一场电视辩论之后,肯尼迪的优势已经扩大到 51∶45,声名显赫的尼克松最终落选。这是美国选举史上的第一次电视辩论,也是历史上第一次新媒体参与到国家政治活动中去,不幸的是尼克松成为历史这么多第一次的牺牲品,直到 8 年后才得以东山再起。

　　民主党智囊西蒙斯曾表示,"政党给予彼此 1 周时间召开无竞争的代表大会,这已经是只有 3 个电视台和两家地方报纸媒体时代的古老历史了。如今,网络、24 小时新闻和 Twitter 使反对党能发动反制动作和发表澄清言词,不断让候选人处于紧绷状态,一刻都不能放松。"有分析指出,社交网站已经有望"左右全国性话题":由于社交网站使信息传播大众化,候选人可借其发表在报纸和电视等传统媒体上看不到的信息。

前美国财政部发言人托尼·弗朗托指出,在过去,候选人要想对竞争对手做出有力反击,则必须让竞选团队投放电视广告,但撰写新闻稿或制作广告需要一定的时间,"有了Twitter,一旦遭遇对手抨击或不利于候选人的新闻报道,他们可以立刻作出回应,激发支持者对此事的讨论"。

美国皮尤中心"卓越新闻项目"实施的最新研究表明,奥巴马竞选团队在利用数字技术尤其是Twitter与选民沟通方面"具有独特的优势"。更为重要的是,奥巴马竞选团队正在通过数字手段试图赢得西班牙裔等重要团体和女性选民的支持。

有社交网络分析师指出,有效的在线战略如今对总统候选人的成败起着至关重要的作用:"虽然更多的数字活动不一定会吸引更多的选民,但从历史经验来看,最先利用新兴技术的候选人通常具有一定的优势。"皮尤中心的最新研究显示,那些利用这些新技术的候选人试图向公众传递一个有力信号,即他们正在"与时俱进"。

2) 奥巴马竞选团队的社交网营销更胜一筹

美国总统选举历来是个巨大的金钱运转机器,期间各种媒体的相关广告都是铺天盖地。2008年,奥巴马第一次参加美国总统大选,其团队就很好地突破传统思维,看到了网络的宣传功力,以网络为主要宣传媒体,可谓是顺势之为。奥巴马团队竞选中投入在网络政治广告上的支出占了美国当年所有互联网政治广告的50%,远超其他候选人的总和。奥巴马的竞选团队十分了解并善于驾驭互联网,从而把那些不依赖于报纸和电视等传统媒体获取资讯的支持者和选民们组织、沟通起来。Myspace、Facebook以及奥巴马的专题网站上聚集了数以百万计的忠实Fans,这些人活跃在各个社区,为奥巴马摇旗呐喊,这部分人很大地影响了美国网络社群的舆论风向。同时,奥巴马还是第一个拒绝使用政府提供的公共竞选资金(8400万美元)的总统候选人。他成功筹集了超过5.2亿美元的竞选经费,竞选资金的募集超过85%来自互联网,其中绝大部分是不足100美元的小额捐款。

奥巴马的第一次竞选成功,既创造了网络营销的一个奇迹,又用行动告诉世界:得网络者得天下,失网络者失天下。《纽约日报》评价说:"2008年,决定大选结果的不是谁更懂政治,而是谁更懂网络。"

而到了2012年,社交化浪潮已经席卷了人们生活的方方面面,只有更深刻地拥抱社交媒体发展的新趋势,才有可能去更好地利用其巨大的宣传潜力来获得选民的认同和信任,而奥巴马在这一点上,显然比罗姆尼做的要好得多。即便美国国内的失业率高达8％,经济状况低迷,对手砸下数百万美金开展广告攻势,奥巴马仍然笑到了最后,成功连任美国总统。

媒体称,如果说奥巴马在2008年竞选期间与民主党候选人约翰·麦凯恩博弈中具有"巨大的优势",那么在这次大选中罗姆尼的竞选团队提出了"老练的数字通信战略"。

据《纽约时报》报道,民主党和共和党两党都有人专门负责运用社交媒体来传递自己的声音并反击对方。每当奥巴马发表演讲、举行新闻发布会时,一群年轻的共和党人就会马上在网上进行攻击。2011年10月,奥巴马公布了谋求连任的竞选口号"我们不能等待",共和党人马上在微博上用标签"我们不能等待"突出一些在众议院通过却被参议院否决的法案,借此批评奥巴马。

2012年8月,罗姆尼在宣布自己的竞选搭档为瑞安时,最先是通过一款手机应用程序发布消息的。几分钟之后,他在社交网站上进行确认。直到2个小时之后,他才和瑞安在一档电视节目中出现。有媒体称,4年前奥巴马利用手机短信通知选民自己的搭档是拜登被认为是一个创举,这次罗姆尼抢了奥巴马的风头。在8月底的共和党全国代表大会上,罗姆尼演讲时,每秒钟发送的微博消息数达到了1.4万条,微博上有超过400万条消息在讨论他。这已经打破了2008年两个党派全国代表大会的纪录。

虽然两党都在努力抢占新媒体阵地,不过美国皮尤研究中心一项研究表明,奥巴马竞选团队在利用数字技术与选民沟通方面"具有独特的优势",奥巴马更为与时俱进。

此次竞选中,奥巴马明确将自己定位为中产阶级的代言人,而将亿万富翁罗姆尼描绘成贪婪的富翁群体的化身,颇有点"中产阶级"与"万恶资本家"不共戴天的意味。奥巴马在演讲中则将罗姆尼树为普通民众的对立面。他指罗姆尼是位成功商人,家资雄厚,但正因如此,他与美国占多数的中产家庭脱节,并不知道普通民众疾苦。而在竞选宣传中,奥巴马与妻子米歇尔合力上阵,通过社交网站积极传递正面价值观为自身赢得好感。

随着越来越多的政治家开始利用网络去接触选民,与选民交流,他们面临的挑战是,如何超越所有的噪音,创造出能够让所有人都持续讨论的话题,让选民持续参与进来。另一方面,随着在线社区的增长,伴随互联网聚光灯而来的各种批评是难以避免的。如何处理这些批评,也最终决定能否在社交媒体领域获得持续的成功。奥巴马团队在宣传过程中打破常规思维,不断尝试新的平台和新的受众,不断调整和训练自己的节奏,不落下任何一个选民,也不放过任何一次机会。

与此同时,近些年来大数据领域成为社交媒体发展的新趋势和新热点。奥巴马团队在此次竞选中打造了一个5倍于其2008年规模的数据挖掘团队。这个团队最终派上了大用场,为竞选活动搜集、存储和分析了大量数据,给予竞选团队的高级助手提供了很多实用有效的建议,帮助其成功"策划"多场活动,为奥巴马竞选筹集到 10 亿美元资金。

这就是现在这个大社交时代的精神和本质,从某种角度上来说,总统竞选就是一次社会化营销,最后的胜者未必是能力最强道德水平最高的,但一定是懂得最大化地使用社会化媒体、使它们的效力发挥最大的人。

5.1.5　案例点睛

1) 社交媒体的广告效应和泛关系链传播

人们有很多理由去质疑 Facebook 的营销效果。比如,你看到的转发或者推荐也许是来自一个根本不认识的所谓朋友,就算是真朋友,你也不喜欢通过他/她去读广告。然而奥巴马的团队却充分利用了社交媒体的优势,通过社交媒体去广泛地接触选民。选战的最后一周,奥巴马的支持者们收到了朋友圈子中那些摇摆不定者的照片,他们几乎都迫不及待地发出邀请,邀请他们的朋友为奥巴马投票,或者支持奥巴马的民意调查。数据显示这种做法的成功率高达 20%,因为建议是来自于他们认识的人。

2) 多种社交媒体综合使用

2008 年,奥巴马的竞选团队就取得了很多社交媒体营销领域的"第一",包括第一次有总统候选人使用 Twitter,第一次用 Twitter 发布竞选内容,等等。到 2012 年,情况就不一样了,Twitter 已经成熟到不再是新鲜事物,而只是众多社交媒体工具中的一种。对他们来说,Facebook 是电邮和电视渠道的补充或者另外一种选择,不能再像过去那样成为抓人眼球的热点。这次,他们通过 Facebook 来收集数据,决定资金应该投向哪里,其中一位成员向纽约时报透露,他们之所以将奥巴马推到 Reddit,就因为发现有大批的目标受众已经在 Reddit 上了。

3) 运用大数据

大数据并不是完美的工具,不过此次选举证明了它是不可或缺的技术手段。纽约时报的专栏作者南特·希尔认为数据使得所谓专家们的直觉和经验都变得不值一提,奥巴马的竞选团队证实了这一点。奥巴马团队拥有多个数据处理系统,对不同类型的选民进行分析并归类,并分别用不同的话语方式打电话给他们进行劝选,并评测效果,收集相关数据,当数据建成模型之后,竞选团队就会发现最有利的拉票方法。例如,每天都有大笔选举捐款通过一个复杂的、测量驱动的电邮系统汇入。此时数据的整理与分析就变得至关重要。发给支持者的很多号召募捐的电子邮件都带有测试功能,标题和内容都不相同。在系统内部,有专门的工具测算哪种内容、主题和发送者的组合能募到最多的资金。

5.2　愤怒的小鸟社交网营销策略

案例摘要　《愤怒的小鸟》是 Rivio 公司第 52 款游戏,这款游戏推出仅仅 1 年多时间,就成为移动游戏行业增长最快的一个品牌。这款诞生在北欧的游戏是如何被推广到世界各国的呢? 其秘诀在于充分利用了社交网络的威力。愤怒的小鸟作为基于社交平台的游戏提供商,巧妙地将名人效应和社交媒体营销结合起来,将社交网络的传播作用发挥到了极致。首先,它极为善于运用名人效应,一旦有各界的名人玩这款游戏,Rovio 公司马上就会挖掘出此消息。同时,利用 Twitter,Facebook 等当时炙手可热的社交媒体将此消息在网上迅速传播开来。与此同时,在游戏推广初期,他们几乎从不做传统意义上的广告,一度 Rovio40 个人的团队中,有23 个人专司回复邮件和 Twitter。这种名人效应加社交媒体营销的方式使得愤怒的小鸟在极短的时间内就做到了家喻户晓,即便是没有玩过游戏的人也听过其大名。可以说,正是这种成功的社交网络营销策略助推了小鸟游戏井喷发展的势头。

关键词　愤怒的小鸟,名人效应,社交媒体营销

案例导读　一群小鸟为报复偷走鸟蛋的肥猪们,用自己的身体作为武器像炮弹一样去攻击肥猪的堡垒,这款名为"愤怒的小鸟"的手机游戏在苹果应用商店AppStore 上架后迅速红遍全球,成为最热门的手机应用之一。2010 年 1 月"愤怒的小鸟"首次发布,之后很快在芬兰的手机游戏销量榜排到第一,旋即风靡全球,在近 80 个国家的苹果供应商店销量居首。每天,来自世界各地的游戏用户们在这款手机游戏上花去的时间总计达 2 亿分钟——相当于 16 年。"愤怒的小鸟"的粉丝遍布世界各地,其中不乏很多知名人士,例如英国首相卡梅伦,数位著名美国电影明星等。很多人还通过各种方式表达他们对"愤怒的小鸟"的喜爱,有的寄来感谢贺卡和发来邮件,有的把其中的画面制作成相应的蛋糕,还有的在现实中建造游戏中的小屋。《纽约时报》还将其称为 2010 年最不可思议的狂热流行文化之一。

5.2.1　公司简介

Rovio 娱乐是一家颠覆行业的娱乐媒体公司,成功打造了全球闻名的"愤怒的小鸟"形象。

Rovio 成立于 2003 年,当时来自赫尔辛基理工大学(Helsinki University of Technology)的学生 Niklas Hed, Jarno V&.auml, kev&.auml, inen, 以及 Kim Dikert 参加了由诺基亚、惠普赞助的手机游戏开发比赛,并凭借一款实时多人游戏"卷心菜世界之王"一鸣惊人。这 3 人最后成立了自己的公司并且将卷心菜世界之王出售给了 Sumea(现在的 Digital Chocolate),并更名为鼹鼠战争,成为第一个商

业化的实时多人手机游戏。

2005 年 1 月,他们收到第一份天使投资,公司更名为 Rovio,公司转型为一家成熟的 2D Java 游戏开发商和发行商。最初游戏涉及的题材包括生存、策略以及 RPG 游戏。2005 年 9 月,Rovio 推出了其一系列大作包括 Darkest Fear(漆黑惊栗)以及 War Diary:Burma(战争日记:缅甸),一经推出,其创新的游戏设计便获得评论家的一致好评。

随后,Rovia 又陆陆续续推出了 51 款基于不同平台的手机游戏,其中不乏一些获奖的游戏。然而,由于各种各样的原因,这些游戏并没有获得更大的成功。

直到 2010 年,Rovio 发布了公司迄今最为成功的作品之一,即"愤怒的小鸟"。这是一款基于智能手机触摸屏的休闲解谜游戏,并因此在 2010 年以后成为一种全球现象。"愤怒的小鸟"游戏不断地在全球刷新成功纪录,Rovio 从此迅速扩张至了一系列新的商业领域,如媒体、衍生品、出版、服务等。

2012 年 6 月 14 日,随着数字剪裁仪式的成功举行,Rovio 上海办公室正式投入运营,并宣布了在中国的活动公园和零售店的计划。随着 Rovio 娱乐海外第一个办公室在中国上海成立,2012 年 6 月 26 日官方中文网站正式上线。Rovio 将把娱乐影响力扩展至中国,紧密地与中国的千万粉丝们沟通交流。根据 Rovio 的预计,2012 年公司的利润在 1 亿美元左右,这与 1 年前 1 000 万美元的利润相比,增长非常快。同时,Rovio 宣布计划将于 2013 年在香港挂牌上市。

5.2.2　移动游戏行业分析

1) 市场概况

自 2007 年苹果 iPhone 推出以来,智能手机游戏快速增长;2009 年 iPad 面市后,平板电脑游戏出现增长。目前以 Android 设备为基础的移动游戏市场是增长最快的市场。随着"愤怒的小鸟"等游戏的大获成功,移动游戏公司开始大把赚钱,这些公司的估值也在大幅增长。

截至 2012 年底,移动游戏市场规模约为 80 亿美元,仅占了整体游戏市场的一小部分,游戏机游戏、网页游戏、Facebook 游戏仍占主导地位。3D 游戏先驱者 John Carmack 认为,移动游戏技术将在 2015 年左右超越游戏机游戏。市场研究机构尼尔森发现,游戏仍是最受欢迎的应用程序。同时,平板电脑游戏可能将市场引向一个新方向。而根据投资银行 Digi-Capital 分析师 Tim Merel 预计,到 2014 年,移动游戏市场规模将达到 130 亿美元。移动和在线游戏市场规模总计可达到 440 亿美元。

任天堂和索尼曾通过 DS 和 PSP 等设备统治过移动游戏市场,但是苹果通过自 2007 年以来已售出的超过 2 亿部 iOS 设备破坏了这一市场。总计 42.5 万个

iPhone 应用和 10 万个 iPad 应用被下载超过 150 亿次,苹果迄今为止已经向其开发者支付了 25 亿美元。这意味着,进入移动游戏市场的门槛降低了很多,即使是小型开发商的产品也能被下载上百万次。

2) 主要竞争者分析

移动游戏市场的竞争也异常激烈,每款应用平均获取营收 5 882 美元,根本不足以支持开发者巨大的生态系统。任天堂 CEO 曾公开表示,目前智能手机游戏市场存在如此多的免费和 1 元软件是不健康的,这也是该公司避开这一市场的原因。

Digital Chocolate 公司首席执行官 Trip Hawkins 曾警告称,智能手机平台游戏过剩,每款游戏平均收入微不足道。太多垃圾的存在最终将毁掉这一市场,不仅消费者找不到好的游戏,而且带来很多非常糟糕的体验。如今,App Store 中有64 048 款游戏,每天诞生 291 款新游戏。

而在这种大环境下下,社交游戏开发商 Zynga 依旧每季度产生 2.35 亿美元营收,该公司用户人数超过 Facebook 平台排名靠后的 15 家开发商用户人数总和。Zynga 已于 2011 年正式登陆 NASDAQ,上市估值达到 200 亿美元。

很多大公司也已经在这场战争中投入大笔资金,EA 在 2005 年斥资 6.8 亿美元收购了游戏制造商 Jamdat,这家公司专门为智能手机开发游戏。EA 目前已经推出了一些很热门的 iPhone 应用。其他游戏公司也进行了大笔投资,包括Gameloft、RNgmoco、Digital Chocolate、PopCap Games、Glu Mobile、GameHouse、Capcom 等。移动游戏市场较为成功的创业公司包括 Storm8、Pocket Gems、TinyCo 等。

3) 消费人群分析

根据机构 Newzoo 的数据显示,截至 2012 年底,移动游戏玩家有 12 亿,美国移动游戏用户数已增至 1.01 亿,多为智能移动终端用户;其中 69% 为智能手机游戏用户,另有 21% 为平板电脑游戏用户。

除了游戏用户数目的增长,移动游戏领域还呈现出由"非付费"向"付费"转化的趋势。截至 2012 年底,美国市场付费移动游戏用户数达 3 700 万,较上一年增长了 35%。而亚洲是目前全球最大移动游戏市场,预估 2015 年亚洲移动游戏市场为32 亿美元,其次为美国市场。

对游戏用户进行进一步分析发现,大部分玩家的每月手机游戏支出约为 8~15 美元。而这其中,25~34 岁女性玩家平均每月花费 12.92 美元,比起同年龄层的男性玩家 7.8 美元高出很多。玩移动游戏的人群多是利用碎片化的时间进行游戏体验。46% 的移动用户每天都玩游戏,并且大多数玩家倾向于含有广告的免费应用,而不是收费的应用。五分之四的智能机用户和十分之九的平板用户玩过移动游戏。4~14 岁的孩子们使用掌机玩移动游戏比平板多,不过差距在逐渐缩小。

根据消费者应用搜索引擎 Xyologic 的数据显示，在应用方面，用户 80％的搜索是根据自身兴趣，比如高尔夫或者赛车游戏等，余下 10％是由于灵感，5％是因为功能，另外 5％则是因品牌。

5.2.3　案例背景

2003 年时，Rovio Mobile 的创办人之一尼可拉斯·赫德在他所就读的赫尔辛基大学参加了 Nokia 及 HP 所赞助的手机游戏设计比赛。他与其他两位队友以一款即时多人对战游戏"卷心菜世界之王（King of the Cabbage World）"赢得了冠军。他们也因此与比赛的策划者之一，当时任职于 HP 的维斯塔巴克结下了不解之缘，维斯塔巴克当时对于他们制作游戏的潜力感到相当吃惊，同时也鼓励他们制作更多的游戏以累积经验。

尼可拉斯随后在 2004 年将"卷心菜世界之王"的版权卖给 Sumea（现在的 Digital Chocolate 公司，代表作品有"军队大进击"、"僵尸满屋"等），并以这笔资金创办了游戏公司 Relude。他邀请了他的兄弟米凯尔·赫德担任公司的执行总监，并以替 Sumea 承包游戏开发的工作为最主要的收入来源。

同年年底，Relude 正式更名为 Rovio，并开始正式进军手机市场，公司的规模也扩大至 50 人的规模。然而，虽然公司的前景看似一片看好，作为公司 CEO 的米凯尔却对公司的现况感到忧心，他认为一味的替其他大型的游戏公司外包工作固然相当稳定，但他更希望公司能够拟定一个长期的目标，并加强相关的行销能力，以便能在未来打造出一款足以代表公司的作品。然而公司主要投资者却与他抱持相反的意见，在几经波折之后，米凯尔愤而决定在 2005 年离开公司，并转而从事印刷相关的工作。

在米凯尔离开后，Rovio 开始承接 EA 等大型游戏公司的程式外包开发工作，其中包括"Darkest Fear"、"Desert Sniper"等游戏，但由于 Rovio 倚赖外包工作的经营模式太不稳定，纵使花费心力研发的游戏大卖，最终获得最大利益的仍是发包的游戏发行商。渐渐的，Rovio 开始不足以支付日益庞大的人事开销及研发费用，并在 2007 年开始支遣员工，在 2009 年初时，公司竟落的只剩下 12 人左右的规模。

尼可拉斯无法眼睁睁地看着一手创立的公司就这样倒下，于是决定找回兄弟米凯尔重新复兴 Rovio，最后米凯尔终于在 2009 年年初重返 Rovio。而在米凯尔缺席这段期间，苹果发布了震撼手机市场的 iPhone，并提供了令游戏开发者趋之若鹜的苹果线上商店 AppStore。米凯尔观察到 iPhone 的使用者几乎涵盖了绝大多数的年龄层，同时也逐步成为一个极具代表性的平台，他认为只要能在 AppStore 取得成功，便也能在其他智能型手机市场取得优势。

终于在 2009 年 3 月，Rovio 的游戏设计师伊萨罗绘制出了"愤怒的小鸟"最初的概念图,那些看似愤怒但没有翅膀和脚的鸟儿的逗趣模样随即引起了公司内部多数员工的兴趣。因此 Rovio 随即决定展开这个游戏的相关开发工作,并在开发初期投入了相当于人民币 60 多万的开发费用。

但或许你不知道,其实"愤怒的小鸟"初期的游戏进行模式与现在相差甚远,在一开始的设定中并没有弹弓,各种颜色的小鸟也没有各式各样专属的特殊能力,玩家只要利用特定颜色的小鸟去碰撞带着相同颜色的积木并可完成关卡。

当时参与游戏内部测试的玩家大多都反应鸟儿缺乏了摧毁积木的动机,为了赋予游戏更多的故事性,Rovio 决定利用当年猪流感大流行的话题,在游戏中加入了看似生病、爱偷鸟蛋的绿色小猪们作为鸟儿们的敌人。

在历经 9 个月的研发之后,"愤怒的小鸟"终于在 2010 年 1 月登上芬兰的苹果线上商店,而这也是 Rovio 迈入第 8 年所制作的第 52 款游戏。

由于芬兰的手机游戏市场规模并不大,因此"愤怒的小鸟"在初期仅靠口耳相传便顺利地以数百次的下载次数登上了冠军,但游戏的潜力当然不止于此。"愤怒的小鸟"随后也在丹麦、瑞典、希腊、捷克等规模较小的游戏市场取得了成功。

但若是要真正地将"愤怒的小鸟"推广至主流的英美市场,则必须依靠完善的营销策略及媒体资源。

5.2.4 产品介绍

1) 游戏简介

愤怒的小鸟游戏画面卡通可爱、充满趣味性,但是也不乏难度和挑战,这让此款游戏在很短的时间内赢得了很高的人气,成为了近年来人气最火爆的益智游戏之一。玩家通过轻拉弹弓来射击,夺回被一群笨猪偷走的鸟蛋。游戏有一定的技巧性,需要合理利用力学原理. 游戏最早由 Rovio 公司于 2010 年初推出,目前共支持 8 种语言,并可以在 10 大平台上获得游戏体验。

2) 游戏玩法

游戏的玩法很简单,将弹弓上的小鸟弹出去,砸到绿色的肥猪,将肥猪全部砸到就能过关。鸟儿的弹出角度和力度由手指来控制,要注意考虑好力度和角度的综合计算,这样才能更准确的砸到绿皮猪。而被弹出的鸟儿会留下弹射轨迹,可供参考角度和力度的调整。另外每个关卡的分数越多,用小鸟数目越少,击中目标类型越少,评价星级将会越高。

3) 游戏特点

游戏过程不能跳关(除了夏日猪餐版和圣诞节外),而只能是从第一大关的第一小关开始,一个关卡一个关卡地不断摸索,才能以更高的成绩顺利晋级下一关。在一关一关地不断磨练和熟能生巧之后,玩家们需要做的就是不断地让每一关都能获得高分数和至少三星的游戏效果,不然以后获得金蛋的机会就很少。此外,砸金蛋也是有技巧和方法的,而不是盲目地将游戏从头体验到尾就能轻易获得的。

在游戏中最重要的还是要足够的熟练度以及对游戏整体的把控,需要游戏玩家能够投入足够的耐心和耗费足够多的时间去进行体验,另外就是要掌握足够多的技巧。

4) 主要游戏平台

(1) iOS平台。

"愤怒的小鸟"是一款首发于 iOS,而后跨平台的触摸类游戏。愤怒的小鸟为了护蛋,展开了与绿皮猪之间的斗争,触摸控制弹弓,完成射击。

目前 iOS 平台上的最新版是 3.0.0 版,增加了一种新的鸟"粉黛",而且增加了31 个新关卡(15 关 BirdDay Party,15 关 Bad Piggies,1 关 Golden Edds)。

(2) Facebook 平台。

2011 年 3 月 6 日消息,据国外媒体报道,芬兰 Rovio 公司证实,2011 年晚些时候"愤怒的小鸟"将出现在 Facebook 上。这对喜欢"愤怒的小鸟"游戏的人来说肯定是个不错的消息。Rovio 首席执行官米凯尔•赫德(Mikael Hed)称,Facebook版"愤怒的小鸟"与其他版本不同,会有全新的游戏功能,如"协作"(与朋友合作,就像多角色游戏)和排序,并且由于社交网站的特殊性,"这些小猪将有更大的作用"!

Rovio 业务开发主管彼得•维斯特巴卡(Peter Vesterbacka)暗示,另一方面"愤怒的小鸟"可能很快就会进入电影、电视、卡通里,而不只是游戏。游戏的衍生产品(包括体育游戏和飞车游戏)都在开发中。维斯特巴卡表示:"我们将建立一个综合性的娱乐特许经营店,可购买游戏、电影、电视、卡通等"。

5) 游戏成功原因

首先,Rovio 公司在设计之初,就在貌似平淡的游戏故事身后设定了若干隐藏条件,游戏操作非常简单,所有的操作只要一拖一放即可完成,最耐人寻味的是其对碎片时间的利用,经过调查发现,手机用户玩游戏的时间一般不超过 15 分钟,"愤怒的小鸟"就正好控制在这个时间范围内,有效地填补这段碎片时间。

其次是关卡设置合理,绝大部分手机用户仅仅依靠画面就能在 2 分钟内了解游戏规则和玩法,但是要全部过关就不那么容易了,如果玩家前一级没有过关的话,那么就不能玩以后的游戏。这样的设置激发了客户的好胜心,确保在每一个阶段客户都有追求新目标的动力。

此外是品牌运营得当。制作团队围绕"愤怒的小鸟"开发周边产品如毛绒玩具等,此外还组织粉丝聚会、线下活动、电影拍摄,努力延伸"愤怒的小鸟"整个品牌的娱乐效应。

最后还有一点,也是这个案例接下来需要着重讨论的,就是游戏的推广线路非常有效。据该公司 CEO Mikael Hed 说:"在市场方面,我们没有什么特殊的资源,我们没有进行任何传统广告和社区宣传,只是工作人员认真回复人们的每一封邮件,Twitter 上的每一个 Tweet,依靠口碑相传,积极和玩家进行社区互动。"

5.2.5　案例正文

1) 传播策略

(1) 采用病毒式传播方式,选择人口比较少的芬兰、瑞士、丹麦、希腊等国家作为前期市场,这些国家只需要几百次的下载量就可以成为最畅销的游戏之一,这样就可以轻易地打开市场。随后再进入人口比较多的英国,因为有玩家基础,避免了快速死亡的命运。为了与苹果公司合作,Rovio 用超低价格——每次下载仅需0.99美元的诱惑打动了苹果公司,成功进入苹果的 AppStore。

(2) 选择"反传统"的推广模式,利用社交媒体上的名人评价为其做免费广告。

(3) 积极在社交平台上与玩家互动,欢迎玩家参与到设计当中。

2) 传播时间

2010 年 1 月~3 月。

3) 目标受众

一位资深游戏开发人员曾指出,手机用户玩游戏的时间一般不超过 15 分钟,"愤怒的小鸟"就正好控制在这个时间范围内,容易黏住客户的手机游戏通常具备随玩随停的特征,能够有效填补"碎片时间"。现在玩手机游戏的多以 80 后 90 后为主,因为工作生活的关系,他们拥有较多的零碎时间,比如坐公交和吃饭的间隙,随玩随停的手机游戏方便人们以此来打发这些碎片时间。更为重要的是,他们下次还可以接着玩,不用从头再来,这也正是"愤怒的小鸟"吸引人之处。

4) 关键环节

(1) 起步:借助 Facebook、Twitter 广为传播。

"愤怒的小鸟"顺应了时代的发展,借助了互联网最时髦的 web2.0 工具,在Facebook 创建粉丝页面(Fan Page)进行品牌宣传,这是营销第一步,也是最简单、最重要的一步。2010 年初,小鸟迅速飞进 Facebook,而截至 2012 年底粉丝数量已经超过 2100 万。

之后再通过定制化 Twitter 进行推广,也就是目前国内流行的"微博推广",比如群建账户、做微博活动和促销服务。在游戏最初上线的 4 个月内,公司几乎没有做任何广告投入。让小鸟们飞得更远的秘诀是与玩家保持充分的互动。2011 年Rovio Mobile 40 人的团队中就有 23 个人专门负责回复粉丝的邮件,在 Twitter 上与粉丝互动。粉丝们的意见甚至被纳入到游戏的开发中,譬如 5 岁的伊凡设计了一个关口,他的母亲将图样寄给了 Rovio 公司,"愤怒的小鸟"就完全按照伊凡的图样设计了一个关口,这一关就叫伊凡关。

(2) 引爆点:进军苹果 App Store。

起初"愤怒的小鸟"没什么名气,游戏只能放在小 App Store 应用商店上,在芬兰、瑞典、丹麦等国家取得了小小的成功。

而此时,Rovio 并没有闲着,通过新闻稿发布(软文)、将游戏发往评测网站,发布关于游戏一切的文章,获得更多大众口碑上的认可。

后来"愤怒的小鸟"借助了游戏开发商 Chillingo 与苹果的关系,终于把游戏放到了苹果的 AppStore 应用商店中,进入了主流市场,同时 Rovio 还在 YouTube 发布了一段视频来介绍这款游戏。而随着"愤怒的小鸟"不断成功,Rovio 也无需在发布评测文章了,很多网站会主动缮写产品的优缺点。

(3) 拓展更多市场。

随着游戏在 AppStore 的成功,Rovio 还应用到了 Android 平台、Facebook 平台、PC 平台、MAC 平台、Windows Phone 平台、Play Station 平台、PSP 平台和 Chrome 平台,凡是大众接触到的电子设备,Rovio 都有开发,让"愤怒的小鸟"无处不在。

同时,游戏也出了 6 款季节版和 1 款电影版:夏日猪餐(Summer Pignic),万圣节版,圣诞节版,情人节版,三叶草版,复活版,里约大冒险版,每个版本都针对季节和电影情节重新设置新的关卡和新的场景:①"夏日猪餐"版本中,开发商 Rovio 开始推出游戏内赠送贺卡的服务;②"万圣节版"中原来的射击目标猪头全部要么被万圣节南瓜包围,要么头顶南瓜。游戏的环境中都充斥着万圣节的气氛,南瓜灯、面具等随处可见;③"情人节版"的特点有三个:a. 浪漫的情调,温馨的界面。游戏营造的温馨浪漫的氛围情调让用户感受绝深刻,用户只要打开游戏就可以看到,游戏的主界面,大家熟悉的"Play"按钮也被装饰成丘比特之箭的造型。b. 新游戏,新关卡。愤怒的小鸟情人节版沿袭该游戏一贯的季节版特色,伴随着形象角色的改变,游戏内容效果也有较大的改变。c. 丘比特之箭,个性化体验。游戏开始时比较让人感觉到新鲜的当然是游戏中的背景、音效以及操控丘比特之箭,游戏中的个性元素也非常多,诸多渲染效果让游戏玩起来更具有甜蜜的氛围,能够获得非常好的体验。④"三叶草版",圣帕特里克节是爱尔兰的一个传统节日,绿色和三叶草是两大象征。这个节日的两个特点三叶草与满眼绿色都会被体现在游戏里,比如猪头小队的绿帽子。官方之前透露在游戏中会内置一个 0.99 美金的道具,类似原版中"神鹰"的功能,不至于让玩家在某一关卡受阻。⑤在"复活节版"里加入了许多彩蛋和戴着兔耳帽的猪,和往常的季节版一样,这次的复活节版依然是免费提供,在内容上增加了 15 个新的关卡和 3 个奖励关以及大量复活节必备的彩蛋。而猪猪们这一次则是带上了可爱的兔子耳朵,而且背景音乐也换成了超有活力的欢快风格。

借机"愤怒的小鸟"推出的毛绒玩具、T 恤衫等周边产品也很受欢迎,譬如粉丝们在苹果系统里能很方便地进入应用商店,买到关于小鸟的一切衍生产品。而且免费下载的 Android 版本,也能通过广告从中获益。

5) 传播效果

由芬兰 Rovio 公司开发的小游戏"愤怒的小鸟"在商业上所获得的成功已毋庸置疑。据不完全统计,截至 2012 年底,"愤怒的小鸟"在苹果公司的网络应用软件零售商店上的累计总下载次数超过 1 亿次,其中付费下载已超过 1 300 万次,游戏创造营收 7 000 万美元,而其中通过下载产生的收入超过 800 万美元,而"愤怒的小鸟"的研发费用仅仅为 10 万美元。与此同时,这款小游戏已在全球 68 个国家和地区成为历史上下载最多的付费应用,并在全球积累了 7 500 万粉丝,粉丝中甚至还有英国首相卡梅伦、足球明星加斯科因、作家萨尔曼·拉什迪等名人的身影。

5.2.6　案例分析

Rovio 用了许多种推广方式,最终目的是吸引更多用户去下载这款游戏,推广方式万变不离其宗,无论是软文推广、SNS 营销、视频推广还是口碑营销,最终目的是为了推广自己的产品让大家使用,为了推广而推广将变得毫无意义。

Rovio 的一切推广可以说都是基于不断创造和加强游戏本身对于用户的吸引力。首先,Rovio 善于利用社交媒体的名人效应为其做免费广告。最初,Rovio 便是利用一位著名滑雪运动员对其高度的评价打开了游戏市场。之后,每次知名人物在公众场合对游戏的评价和言论,都会被其截取下来并制成视频,放在网络上,然后利用社交网络的力量进行宣传。公众人物的推荐使更多的玩家产生了好奇心,比如这款游戏在中国的风靡,也许和李开复自己扮演一只愤怒的小鸟有关。其次,Rovio 还不断与玩家进行互动,积极听取玩家的意见并将其运用到游戏的改进过程中。来这样的营销策略设计相当巧妙,它不仅充分调动了玩家的参与热情,更关键的是它解决了一款游戏持续更新的创意来源。来自社交网络上成千上万的粉丝提供的创意和意见对改进游戏本身,起到了至关重要的作用。用户和开发公司的这种良性互动帮助"愤怒的小鸟"拥有更加持久的生命力。

从 2003 年公司建立到 2010 年初进入 App Store,Rovio 用了 7 年。在一个产品的传播过程中,同样也会经历一个漫长的低效的传播过程,这个时候,用户的增长是十分缓慢的,而当用户累计到某个点的时候,会出现一个非常快速地增长的过程,从一个缓慢的增长曲线变为指数级的增长趋势,而从低速到快速地转变是非常迅速的。

一切成功源自积累,与许多人的急功近利、心态急躁相比,Rovio 算是足够耐得住寂寞了。Rovio 在连续推出 51 款不太成功的游戏之后,终于凭借"愤怒的小鸟"打了一个漂亮的翻身仗。Rovio 作为一家移动互联网的游戏运营商,它的成功给了我们很好的启示:

1) 简化业务,优化管理

对于移动互联网的游戏运营商来说,简化业务可以保证客户范围的扩大,但也意味着更加集约化的内部流程控制。一方面,要简化业务使用,要意识到在移动终端这样一个运算能力较低、注重随时随地、短暂时间的应用平台上,一个简单的贴近客户、方便手指操作的应用,往往比复杂花哨的应用更能获得客户的青睐。另一方面,要简化业务收费,让客户在一定范围内自由选择新业务,但尽可能让客户一键使用、一键收费。

2) 开展客户互动,探索口碑宣传

互动的目的在于增加和客户的沟通,把经营过程变成与消费者善意的交流。游戏运营商在设计各种产品、套餐的时候,除了专业的市场营销人员之外,更应适当地听取一些有代表性的客户的意见,比如网络玩家、商务人士、女性客户等,倾听他们对产品的诉求,关注客户兴趣点,以平等沟通真正融入消费者群体,这种倾听交流产生的影响力往往比传统的广告"轰炸"更给力,费用也更低,同时也是自身产品不断改进和创造的灵感源泉。

3) 深化品牌策略,延伸品牌价值

以往,游戏运营商在品牌建设上,"短平快"的策略较多,重视造势和宣传,习惯使用短期指标衡量品牌建设效果,而对品牌元素、品牌关系、品牌文化等一些长期指标比较忽视,在品牌延伸建设上,对品牌的价值挖掘深度不够。目前的移动互联网融合业务越来越多,因此,运营商在营销时,对外要设计全方位营销活动,有序添加全业务品牌新元素,分别面向政企客户、公众客户、校园客户等客户群和客户服务建立品牌延展,顺势建立强大的品牌号召力。对内要确保员工和营销伙伴深刻了解各种产品的品牌理念,保证员工、合作伙伴、客户能产生一致的品牌共鸣。此外,要把品牌和其他品牌、代言人、活动、第三方资源联系起来,辅助客户产生品牌联想,延伸品牌价值,扩大品牌整体资产。

5.2.7　案例点睛

1) 巧妙借用社交媒体名人效应,提高宣传效率

利用名人来给品牌做代言可以说是最古老的营销伎俩;但与众不同的是,如果通过社交媒体这样做,利用名人与粉丝之间的社交媒体联系以及社交媒体传播的简洁性和高效性,能在最大限度降低营销成本的前提下很好实现传播目标。

2) 从社交媒体粉丝到品牌拥趸

粉丝数量并不是品牌在社交媒体上价值的唯一指标。是否能将粉丝变成品牌的忠实拥护者,让他们为品牌摇旗呐喊才是品牌社会化媒体营销的成功标志。在社交媒体上,品牌与其拥护者间建立起一种良性互惠关系:品牌是用户的朋友和传声筒;拥趸是品牌宣传员甚至共建者。而这一切都源自于品牌体验的建立,以及品牌与用户间关系的培养。

5.3　乐事薯片开心农场植入式营销

案例摘要　2009 年,开心农场成为了学生和白领人群中的热门话题,趁着人们乐此不疲地在网上种菜、偷菜之时,乐事薯片选择与人人网合作,联合推出了一款网页游戏——乐事农场,游戏内容就是种植土豆、土豆加工、薯片销售及乐事薯片包装。乐事公司成功地将其产品品牌信息植入游戏当中,既让用户在玩乐中增加对产品的虚拟体验,又让乐事薯片 100% 纯天然的主题概念得到充分的体现。乐事薯片同时启用泛关系链传播,引导用户在人人网游戏中不仅自己享受在土豆成熟后加工成为乐事薯片的乐趣,还将该活动介绍给自己的朋友。乐事公司还通过人人网的首页黑板报推广及网页内部的通栏广告的推广,使得更多人了解游戏的信息。除此之外,乐事公司通过 APP 频道植入推广、SNS 特有的好友消息推广方式及 SNS 讨论群推广方式将此次活动最大限度地在人人网进行了宣传,使得乐事薯片在此次网络中活动获得非常好的效果,也使更多的乐事薯片目标客户更加了解乐事的品牌精神和产品 100% 纯天然的特点。

关键词　乐事农场,植入式游戏,泛关系链传播

案例导读　"快去农场收粮食啊,不然就被偷啦!","今天你去农场了吗?"这两句话成为 2009 年白领、学生最常说的一句话。在人人网(学生聚居地)热火朝天的开心农场成为了人们 2009 年"度假"最佳去处,用户平时的主要活动是以"农户"的身份在自己的"农田"中选择种植各种农作物。"开心农场"是 2009 年 2 月才上市的一款 SNS 应用,以农作物的种植、农场的经营与装扮为主题,因其准确的诉求点、优秀的易用性、清新雅致的界面,在短短几个月内迅速聚集了大量人气,成为几大 SNS 平台上最为火爆的休闲游戏之一。乐事公司联合人人网推出了一款以其品牌命名的社交网页游戏:乐事农场。这款游戏大致模仿现今各大 SNS 正火爆上演的"开心农场",游戏内容就是土豆的种植、薯片的加工,以及土豆与薯片的销售,还有乐事品牌华丽的包装设计。在游戏中,用户可以在土豆成熟后将其加工成为乐事薯片,可爱独特的植入性广告在该游戏中受到了用户的广泛青睐,巧妙地满足了用户好奇心,并且宣传了乐事薯片 100% 天然的特点。

5.3.1　公司简介

百事公司是全球食品和饮料行业的领导者,年净收入逾 650 亿美元,旗下品牌系列中有 22 个品牌的年零售额都在 10 亿美元以上。百事的主要业务包括桂格麦

片食品、纯果乐果汁、佳得乐运动饮料、菲多利休闲食品和百事可乐饮料,以及其他数百种美味健康、全球消费者喜爱的食品及饮料产品。2011 年,百事公司在由《财富》杂志评选出的"世界最受赞赏的公司榜"上排名第 26,在"最受赞赏的消费食品产品榜"上排名第 2,并在 2012 年财富 500 强排行榜中排名第 133 位。同时,百事还在瑞士公司 Covalence 的"最具商业道德企业榜"上名列前茅,在 18 个行业的 581 个公司中以优异的商业道德名誉排名第 3,位列食品和饮料类别第 1。2012年,百事公司被《福布斯》杂志评为 2012 年度美国 10 大最佳声誉公司之一,并且再次荣登美国《企业责任》杂志公布的年度"最佳企业公民"前列,该榜单被认为是美国 3 个最重要的商业排名年度评选之一。

　　百事在中国的历史可以追溯到中国实行改革开放之初。1981 年,百事可乐与中国政府签约并在深圳兴建百事可乐灌装厂,成为首批进入中国的美国商业合作伙伴之一。截至 2012 年,百事已在全国各地先后建立了 40 多家合资或独资的企业,总投资超过 10 亿美元,直接员工近 10 000 人,提供间接就业机会达 150 000 个。百事公司在中国经营的主要品牌包括:百事可乐、美年达、七喜、佳得乐、果缤纷(纯果乐)果汁、草本乐、乐事薯片、都乐果汁、立体脆、奇多、冰纯水、桂格麦片,等等。

　　乐事(Lay's)为百事旗下公司,在英国和爱尔兰称为 Walkers,埃及称为 Chipsy,越南称为 Poca,以色列称为 Tapuchips,墨西哥称为 Sabritas,是一种马铃薯片系列的商品名,也是一个创立于 1938 年的马铃薯片的品牌。自 1965 年起乐事薯片作为百事公司所拥有的菲多利(Frito-lay)的子品牌销售。其他菲多利旗下的商品包含多力多滋、波乐、奇多等。在 Superbrands 中国 2013 年度庆典上,百事公司旗下的"乐事"品牌名列"2013 Superbrands 中国人喜爱的品牌"之一,并且是中国消费者最喜爱的咸味零食产品。

5.3.2　薯片行业分析

1) 市场概况

　　随着 50 多年来世界科学技术的发展和新工艺、新材料不断出现,尤其是包装材料、包装机械和包装技术的快速发展,油炸马铃薯片的加工、生产在全世界形成了一个巨大的产业,全球油炸薯片年销售额也已突破 200 亿美元。

　　薯片是目前我国市场上最为常见的一种马铃薯食品,也是我国发展相对较快、有关投资方竞相投资的一个马铃薯食品加工项目。2012 年我国薯片行业总容量约 200亿元,其中油炸薯片 150 亿元,非油炸 50 亿左右元,总体年增长 20%~30%。

　　然而,目前国内薯片市场同质化仍比较严重,产品差异主要体现在口味、包装及价格方面,几个巨头品牌占领了绝大部分的市场份额。与此同时,我国的薯片市场已相对比较成熟,消费心理消费模式也基本上形成,但高层容量仍有潜力可挖。

乐事薯片是以"一口乐事不过瘾"为营销口号,并且走品牌路线进入市场的,所以市场还有很大的潜力。近几个季度以来,越来越多的消费者选择乐事世界风,从而带动了乐事薯片的发展。

2) 主要竞争者分析

根据 2012 年的相关数据统计,以上海薯片市场为例,乐事薯片的市场占有率为 29.9%,具有绝对的领先优势,而其他三大品牌(品客,可比克,上好佳)占有率合计则 30% 左右。下面对这三大竞争者产品进行简单的介绍和分析:

(1) 品客。

由美国宝洁公司在 1970 年首创发明的薯片。长期以来,凭借其独特的口味、无油腻感、携带方便、可分批取食等特点,品客逐渐成为风靡世界的一种休闲食品。

作为较早进入中国薯片市场的品牌,品客现已在中国薯片市场中占有自己的一席之地。其产品以其口感松脆为优势,加之在中国薯片市场刚刚发展时又以自身口味多,包装精美,耐储藏等优点成功占领市场。随后品客公司又进行一番广告战,让更多潜在消费者成为薯片的购买者。至此,品客仍在薯片市场中占有不容忽视的地位。

(2) 可比克。

可比克薯片是达利食品旗下的产品。福建达利食品有限公司创建于 1989 年,以生产膨化食品、蛋黄派、薯片、休闲食品等产品为主,旗下有好吃点、可比克等食品品牌。20 世纪 90 年代中期以来,"达利"保持了连续 8 年以年均 30% 的高速率增长,是国内发展最快的食品制造企业之一。可比克薯片由当红歌手周杰伦代言,分别有"薯我脆"、"薯我辣"、"薯我香"、"薯我鲜"等 4 种口味。

(3) 上好佳。

上好佳(中国)有限公司是一家致力于研发、生产和销售各种休闲食品的外资集团公司,产品深受广大消费者的青睐,在休闲食品领域享有很高的声誉。公司拥有世界领先的生产设备、先进的科学技术、严格的质量管理和庞大完善的销售网络。

对上述几种薯片产品作进一步的分析比较(数据来源于 2013 年 4 月超市实地调研):品客只有筒装 110g,价格稍高一点,在 8.5~9.5 元之间,口味较多,清凉脆爽,薯片的完整性较强;可比克的胶袋装 60g,价格在 2.5~3.5 元之间,筒装 110g,价格在 6.5~8 元之间,口味略少,薯片较厚,卖点清晰,形象生动,能在目标消费者心中留下深刻的印象;上好佳的胶袋装 60g,价格在 2.5~3.5 元之间,筒装 110g,价格在 7~8.5 元之间,为中国驰名商标;乐事的胶袋装 60g,价格在 3~5 元之间,筒装 110g,价格在 7.5~8.5 元之间,代言人主要有王力宏、张韶涵、孙燕姿,口味多样,清爽,薄脆。

3) 消费人群分析

目前乐事薯片的现有消费对象主要是年轻一族宅人,他们喜欢看电影和连续剧、玩游戏、看微博、聊 QQ、看视频,在家宅着,懒、惰、无压力,喜欢吃薯片,喜欢吃咸食,吃甜食容易腻,不想吃饭或在宅在家上网的时候会买薯片吃,即使说薯片有多不健康,他们往往也都不会在意。而潜在的消费人群为在聚会、看电影以及休闲的时候上网看视频的人群,他们是为了一时的口腹之欲,在压力生活下有一次放纵。在这种情况下,乐事薯片应该主要抓住宅人这一点,在微博、视频、游戏中植入乐事活动的广告,以引起大众注意,使大家购买参与。对乐事薯片的消费人群进行进一步调查发现,消费者喜欢吃乐事薯片最重要的原因就是因为乐事薯片的口味好,占消费者选择比率的 48.35%;产品包装、价格和朋友推荐分别占 10.0%。往下依次是品牌占 8.35%;休闲占 6.65%;产品色泽为 5.0%;广告为 1.65%。可见产品的口味好是乐事薯片的核心竞争力。

5.3.3　案例背景

乐事薯片进入中国以来,获得了巨大的市场成功,市场份额和品牌认知也长期位列第一。近年以来,乐事经过周密的市场调查,发现了消费者的一个新趋势:随着生活水平的提高,人们对健康食品的追求也在不断提高,有 94% 的消费者在饮食中会寻求无添加剂的产品。人们对于健康因素的关注度,也从 2008 年的 40% 增加到 2009 年的 65% 左右。然而,消费者对于薯片通常有一些不正确的认识,过往的宣传也大多夸大了薯片对于健康的负面影响。事实上,乐事薯片作为有长达近80 年经验的全球品牌,一直坚持采用了 100% 纯天然土豆,严格控制产品质量,在确保美味同时,不添加防腐剂,以保障消费者的饮食健康。这既是"简单自然,这就是乐事"口号的完美诠释,同时也符合消费者追求美味健康的生活的社会发展趋势。以此为契机,乐事不断寻求多方面的机会,来广泛沟通"简单自然,这就是乐事"的品牌理念,以实现与消费者的共鸣。

人人网(原校内网)作为 2009 年时中国最大的实名制 SNS 社交网站,聚集了乐事众多目标人群,且用户活跃度非常高。作为乐事品牌的传播重点,如何对他们进行乐事 100% 纯天然的品牌教育,更精准、更深入地传达乐事薯片 100% 概念,是乐事公司 2009 年的最大挑战。

5.3.4　产品介绍

薯片分为油炸型、复合型、速冻型。乐事薯片作为零食产品,其主要产品分为油炸型和复合型。由其产品特点,又将包装分为袋装和罐装(油炸型为袋装,复合型为罐装)。罐装薯片除原味外,主要口味为"乐事世界风"系列,如:韩式泡菜味,法国脆香鸡翅味,德克萨斯烧烤味,川香麻辣味等。袋装薯片虽同样也做"乐事世界风"系列,不过非常成功的是袋装薯片又推出了两个新系列——自然清爽和自然暖心。自然清爽主要为口感清爽型的口味,如:黄瓜味、青柠味、蓝莓味和奇异果味。自然暖心主要为热带水果口味,如:荔枝味、芒果味、樱桃番茄味。

乐事薯片产品在质量方面一直是行业领先的,采用国际先进的技术生产,原料采用绿色生态的优质马铃薯,所生产产品都通过国家质检总局的检验,并获得国际ISO9001认证。乐事薯片在中国市场上获得了消费者的广泛认可,被誉为"中国驰名品牌"。

乐事薯片的金黄剔透,来自它优秀的美国土豆种苗基因;乐事薯片的扑鼻清香,来自它美国专业生产技术的保鲜处理;乐事薯片的清脆声响,来自它全球统一的品质管理。这样美味的乐事薯片,不能不令人难以抗拒。

5.3.5　案例正文

1) 传播目标

针对乐事100％自然、纯粹、健康概念,结合人人网SNS优势,策划一次互动体验营销,让目标人群通过好友之间的互动,体验乐事品牌自然健康概念,并且通过SNS的传播优势,扩大乐事100％概念的覆盖与影响力。

2) 传播策略

(1) 乐事100％天然土豆概念的强化。

通过对消费者的洞察,乐事提出了"简单自然,这就是乐事"——100％天然土豆的概念,突显品牌自然、纯粹、健康的产品形象并通过各种传播渠道对消费者进行品牌教育和强化。利用人人网应用程序(APP)与SNS传播优势进行乐事薯片的植入式推广。

(2) 利用人人网应用程序(APP)与SNS传播优势进行乐事薯片的植入式推广。

利用在人人网上每日聚集着几百万消费者的、最热门的"开心农场",针对乐事100％纯天然、健康概念,结合人人网SNS优势,让消费者在种植的乐趣中,体验乐事土豆的"100％纯天然"产品特质,并通过SNS的传播优势,分享给他们更多的朋友。

3) 传播时间

2009年4月16日～6月3日。

4) 关键环节

(1) 品牌与APP的完美结合。

"开心农场"为种植类应用程序,在人人网非常火爆,安装用户数突破百万。同时,乐事薯片原料马铃薯与用户种植的品种非常契合,为乐事的植入提供了非常有利的平台。最终,乐事与人人合作推出了专门为乐事薯片设计的类开心农场游戏

"乐事农场"(如图 5-1)。同时,乐事农场每制作一包乐事可随机换得一段乐事的视频或图片,视频或图片统一使用一种创意,就是把乐事与快乐联系起来,如恋爱时边想着边吃乐事;看球时吃乐事;考上大学时吃乐事;等等。

图 5-1　乐事农场

来源:http://www.bisooo.com/chaozuoanli/shijianchaozuo/548.html。

(2) 产品原料的无缝植入。

将乐事"100％天然土豆种子"和"薯片加工机"等分别植入"开心农场"原料与道具中,用户不仅可以选择种植 100％纯天然的乐事土豆,还可以现场加工制造乐事 100％纯自然土豆制作出来的薯片,卖给或分享给好友。期间设置一定奖励机制,刺激用户重复参与体验。

(3) Minisite 营销补充。

为了捕捉到更多的非"开心农场"的人人网用户,让更多的用户参与产品体验,植入期间网站同步上线了乐事农场 Minisite 作为配合,使所有人人网用户都可以在其中体验种植乐事 100％纯天然薯片的乐趣。

(4) 人人网整合推广。

除了人人网优势广告资源、人人网 APP 频道及"开心农场"公告、讨论组推动之外,乐事还利用参与体验用户产生的人人好友新鲜事,对本次活动进行口碑式渗透推广。

5) 传播效果

从具体数据来看,乐事开心农场植入活动取得了非常好的效果。截止活动结束:

(1) 种植土豆人数:5 300 759;

(2) 购买工厂人数:3 853 294;

(3) 生产薯片人数:3 681 176;

(4) 拥有 TVC 背景人数:3 312 241。

人人网同步对推广效果从品牌知名度、品牌好感度、品牌认知度等方面进行了调查。数据显示,虽然乐事品牌在薯片消费市场已经足够成熟,但此次推广还是使其在"知晓度"方面有了更好的提升,从活动之前的 90.8% 提升到 95.1%。

在此期间,尼尔森同步也从品牌首选率、品牌好感度、销售意愿等方面进行了推广效果调查:

(1) 核心信息传播的达成:如图 5-2 所示,从活动前到活动后,用户对乐事薯片的核心诉求有了更加清晰的了解,认为乐事是"由 100% 纯天然马铃薯制成"的信息认识提升最多,由 25.5% 提升为 57.4%。

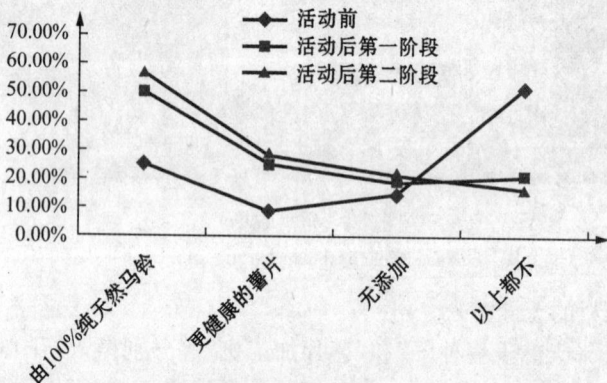

图 5-2　乐事农场活动前后乐事薯片认知程度

数据来源:2009 年 4 月到 2009 年 5 月人人网在线调查。

活动前:23 958 个样本,2009.04.04~2009.04.06

活动后第一阶段:30 334 个样本,2009.04.30~2009.05.02

活动后第二阶段:19 871 个样本,2009.05.27~2009.05.29

(2) 品牌好感度的飞跃:活动两个月后,用户对乐事薯片的喜好度提升近一倍,从 39% 提升至 72.4%。活动还给乐事薯片增加了不少的 23 岁以上消费者和薯片重度消费者(每周至少吃 1 次薯片及以上)。

(3) 购买意愿的提升:如图 5-3 所示,通过此次推广,更多的用户从"可能会"购买"乐事薯片"变为"肯定会"购买;从"可能会"首选乐事变为"肯定会"首选乐事。

在这两个月中,无论是预购还是首选,"肯定会"的所占比重均提高了一倍左右。

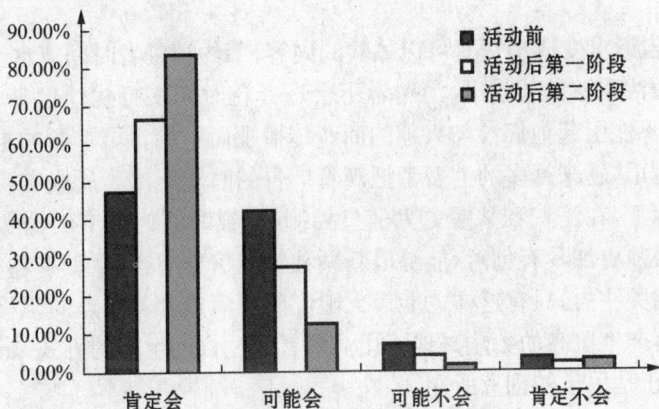

图 5-3　乐事农场活动前后品牌预购度

数据来源:2009 年 4 月到 2009 年 5 月人人网在线调查。

活动前:23 958 个样本,2009.04.04～2009.04.06

活动后第一阶段:30 334 个样本,2009.04.30～2009.05.02

活动后第二阶段:19 871 个样本,2009.05.27～2009.05.29

　　(4) 他们真的购买了吗? 如图 5-4 所示,有 65％的被访者表示在活动后的两个月内购买了乐事薯片。

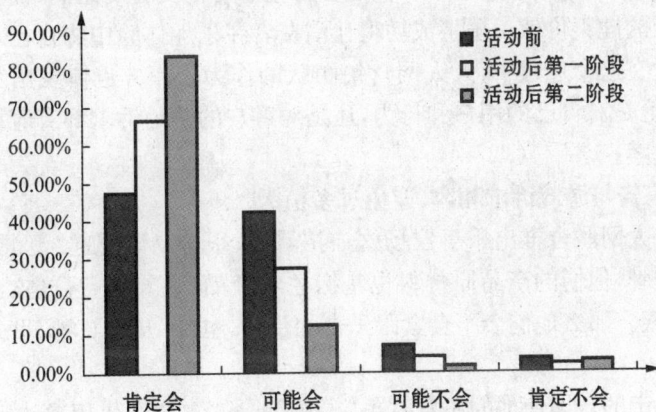

图 5-4　乐事农场活动前后品牌购买度

数据来源:2009 年 4 月到 2009 年 5 月人人网在线调查。

活动前:23 958 个样本,2009.04.04～2009.04.06

活动后第一阶段:30 334 个样本,2009.04.30～2009.05.02

活动后第二阶段:19 871 个样本,2009.05.27～2009.05.29

5.3.6　案例分析

1) 把广告诉求变成消费者可以体验的内容,节约消费者时间成本

在消费关注飘移的背景下,消费者不会选择花时间在打扰他们日常生活的商业传播上,对不能引起他们参与兴趣的商业传播视而不见。更重要的是,时间正成为一种新的货币,越来越多的消费者把观看广告的时间支出当成成本,在这种时间成本观的暗示下,在消费者掌握更大信息控制权、视时间为成本的消费时代,企业的信息传播必须更加具有创意,能够以新颖独特的信息内容、生动有趣的传播方式吸引消费者的关注力,只有这样才能最大限度防止消费者关注点的飘移,从而使他们对信息内容产生更高的关注兴趣。让消费者通过自己生产的方式来体验薯片的奇妙之处,这正是乐事的创意所在。

消费者并不讨厌广告,只是讨厌与自己不相关的广告。如何找到消费者心里的感觉按钮,使商业信息能够引起其共鸣或兴趣,这就是新媒体环境下,企业主所面临的最大挑战。在乐事与人人网的植入式营销案例中,乐事摒弃了常规的网络广告,而是把广告的诉求变成消费者可以体验的内容。

乐事这次很好地把握住了人人网这个百分百对口的市场,以游戏互动的形式将自己的品牌形象完美的植入目标消费者心中,更是巧妙地传播了自己的核心诉求,通过提供一个虚拟的薯片生产体验过程拉近了与消费者的距离,而且间接暗示了"绿色食品"的健康价值。乐事成功得让消费者在乐趣体验中将自己与竞争对手差异化。同时在这个过程中,人人网营销团队的作为合作方也体现出了自身的专业与强大,无论是对自己的用户和行为,还是对客户的营销诉求都有着极其深刻的理解和解决方案。

2) 商业广告与游戏诉求相容,避免过多植入

乐事与人人网联合推出乐事农场这一招,让人很容易联想起"汇源"、"统一"、"麦当劳"等品牌,他们的产品原材料也是绿色农产品,主要消费群体也是 SNS 的用户:年轻一族。那么他们会不会紧跟乐事的步伐,也到"开心农场"里去开个品牌专区呢?

答案是否定的。即使他们愿意背负"模仿"的恶名,游戏供应商也未必敢接这些单子。游戏与广告虽然并非水火不容,但是商业广告的过多植入会引起玩家的反感,尤其是在这种用户粘性不强的休闲游戏中,广告可能会直接扼杀玩家的活跃性。更重要的是,"开心农场"这款游戏最明显的一个诉求点就是回归自然、远离城市与工业,与现代文明的种种浮躁因子是不相宜的。

3) 品牌概念优化

针对此案例本身,还有一个应该思考的问题是:乐事"100％自然、纯粹、健康品牌概念"这一品牌概念是否是最佳的概念,乐事做的是薯片,薯片不是一种健康食品,这业已成为大家的共识。我们可以看到可口可乐、麦当劳也从来没有宣传过他们产品的健康性,因为营销中有一个基本原则就是不和固有的社会认知矛盾。乐事这一品牌中本身就带有快乐的属性,在制作品牌概念时理应将重点放在快乐上,把产品与快乐的感觉联系在一起,如"快乐时总有乐事相伴;乐事就是简单的快乐;乐事快乐的味道",等等。

网络宣传不能够落地就是一种浪费,网络中已经找到了目标客户群,不能够有效转化,就更是一种浪费。在此案例中还可以使用这样的流程:"开心农场"生产乐事——换得分享装乐事购券——乐事就是简单的快乐——分享装就是分享快乐。

5.3.7 案例点睛

1) SNS 平台核心机制推动

我们熟知的人人网、开心网、51 等 SNS 社区,它们通过把相同的属性(学校、公司、爱好、行业等)的消费者群体聚合起来,帮助消费者建立人际关系网络,形成信息共享机制,能有效激发消费者的活跃性和黏着度。精明的营销者会发现,将一款近似"乐事农场"这样的互动型应用接入 SNS 平台,往往能获得意想不到的推广效果。于是企业们开始利用 SNS 平台进行企业信息推广,同样发现传播效果更强,并能为企业带来巨大的品牌影响力,积累忠实消费者。另外 SNS 是定向垂直的,人群很集中,对于企业而言,"垂直"都意味着更精准,投放成本减少。

在 SNS 关系网络当中,任何一个朋友的一举一动都会迅速扩散到网络的每个节点,而每个节点受到感应后都会再进行相互影响,最终达到滚雪球的传播效应。利用 SNS 平台进行相关活动的推广,结合新颖有趣的互动创意点,能有效激发消费者间的主动性扩散传播和广泛参与度,可在较短的时间内使活动信息的传递最大化,将活动推向高潮。其次,SNS 的核心是人与人的互动,可通过互动娱乐的营销方式进行品牌、产品的软性植入,能让消费者在玩乐中潜移默化地体验产品信息,实现品牌、消费者的双向互动。

2) 产品与 SNS 游戏无缝连接,完美植入

乐事薯片此次的宣传活动采取了产品与 SNS 游戏无缝连接的形式,非常受目标群体喜欢。这种方法不仅不会使消费者反感,反而会引起消费者的共鸣和兴趣,并且让消费者企业的品牌理念和产品特点有了更多了解。乐事还同时在 SNS 圈子中采取多种推广方式,最大限度吸引消费者和网站注册用户的注意,达到了宣传的最佳效果。

5.4 　雀巢笨 NANA 冰淇淋

案例摘要 　它的长相酷似香蕉,只要像吃香蕉一样剥开它的黄色果冻外皮,你就能品尝到里边的牛奶雪条。它就是雀巢公司于 2012 年 2 月份推出的冰淇淋产品——笨 NANA。这款有着可爱名字的冰淇淋产品,自上市第一天起就火了。事实上,与一般冰淇淋相比,雀巢笨 NANA 在口味上并无太大差异,关键的卖点在于它是可以剥开吃的。好玩、可爱的特点,让它从面世起就拥有了先天的优势,然而更为重要的是雀巢公司在数字营销领域的周密布局。从产品上市前新浪微博大号的推广,到上市后与腾讯联合推出的主题游戏和微网站,到最后全方位社交媒体传播所带来的口碑营销,可以说,正是凭借其背后巧妙的社交营销手段,笨 NANA 才一步步火热起来,最终当之无愧地成为冰淇淋行业 2012 年的明星产品。众所周知,随着近年来的硬广软广泛滥,微博大号的传播价值一直属于普遍不被业内人士看好的鸡肋。但这次笨 NANA 产品由线上口碑传播成功转为线下热销,大号传播渠道覆盖优势尽显,无疑是微博营销最好的证明。

关键词 　笨 NANA,社交营销,口碑传播

案例导读 　一款售价仅 3 元的冰淇淋能有什么稀奇?但在上市仅仅两三个月中,雀巢笨 NANA 却在新浪微博、人人网等社交媒体中吸引了至少上百万人来讨论其有趣的吃法、哪里购买、味道如何。如果再算上他们的“粉丝”,这款 2012 年 2 月底才上市的冰淇淋产品已经吸引了超过千万人的注意力。当然,这款冰淇淋确实有点不一样:它很像香蕉,黄色外皮可以像香蕉一样剥开,剥皮后里面包的是牛奶雪条,外皮口感与果冻接近,也可以吃掉。就口味来说,这块冰淇淋并无稀奇,卖点在于吃的时候比普通冰淇淋多了一个“剥开”的动作。微博上的讨论也大多集中于此,比如“史上第一支可以剥开吃的冰棍”、“吃香蕉不吐香蕉皮”等带有趣味的评价得到了大量转发。“在新浪微博上,笨 NANA 的主动传播者已经达到百万名”,雀巢大中华区冰淇淋业务及品牌发展经理翟威尔(Oliver Jakubowicz)说道。截至 2012 年 3 月底,在新浪微博上搜索“笨 NANA”已有近 300 万条结果。社交媒体上的热议,直接迅速拉高了雀巢这款新产品的销量。截至 2012 年 4 月底,上市仅 2 个月的笨 NANA 已经成为雀巢大中华区销售排名第二的单品,仅次于已经推出七、八年的 8 次方冰淇淋。随着冰淇淋销售旺季的来临,笨 NANA 的“病毒式”话题传播变得更加广泛,最终成为了 2012 年排名第一的单品。这一切当然不是“意外走红”,而是精心策划的结果。从计划把笨 NANA 引入大陆那天起,雀巢就已经决定,改变以往冰淇淋产品大肆撒钱做电视广告的营销策略,替之以成本低得多的更强调与用户互动的数字营销。现在看来,雀巢的确找到了更有效率让上千

万人对笨 NANA 产生好感的方法。

5.4.1　公司简介

雀巢集团由亨利·内斯特莱(Henri Nestle)于 1867 年创建,总部设在瑞士日内瓦湖畔的沃韦(Vevey),为世界上最大的食品制造商。公司起源于瑞士,最初是以生产婴儿食品起家,以生产巧克力棒和速溶咖啡闻名遐迩。雀巢公司 2012 年销售额达到 922 亿瑞士法郎,纯利润达到 106 亿瑞士法郎,其中的大约 95％来自食品的销售,因此雀巢可谓是世界上最大的食品制造商,也是最大的跨国公司之一。公司以生产巧克力棒和速溶咖啡著名,目前拥有适合当地市场与文化的丰富的产品系列。雀巢在五大洲的 83 个国家中共建有 461 多家工厂,雇佣员工总数约 33 万人,所有产品的生产和销售由总部领导下的 200 多个部门完成。雀巢销售额的98％来自国外,因此被称为"最国际化的跨国集团"。

雀巢在中国也有着长久的历史。一个世纪以来,中国消费者已经非常熟悉并信任雀巢品牌,早在 20 世纪的 1908 年,雀巢公司就在上海开设了它在中国的第一家销售办事处。雀巢是最早进入中国的外商之一,对中国有着坚定的承诺。80 年代初,雀巢就开始与中国政府商谈在中国投资建厂,并将其在营养品和食品加工方面的世界上顶尖的专有技术和丰富的专业知识转让给中国。1990 年,雀巢在中国大陆的第一家合资厂开始运营,随后又建了多家工厂。雀巢通过利用本地原材料在本地制造同等高品质的食品,替代进口产品,帮助中国在这方面节约了大量外汇。现在雀巢在中国大陆销售的产品中 99％是在本地制造的。2012 年雀巢公司大中华区销售额达 51.6 亿瑞郎,同比增长约 20％。2013 年中国有望成为雀巢全球第二大市场。

雀巢在中国销售的品牌覆盖了一系列按照国际质量标准制造的产品,包括奶粉、液体奶、酸奶、婴儿配方奶粉、婴儿米/麦粉、甜炼乳、成长奶粉、早餐谷物、速溶咖啡、咖啡伴侣(植脂末)、冰淇淋、巧克力和糖果、瓶装水、饮品、鸡精和调味品。属于雀巢集团的爱尔康公司也在大中华区制造和销售眼科产品。

作为全球最大的冰淇淋制造商之一,雀巢一直秉承着承袭传统、勇于革新的经营理念:从全球冰淇淋业务网络中获得创新理念,并针对中国市场进行转化,创造出既具全球时尚又拥有本地风味的产品,为中国消费者带来惊喜和愉悦。严格的品质管理和控制体系,确保产品质量符合国际广为认可的 ISO14001 和OHSAS18001 标准。雀巢冰淇淋的产品线为满足中国消费者的不同需求,提供了高中低档的多种产品和口味。

5.4.2　冰淇淋行业分析

1) 市场概况

随着经济与文化的发展,休闲性支出占比越来越大,冰淇淋成为现代生活消费者的新宠。在国际上冰淇淋市场的发展趋势逐渐明朗,冰淇淋文化也日渐显现。为吸引更多的消费者,企业不得不从产品的研发大下功夫。产品的品种增加了近百种,在口味上也不断进行调整。吃出"健康"和"快乐"成为冰淇淋企业追求的目标。

从市场容量上来说,2011年我国冰淇淋产销量突破300万吨,实现销售额480亿元以上。而到了2012年,中国冰淇淋零售量已达到约500万吨规模,但人均消费量仅2.3升,仍具有较大上升空间,未来20年可以上升到6升。从消费者规模来看,冰淇淋在中国城市中的普及率已相当高,在中国这样一个人口规模如此巨大的国家中,73%的高比率不能不说是中国冰淇淋市场巨大容量的一个最好的证明。据估计,国内冰淇淋销售行业每年的市场空间为120亿元人民币左右。与此同时,中国冰淇淋区域销量差异明显,上海、北京、广州三个特大城市的销售量占了全国的冷饮市场的25%,东北市场销量占国内市场总额的13%。

2) 主要竞争者分析

从品牌的市场占有率来看,2012年中国冰淇淋市场占有率排在前5位的品牌为伊利、和路雪、蒙牛、雀巢和美登高,其市场占有率分别为17%、16%、10%、3%和6%,合计占有市场总量的52%,其他品牌则瓜分了48%的市场份额。由此可见,中国冰淇淋市场的一个突出特点就是:品牌竞争激烈,市场份额平均,国货洋货平分天下。下面是对雀巢在中国冰淇淋市场几大竞争品牌的介绍和分析:

(1) 伊利集团。

内蒙古伊利实业集团股份有限公司是全国乳品行业龙头企业之一,是国家520家重点工业企业和国家八部委首批确定的全国151家农业产业化龙头企业之一。伊利集团下设液态奶、冷饮、奶粉和原奶、酸奶五大事业部,所属企业80多个,生产的具有清真特色的"伊利"牌雪糕、冰淇淋、奶粉、奶茶粉、无菌奶等39类产品600多个品种通过了国家绿色食品发展中心的绿色食品认证。伊利雪糕、冰淇淋连续10年产销量居全国第一,入选中国世界纪录协会冰淇淋产销量中国之最。

(2) 蒙牛集团。

内蒙古蒙牛乳业(集团)股份有限公司始建于1999年8月,总部设在内蒙古和林格尔县盛乐经济园区。作为国家农业产业化重点龙头企业,肩负着"百年蒙牛、强乳兴农"的使命,借西部大开发的春风取得了长足发展。根据蒙牛集团2012年年报显示,蒙牛实现营业收入360.804亿元,净利润12.571亿元,被社会形象地誉为西部大开发以来"最大的造饭碗企业"。2012 年 9 月 21 日起,蒙牛实行大规模换装,在全国商家新包装产品。

(3) 和路雪集团。

和路雪(Wall's)为英国著名冰淇淋企业,总部设在英国,在全球拥有多家分公司,是联合利华旗下企业。其在中国生产的冰淇淋品牌是"和路雪"。1993 年,和路雪(中国)有限公司成立。

3) 消费人群分析

冰淇淋主要消费阶层:学生阶层,白领阶层。以年龄为分类的性格特点描述:

(1) 7~15 岁:爱幻想,富有想象力,青春有活力;

(2) 16~18 岁:喜爱时尚、标榜个性;多愁善感,感情丰富;

(3) 19~28 岁:热爱生活,喜欢悠闲、娱乐化、轻松的生活方式,总体上对视觉信息较敏感。年轻时尚,对新事物有很强的好奇心且消费能力强。

5.4.3　案例背景

在中国开展冰淇淋业务多年的雀巢,在 2011 年 12 月关闭上海冰淇淋工厂并退出华东市场,此举被媒体评价为雀巢冰淇淋多年来在中国市场失利的集中体现。在中国的十几年,对于雀巢冰淇淋业务来说应该是最好的发展时机,这十几年来中国冰淇淋市场销售额平均每年 25%的增长速度,意味着不断扩张的市场空间,但是雀巢并没有做好。

作为最早一批进入中国冰淇淋市场的外资企业之一,雀巢的技术和管理优势并没有带来市场份额,反让同属外资的和路雪反超,而且随着本土伊利、蒙牛品牌冰淇淋的迅速发展,雀巢市场不断被挤压。据欧睿咨询数据显示,从 2001 年到 2010 年,雀巢冰淇淋中国市场占有率从 3.3%下降到 3.2%,而伊利却从 6.1%上升到 17.3%。

对雀巢冰淇淋业务部门来说,在不断萎缩的市场占有率和已关闭的上海工厂面前,需要一个产品或事件来调动起全部门的市场信心,他们找到了笨 NANA,也找对了。

作为一种为小朋友开发、提升趣味性的冰淇淋,雀巢笨 NANA2010 年在泰国上市,立刻就受到了小朋友的喜欢,销售特别好。但是雀巢后来发现,喜欢这个冰淇淋的不仅是小孩,也有大人。后来笨 NANA 在菲律宾、印度尼西亚等东南亚国家销售也很不错,于是雀巢公司打算将它引进中国。

而不同国家的市场现状以及消费者喜好都不同,因此采用的营销策略也不同。

根据公开数据显示:在竞争激烈的中国冰淇淋业,三大品牌(伊利、蒙牛和和路雪)占据了 70%的广告份额,作为后来者的雀巢在渠道和品牌上都面临着强有力的挑战。当雀巢新推出的全新笨 NANA 冰淇淋上市之后,如何迅速打出品牌并获取用户的品牌认知就成为迫在眉睫的事情。

好在笨 NANA 冰淇淋在产品上开创了一种有趣的食用体验:食用时当从顶部咬上一口可剥离的果冻壳,就可以像剥香蕉皮那样剥出美味的冰淇淋。不过如何在品牌上获取成功,仍然任重道远。从营销的角度,笨 NANA 冰淇淋"好玩"的食用体验无疑是一个绝佳的卖点,而崇尚分享的社会化网络自然成为最适合的平台。雀巢发现,中国的年轻人几乎都是互联网、手机用户,他们喜欢谈论新鲜事物,并且尤其相信口碑传播;他们花费在传统电视频道上的时间已经越来越少。而雀巢笨 NANA 的"剥开",可以满足年轻人追求新鲜、好玩、时尚,并且乐于分享的消费心理。

综上所述,中国目标消费者对于社会化媒体的接受程度较高。调研发现,笨 NANA 广受 80 后、90 后群体喜欢,而他们是社交媒体上非常活跃的人群。笨 NANA 是为年轻人设计的,而中国的年轻人喜欢黏在网络上,基于此,雀巢改变了以往大肆撒网做电视广告的营销方式,替之以互动性和参与性都更高的数字营销,规划了两种基于社会化媒体平台的营销方案,一手是新浪微博平台,一手是腾讯 QQ 平台。

5.4.4　产品介绍

笨 NANA 是一种雪糕,雀巢公司出品,外形酷似香蕉,可以剥皮吃,吃起来有香蕉和苹果两种味道。剥皮后里面包的是牛奶雪条。因为剥下来的皮也可以吃掉,所以也有网友称之为"吃香蕉不吐香蕉皮儿"。

笨 NANA 名字源自于音译"Banana"(香蕉)。它凭借可爱的外形和可以像香蕉一样剥开(不是包装)来吃的特点,一举成为"雪糕中的战斗糕"并迅速走红网络,成为网民们追捧的对象。笨 NANA 有多种口味,每支批发价为 2~2.5 元,零售价为 3~3.5 元。

网友们甚至为笨 NANA 想出了各种各样的吃法,其中最流行的主要有两种:可爱吃法和文艺吃法。可爱的吃法步骤为:第一步,打开包装,在雪糕顶部咬一小口;第二步,可以用手把外层的皮剥下来;第三步,连皮带肉一起吃光(雪糕融化越多,形状越像香蕉),首先剥开外层的苹果味果冻,吃掉香蕉皮,再吃掉被包裹着的香草味冰淇淋。文艺吃法步骤为:第一步,吃笨 NANA 要用舌用唇,不能碰到牙,要在顶部棱与棱之间的位置,用舌尖反复摩擦;第二步,当出现一道裂缝后用唇先压后拱,只有这样包出的香蕉皮才是完整的。室温下,全过程大约需要 10~15 分钟,要注意一定不能碰到牙。

这种香蕉冰淇淋首先在香港上市,随后在广州、深圳、中山上市,2012 年 3 月北京、内蒙古、合肥、成都、昆明、南京、厦门、长沙等地随后上市,现在在全国各大大中城市都有。

5.4.5　案例正文

1) 传播目标

降低营销成本,迅速吸引消费者关注,着重凸显产品特点及趣味性,将"乐趣、神奇的冰淇淋"的理念在人群中传播开来,并通过与消费者的良好互动增强消费者对产品的认知度。

2) 传播策略

通过线上多元化的"SNS互动＋网络视频＋话题炒作"最大化产品的差异化卖点,与此同时,在全国各大一二线城市采取线上虚拟互动与线下真实再现联动的方式,帮助品牌迅速打开大陆市场,有效地提升销量。

3) 传播时间

2011 年 12 月～2012 年 6 月。

4) 关键环节

产品上市 5 个月前,雀巢就通过微博上的趣味话题引导人们对于笨 NANA 的讨论,先在人们心中种下期待的"种子",进而刺激消费,也使得网友成为笨 NANA 的"代言人",主动传播相关话题。

新浪微博成为推广的第一阵地。从 2011 年 12 月开始,新浪微博上就开始出现在香港食用笨 NANA 的分享帖,也就是从此时,笨 NANA 开始通过微博得到越来越多的人关注。在营销公司利用微博大号等主动推广手段和微博用户的主动分享下,能剥皮的笨 NANA 在上市前的一个月,在新浪微博的相关发帖数量已经突破 10 万。2012 年 3 月,笨 NANA 官方微博正式上线,成为了人们在各地寻找和分享笨 NANA 的聚集地,雀巢更是借此平台与消费者互动,分享笨 NANA 趣味图片和视频,发送礼品,形成一个散发趣味感的平台。

另一方面,腾讯有着庞大的年轻用户,正是笨 NANA 面向的消费群。此外,青少年互联网上的活动以游戏为主,为了吸引这批更加年轻的消费群体,雀巢最终选择了与腾讯 QQ 这个拥有过亿用户,在年轻群体特别是青少年群体中有广泛应用度的平台进行深度合作,推出笨 NANA 主题岛网页、笨 NANA QQ 宠物等趣味参与平台。在笨 NANA 主题岛中,雀巢设置了趣味游戏、趣味魔术、图片分享等环节,吸引青少年在游戏过程中了解笨 NANA 的趣味性,并用 Q 币、iPad、香港迪斯尼游等对青少年具有吸引力的奖品来提升用户参与度。

在这一平台上,笨 NANA 定制了多款 flash 游戏,以"笨 NANA 岛"上的"神奇游戏"为例,游戏设置了可爱的小猴子形象,笨 NANA 作为小猴子穿越丛林的重要食物穿插其中。用户用寻找到的笨 NANA 喂食小猴子,小猴子就能变得更"聪明",学会很多神奇魔术,从而更好地穿越丛林。游戏鼓励网友分享笨 NANA 的可剥离、可食用外皮的有趣体验,这是笨 NANA 的关键卖点。此外,在腾讯广受欢迎的 QQ 宠物游戏中,"笨 NANA 小冰棒"也以虚拟的形象出现,成为 QQ 宠物热爱的"美食"。消费者还可以通过领取"笨 NANA 小冰棒"兑换"笨 NANA 套装"。简单却趣味性十足的游戏,将笨 NANA 巧妙地植入其中,并且很好地与游戏情结相结合。游戏一上线,就吸引了众多用户参与。游戏过程中,用户可以随时将自己的游戏体验和成果分享至腾讯微博、人人网、豆瓣网、新浪微博等社会化媒体平台,形成多平台的互动传播。同时微博用来宣传造势,电视、户外及搜索等媒介作为辅助宣传。

5) 传播效果

(1) 社会化媒体表现。

① 新浪微博:传播期间笨 NANA 的话题数得到了显著提升。举例说明,在 2012 年 2 月 22 日,"笨 NANA"话题提及量仅为 63;而到了 2012 年 3 月 8 日,话题提及量已达到 10 883。

② 百度搜索:在 2011 年 7 月 6 日,关键字"笨 NANA"的收录指数仅为 850;而到了 2012 年 3 月 9 日收录指数已飙升到 2 216。

另外,截至 2012 年 5 月,笨 NANA 新浪微博的粉丝 9 423 人,新浪搜索相关信息 400 万余条;腾讯微博粉丝 38 740 人,相关信息 38 条左右;QQ 空间相关说说和日志 4 万条左右。

(2) 市场表现。

从 2012 年 3 月上市后,笨 NANA 用 3 个月时间就成为雀巢中国公司的销售冠军产品,市场反响强烈,街边巷角都在讨论这个不一样的冰淇淋。经销商在找笨 NANA、消费者在找笨 NANA,甚至一些经销店没有笨 NANA 卖,也要找一些笨 NANA 包装吸引消费者来购买其他产品。

对笨 NANA 的热爱更是让消费者无限喜悦,人们在微博上分享笨 NANA 的扒皮心得、舌尖感受,在人们的分享中笨 NANA 甚至成为了一个潮流符号。

5.4.6　案例分析

一款定位于年轻人的新产品注定了它的推广将离不开创新的营销方式。深刻的理解并熟练地运用社会化网络进行话题营销,让雀巢的新款笨 NANA 冰淇淋在 3 大品牌(伊利、蒙牛及和路雪)几乎垄断市场的背景下突出重围。

在这次笨 NANA 冰淇淋营销中,雀巢开创性地为单一一款产品在腾讯平台上搭建互动的微网站,结合产品本身的有趣体验,借助新媒体的全方位多媒体的冲击,给潜在客户带来直观的体验。同时引入社会化网站新浪微博进行社交营销,带动产品的口碑传播。

在社会化媒体应用中,雀巢不仅应用游戏、微博等形式,还借助 4 个病毒视频进行更加有趣的品牌演绎,并在视频网站进行传播推广。随后雀巢也进行了小范围的电视广告投放和线下活动推广进行配合营销。

雀巢笨 NANA 新品冰淇淋的社会化媒体营销策略有趣、低调、高效,且很具有代表性,值得深入研究。

那么为什么此次社会化媒体营销能取得如此效果? 原因归结起来有以下几点:

1) 产品与众不同的定位

笨 NANA 产品定位的关键在于产品的新奇性上面。新奇有趣的东西大家非常愿意关注,也乐意分享,传播起来就容易得多了。笨 NANA 的味道其实很一般,并没有什么不同的,唯一不同的是它可以剥皮,而且剥皮之后看起来像香蕉。"像香蕉一样剥开吃的冰淇淋"这款产品研发于泰国,设计初衷是为儿童研发好玩的冰淇淋。但市场调查显示,无论在泰国、香港还是大陆,比儿童年长很多的年轻人都很喜欢这款产品,雀巢遂决定将其引入大中华区。而产品从上市之后就确立了"像香蕉一样剥开吃的冰淇淋"的卖点以及好吃好玩的定位,可以满足年轻人追求新鲜、好玩、时尚,并且乐于分享的消费心理。这都为后续的传播推广奠定了很好的基础。

2) 对社会化媒体营销的重视

大企业特别是国外的大企业都非常乐意尝试新的营销方式,而一般的传统企业对这样的营销方式并不重视。此次营销活动,雀巢确定了细致的计划,为消费者的口碑传播进行引导和推动,使得广大用户成为雀巢笨 NANA 的代言人,不断的主动去分享产品信息。在笨 NANA 上市前 5 个月,雀巢就与北京奥美签订营销外包服务合作协议。雀巢的传播需求,在北京奥美互动总经理董莉莉看来非常明确:"第一,对新产品有认知度;第二,与消费者有进一步沟通。"最终营销传播方案的大主题定为"雀巢笨 NANA 为你揭开神奇乐趣"。奥美互动必须对雀巢笨 NANA 可以像香蕉一样剥开吃的独特产品特性以及由可剥性带来的新奇感,进行充分的发挥和演绎。最终传播目标则是让晒笨 NANA 成为一种新时尚,让广大用户成为雀巢笨 NANA 的代言人。

然而,此次笨 NANA 如此受人追捧最终导致脱销,也有雀巢在微博上炒作和饥饿营销的嫌疑。因为如果不是雀巢的微博营销的炒作行为,网络上关于笨 NANA 雪糕的传播速度没有这么迅速,也没有这么火爆。而雀巢采取的控制产能的行为又加剧了大家对笨 NANA 的好奇,这样的一种猎奇心理导致大家对于购买笨 NANA 的欲望大增,而笨 NANA 的数量不多,使得大家不自觉地讨论和传播关于笨 NANA 雪糕的消息,这同时也增加了大家对笨 NANA 的宣传力度。这种饥饿营销方式,实际上和苹果发布 iPad 的营销手段类似。都是在调动消费者对于产品的兴趣后却控制产品的发货速度,激起消费者对于产品的更大兴趣。因此,后期消费者购买这款产品,可能更多的心态不是为了去吃,而是能在微博上进行"炫耀"

或者是纯粹满足自己的猎奇心理。而雪糕这类的快速消费品首先不稀缺,并且价格也不贵。那该如何满足消费者的"炫耀"心理呢?这时,厂商就需要"制造"稀缺,通过供货的不足,凸显产品的"金贵"。

饥饿营销的手法在快速消费品行业中确实很少见,因为这种方式一般是用于高端奢侈品,而笨 NANA 雪糕采用这种营销方式在快速消费品行业确实属于大胆之举。而这样做的目的,可能更多的是为了提高市场关注度,以达到占领更多市场份额的目的,因为在中国目前的市场上,3 元以下(含 3 元)的中低档雪糕市场一直是被蒙牛、伊利等国产品牌占据。而雀巢一类的洋品牌,其市场份额仅为百分之几,并且多年来其增长幅度都不理想。而早在 6 年前,雀巢对外推出的市场计划中,一直关注的是高端雪糕市场,这次借助笨 NANA,可能成为其争夺中低端雪糕市场一种市场推广手段。

然而,还有业内人士认为,由于宣传期过长,品牌将逐渐出现审美疲劳,消费者好奇心下降,购买欲望也将下降。另外,目前市场上已经开始出现竞品,剥皮香蕉、剥皮苹果、苹果手机版冰淇淋等也相继出现,它们均以更多新噱头来吸引潮人的目光,这也会带走一部分消费者。最为紧要的一点,没有了新鲜感之后,味道普通,价格高等因素也更加凸显,很多消费者没有二次消费的欲望。这是这个案例中值得进一步深思的问题。

5.4.7　案例点睛

1) 社会化媒体成熟

微博的火热,空间用户的忠诚,智能手机的运用,都标志着社会化媒体正在逐步走向成熟。运用智能手机,消费者可以将喜欢的产品迅速拍照分享到空间、微博等。加上营销机构的鼓动,社会化媒体营销越演越烈。

2) 全媒体口碑推广

中国的年轻人几乎都是互联网、手机用户,他们喜欢谈论新鲜事物,尤其相信口碑传播,他们花费在传统电视频道上的时间已经越来越少。因此,社会化媒体成了雀巢的不二选择。此外,在儿童群体的沟通上,雀巢选择了 SNS 游戏营销的方式,这也很好地带动了线下的销售。

互联网时代,口碑的力量不容小觑。雀巢从开始就确定了细致的推广计划,为消费者的口碑传播进行引导和推动,使得广大用户成为雀巢笨 NANA 的代言人。"线上线下紧密融合＋核心受众高度契合＋全媒体融合广泛覆盖",这都是推动笨NANA 取得良好成绩的重要因素。

第6章 国内企业社交网营销经典案例及精解

6.1 中粮悦活开心网互动营销

案例摘要 众所周知,SNS社交网络在近年的互联网市场中发展异常火爆。一时之间,国内涌现出众多的SNS社区,其中,开心网是2009年前后公认人气最旺的专业SNS网站。SNS的火爆也带来了新的盈利空间,植入广告在不知不觉间融入到了SNS的网络运作中,尽管商业味浓重,但似乎并没有引起受众的反感,反而成为一种新鲜元素,受到不少玩家的追捧。早于开心网诞生的悦活饮品,其目标受众为追求乐活生活的都市白领。而在办公室颇具人气的开心网,对悦活来说无疑成为一个很具有吸引力的推广平台。中粮集团此次大胆尝试,将悦活果汁的品牌推广植入到用户游戏的过程中,通过举办线上的种植大赛来吸引用户参与。从2009年5月16日开始仅半个月的时间,参与活动人数超过40万,虚拟榨果汁次数8300多万,送好友果汁超过6000万。"线上种植、虚拟榨果汁"的新奇玩法在白领阶层中掀起了一股狂热,而植入式广告的软性推广,也降低了受众对广告本身的排斥感和抗拒心理。

关键词 中粮悦活,品牌植入,软性推广

案例导读 如果你是开心网的用户,就一定会知道"悦活"这个品牌。也许你曾经在半夜或者在上班时间趁老板不注意的时候,抽个空儿上开心网,去别人家的菜园子里偷几个果子,然后榨成新鲜的"果汁"送给你的网友,也许你的仓库里堆满了还没来得及卖出去的果汁。当你在园中种菜、收菜,甚至偷菜时,你已经不自觉地知晓了悦活果蔬汁的相关信息,甚至想来一瓶真正的悦活果蔬汁!无论对中粮集团还是对竞争激烈的饮品市场来讲,悦活品牌果蔬汁都是一个全新的面孔,如何在很短的时间内、很少的预算下为品牌开拓出一片健康成长的空间,并获得消费者认同,是悦活品牌最大的挑战。开心网上的虚拟果汁受追捧,带动了线下真实产品的热销。中粮旗下的悦活果汁在一个月内销售业绩提升了30%。"不可否认,这样的增长与我们选择开心网进行精准营销有关。从活动开始,就有顾客到卖场询问我们出售的产品是否和开心网上的果汁一样。不断增加的用户在活动中参与体验,结果是,悦活线上线下都红了,名利双收,效果非常好,我们超满意。"中粮创新

总经理赵平原如是说。

6.1.1 公司简介

中粮集团有限公司(COFCO)是世界500强企业,经过多年的努力,从最初的粮油食品贸易公司发展成为中国领先的农产品、食品领域多元化产品和服务供应商,致力打造从田间到餐桌的全产业链粮油食品企业,建设全服务链的城市综合体,利用不断再生的自然资源为人类提供营养健康的食品、高品质的生活空间及生活服务,贡献于民众生活的富足和社会的繁荣稳定。

中粮从粮油食品贸易、加工起步,产业链条不断延伸至种植养殖、物流储运、食品原料加工、生物质能源、品牌食品生产销售以及地产酒店、金融服务等领域,在各个环节上打造核心竞争能力,为利益相关者创造最大化价值,并以此回报全体客户、股东和员工。

通过日益完善的产业链条,中粮形成了诸多品牌产品与服务组合:福临门食用油、长城葡萄酒、金帝巧克力、屯河番茄制品、家佳康肉制品、香雪面粉、五谷道场方便面、悦活果汁、蒙牛乳制品、大悦城Shopping Mall、亚龙湾度假区、雪莲羊绒、中茶茶叶、金融保险等。这些品牌与服务铸就了中粮高品质、高品位的市场声誉。

作为投资控股企业,中粮旗下拥有中国食品(00506HK)、中粮控股(00606HK)、蒙牛乳业(02319HK)、中粮包装(00906HK)4家香港上市公司,以及中粮屯河(600737SH)、中粮地产(000031SZ)和中粮生化(000930SZ)3家内地上市公司。

面对世界经济一体化的发展态势,中粮不断加强与全球业务伙伴在农产品、粮油食品、番茄果蔬、饮料、酒业、糖业、饲料、肉食以及生物质能源、地产酒店、金融等领域的广泛合作。自1994年以来,凭借其良好的经营业绩,中粮连续10几年名列美国《财富》杂志全球企业500强,居中国食品工业百强之首。

中粮创新食品(北京)有限公司隶属于中粮集团,前身成立于1999年。其经营范围主要是粮食、食品的生产及贸易,属于快速消费品行业。公司现经营着福临门调味品、悦活果蔬汁、悦活蜂蜜、滋采的优质粮油及杂粮杂豆、我买网(www.womai.com)等四个产品品牌的多种产品。

6.1.2 果蔬饮料行业分析

1) 市场概况

据资料显示,近年来我国饮料行业一直保持着较快的发展速度,其中果蔬汁类饮料的增长速度保持在20%左右,但我国人均果蔬汁消费量仍然不高。目前,欧美地区年人均果汁消费量为10公斤,而在我国还不到1公斤。一个人口占世界人口比重 1/6 的国家,一个水果产量全球第一的国家,果汁的消费量仅仅为世界平均水平的 1/10,发达国家平均水平的 1/40。

针对于这一行业现状,有关专家总结指出:中国果蔬汁饮料市场尚处于初级阶段,这也正体现出我国人民对于果蔬汁健康认知的不足,甚至存在一些误区,比如把果汁和果蔬汁饮料混为一谈;认为果汁还是鲜榨的好等等,饮用果蔬汁饮料还没有成为中国人的生活习惯。综上所述,中国的果蔬饮料市场潜力巨大,但要迎来快速发展仍需要一段时间的准备和等待。

2) 主要竞争者分析

中粮在国内果蔬饮料行业的最大竞争对手毫无疑问当属可口可乐旗下的美汁源和汇源集团。

美汁源是第一家进入浓缩果汁市场的公司。由可口可乐公司所拥有,为世界最大的果汁饮料销售商。2005 年,美汁源在中国市场推出"果粒橙",目前已成为中国即饮果汁类饮料排名第一的品牌,也推动中国成为"美汁源"全球最大市场。"美汁源"果粒橙主要是针对成年人,而且在价位上也和康师傅、统一等同类产品基本持平:450 毫升装的售价为每瓶 3.5 元,1.25 升装的为每瓶 5.6 元。

汇源果汁产业拥有 200 多条世界先进的水果加工、饮料灌装等生产线。原浆生产的水果冷破碎、浓缩果汁生产的超微过滤、饮料灌装的 UHT 超高温瞬时灭菌和无菌冷灌装等项工艺技术,均处于世界领先地位。汇源健全和实施了一系列质量、安全、环境管理体系,通过了 ISO9001、HACCP、ISO22000、OHSAS18000、ISO14001 体系认证,通过了美国 FDA、GMA、英国 BRC、欧盟 SGF、犹太 KOSHER 认证。汇源纯果汁和中浓度果汁饮料的市场份额一直处于全国领先地位。汇源浓缩果浆、浓缩果汁和部分果汁饮品出口五大洲的 30 多个国家和地区。

汇源以"营养大众、惠及三农"为企业使命,每年为果农加工水果上百万吨,累计研发生产销售了 600 多种健康饮品和食品,倡导并引领了健康消费的生活新时尚,带动了种植业、加工业和饮料食品业的快速发展。截至 2012 年已缴纳各类税金上百亿元,向社会公益事业捐献资金、物资价值 5 亿多元。

2012 年,北京汇源饮料食品集团有限公司荣获"中国果汁行业领军企业"荣誉称号,此荣誉由中国市场调查研究中心、中国社会经济决策咨询中心共同颁发。

而在国内的高端果汁行业还有一个不容忽视的品牌,就是来自百事公司旗下的都乐果汁,该果汁以 100% 果汁、高品位、高价格为产品定位,一直牢牢占据着高端市场的一席之地,其主要目标消费群为职业人士和高档场所。

3) 消费人群分析

根据 AC 尼尔森 2012 年一项对 36 个大中城市 12 万余名消费者的调查显示,在果饮消费者的构成中,20 岁至 40 岁的消费者占 61.3%,月收入 2 000 元至 2 500

元的消费人群占消费总人数的 61.7%。工薪阶层和年轻人群已经成为果蔬饮料消费的主力军。他们每月的饮料花费大多数在 21 元至 31 元之间。

6.1.3 案例背景

中粮集团是中国最大的粮油食品进出口公司和实力雄厚的食品生产商,而此次人气爆棚的悦活果汁则是中粮创新从 2007 年就开始规划的悦活系列中第一个上市的产品。

悦活来源于"Lohas"。Lohas 意为健康、可持续的生活,在中国将之称为"乐活"。由此,中粮创新将产品定名为悦活,而都市白领则成为悦活的目标群:他们向往乐活生活,年龄在 25~40 岁,受教育程度高,偏年轻,对生活追求健康,对产品要求自然。

中粮创新认为乐活式的生活将成为白领人群最向往的生活方式,于是将乐活主义贯彻到悦活的产品和文化理念中。所以,悦活的定位是引领生活态度和生活方式的果汁。2008 年底,悦活果汁上市。提倡健康、可持续的生活概念与市场发展趋势不谋而合。但竞争激烈的果汁市场单凭概念无法打响知名度,必须要借助适合的平台进行推广。

为了做到精准营销,中粮创新研究了目标群的生活习惯:城市白领每天接触时间最多的媒体就是网络。在中粮看来,悦活不适合像传统快消品那样在电视上投放广告,密集轰炸;而是既不能流俗,又要快速出位。网络媒体的传播方式不是强制灌输而是用户主动参与,这与"悦活"的品牌主张不谋而合。开心网初创阶段较注重用户体验,不想商业味太浓,而悦活也试图从玩家的角度来设计营销活动,这样不但不会引起反感,反而容易受到追捧。

因而,在办公室颇有人气的开心网走进了中粮创新的视线。消费者定位符合,用户黏性强,如果从内容上进行深度合作会产生事半功倍的效果。中粮创新选择开心网其实蓄谋已久。早在 2008 年 6 月,悦活果汁还未上市时中粮创新就和开心网谈过合作事宜,因开心网初期没有广告模式而未果。直到 2008 年底,悦活上市才与开心网进行合作。不过此时的开心网广告模式依然很生硬,不符合悦活的推广要求。

2009 年 2 月,开心网的花园组件让中粮创新眼前一亮。但悦活并没马上进入开心网,而是选择了等待。随着花园的人气飙升,大部分的开心网用户黏在上面种地、偷菜,忙得不亦乐乎……可 2 个月之后,大部分用户已经升到最高级别,重复种植已经没有兴趣。用户对花园组件的兴趣减弱,根据一些社区论坛上"你最可能因为什么厌倦开心网花园游戏"的投票结果显示,绝大部分投票者都选择"没有新作物","钱多了就变成数字,没有意义",等等。

对于中粮创新来说,这正是一个好时机。中粮果断出击,和开心网继续商谈 1 年前的合作意向。从商谈合作到线上推广,仅 1 个月时间悦活就成功登陆开心网。

中粮通过了解开心网用户的活动轨迹和喜好程度,迅速选择合适时间进入,花园的玩家需要新东西来刺激兴趣,而中粮恰巧把产品转化为新亮点,将虚拟的种植辅以现实的奖品刺激,把虚拟变成现实,使用户不但通过排名达到心理上的满足,还可以在竞争中得到奖品,而这是开心网从来没有的。这一举动,开心网不仅黏住了要退出的用户,也让开心网的游戏重新焕发了活力。

悦活果汁选择植入开心网有三大支撑:

(1) 开心网用户基数广、黏性大:开心网是 2009 年前后国内注册用户最多,用户黏性最大的 SNS 社区。除了基于"六度分割"理论的人际沟通关系本身所具有的吸引力外,开心网也不断地开发完善组件以增加用户粘性。

(2) 开心网受众与"悦活"目标群重合度相当高:开心网用户平均年龄为 18 到 35 岁,绝大多数为一线城市都市白领,与悦活目标消费人群契合度相当高。

(3) 两者的相互匹配度极高:开心花园是开心网的在线种植类游戏,用户可以在虚拟农场里种植蔬菜、水果,其魅力在于模拟真实果蔬的种植体验,满足了都市白领对自然生活的向往。这一点与悦活品牌"自然至上"的核心诉求不谋而合,花园菜地的模拟环境又与悦活果蔬汁的"产地限定"有异曲同工之妙。

6.1.4　产品介绍

人类的生活触角已经蔓延到地球的每一个角落,自然正遭受前所未有的侵害,越来越多的人被环境恶化、食品安全和高压力的生活所困扰,人与自然正日益成为对立的两面。

过去,人们习惯在思想的探索中寻找人与自然的相依相存;现在,人们鼓励在行动中实践人和自然的和谐关系,因此才诞生了悦活,这样一个自然至上的品牌,以期在未来重塑人类与自然的共生关系。

秉承中粮的企业理念,悦活品牌致力于为消费者提供健康、安全、自然的食品。悦活的原料都来自生态保护良好的地域,并通过先进的加工技术尽量保持原料本身的营养成分。悦活提倡减少能源的使用、不过度加工包装,拒绝不可回收垃圾的生成。

悦活和中粮一起试图通过更自然的生活方式,帮助人和自然更和谐的共存和发展。

悦活来源于 Lohas,Lohas 是英文 Lifestyles of Health and Sustainability 首个字母的缩写,意为健康可持续的生活。中粮认为,乐活式的生活将成为城市里忙碌人群最向往的生活方式,因而悦活品牌从诞生之初便以乐活作为自己的品牌精髓,并将乐活主义贯彻到悦活的每一个产品和文化理念中,并把与中国消费者一起引领乐活主义生活潮流作为悦活不变的宗旨。

悦活产品有 4 大主张——严格限定产地、无添加、全程可追溯、支持生态农业。在原材料方面,悦活有着先天的优势。中粮早期的贸易经历形成了良好的控制机制,有助于实现全程可追溯渠道,优选原料。比如悦活番茄汁的原料,就来自中粮新疆乌苏自有农场。从种子开始,包括土壤的条件、种植过程、收割、加工都有一套严格的规范流程。悦活果蔬汁净含量为 280 毫升,其果蔬汁含量是 100%。目前已有优选 100 番茄汁及橙汁、超级水果黑加仑葡萄及石榴苹果混合汁、均衡红色及橙色蔬果混合汁等 3 个系列 6 个口味的产品与消费者见面。

中粮早在 2007 年就开始筹备“悦活”项目,承担项目研发工作的是中粮旗下的全资子公司中粮创新食品,目前已改名为创新与品牌管理部。中粮赋予创新与品牌管理部的任务是:让中粮在食品饮料类的快速消费品业务上有明显的突破。创新与品牌管理部经过长期对市场机会、消费者需求、同业者表现以及自身能力的深入研究与分析,最终确定了悦活 Lohas“自然至上”的品牌定位以及“真实自然、简单、懂得平衡、主动改变”的品牌主张。

6.1.5　案例正文

1) 传播目标

悦活品牌是专为“乐活族”打造的全新品牌。所谓“乐活族”,是城市中 30 岁左右的都市白领,有一定的经济能力,积极乐观并注重生活质量,向往健康、可持续的生活方式。他们支持环保、做好事,自我感觉好,渴望身心健康,永远有活力。这一族群正是中粮悦活品牌推广锁定的目标消费群。

中粮希望借悦活品牌扮演一个人与自然和谐生活的倡导者及行动者的角色,将乐活作为自己的品牌精髓,并将乐活主义贯彻悦活的每一个产品和文化理念中。

2) 传播策略

开心网“悦活种植大赛”自始至终在向用户灌输乐活主义思想。用户领取悦活种子、种植悦活果树、体验收获乐趣后,通过无添加工艺获取百分百果汁,亲身体验了一把“悦活”百分百果蔬汁的真实与自然。整个活动分为自然初体验、自然活力季和自然至上季三个阶段进行,并设置了自然至上奖、自然活力奖和自然健康奖,无时无刻不在向消费者灌输自然至上、与自然共生的品牌理念。

3) 传播时间

2009 年 5 月 16 日～2009 年 7 月 16 日。

4) 关键环节

(1) 植入营销手段。

① 悦活品牌名称植入：在开心农场，直接弹出增加许多新玩法的更高级别的"悦活农场"，系统显示"全球悦活农场版图"，将悦活原产地名称植入"悦活农场"，如：西班牙瓦伦西亚悦活农场、新疆乌苏悦活农场等。在解决知名度的同时，导出产品原产地的信息。

② 悦活产品优势特性植入：在"悦活农场"种植作物，想要种出最好的果蔬必须遵从"种子限定、产地限定"原则，如同样是种植番茄，在普通农场种植出来的番茄质量一般，收益较小，而采用悦活种子在悦活原产地农场种植的番茄，则营养超级丰富、投资收益率大 10 倍。此手段将悦活产品原生态的优势显现出来。同时，在种植过程中禁止喷洒农药，只能使用天然的有机肥等，通过结合产品特色设置有趣的游戏规则，达到"寓宣传于乐"的目的，准确传达了悦活产品的"有机种植、零添加"的优势特色。

③ 游戏升级，直接导出目标产品：在游戏"悦活农场"中"生长"的水果蔬菜，可直接榨出悦活果蔬汁，与即将上市的新产品完全一致，完成了新产品从虚拟到现实的桥梁功能，加深消费者对于悦活产品的印象。

(2) 具体过程。

2009 年 5 月 16 日，"悦活种植大赛"正式上线。用户直接在果园界面的道具商店内领取悦活产地场景卡，安装后再到种子商店中购买悦活种子，播种后即开始参赛。

在开心网花园的悦活种子代表了悦活品牌的 5 个产品品种：红色 5＋5、橙色 5＋5、悦活石榴、悦活番茄、悦活橙子。通过果实饱满的形象表现以及开心网花园场景卡，悦活新鲜自然无添加的产品概念被巧妙植入。

游戏中网友不但可以选购和种植"悦活果种子"，还可以将成熟的悦活果榨成悦活果汁，并将虚拟果汁赠送给好友。游戏中还设置了这样一个环节：每周从赠送过虚拟果汁的用户中随机抽取若干名，获得真实果汁赠送权。把虚拟变成现实，悦活又玩出了新花样。

活动刚上线便受到追捧，截至 2009 年 5 月底，加入悦活粉丝群的用户已经超过 40 万，线下赠送悦活礼盒达 5 000 多套。同时，线上的活动也带动了线下的销售。很多消费者在购买果汁时就能说出产地，这是因为游戏中设置了 4 个产地场景卡，代表了悦活果蔬汁的原料产地。不同的场景卡能让游戏中的果实提前成熟，用户因此对悦活产品的产地印象深刻。

同时，悦活把其倡导的简单、健康而自然的生活方式赋予了一个虚拟的"悦活女孩"，并在开心网建立了悦活粉丝群，用户可以和"悦活女孩"共同分享、探讨生活中的种种。

一切如中粮创新预料，活动一上线就受到大批用户追捧。新建的悦活粉丝群仅用一天半时间就超过 10 万用户，大家都在讨论如何收获最快，如何得到实际赠送的果汁等等，与活动相关的各种话题受到追捧。

随着悦活种植大赛的进行，让虚拟的游戏落地也是中粮创新的一步动作。为此，中粮创新拿出一万套礼盒作为奖品，提供给用户在现实中赠送礼盒。除此以外，在游戏当中还可以抽取牧场小白兔，这一举动吸引了大量用户参与。

5) 传播效果

2 个月的时间，参与悦活种植大赛的人数达到 2 280 万，悦活粉丝群的数量达到 58 万，游戏中送出虚拟果汁达 1.2 亿次。根据斯戴咨询公司调研报告，悦活的品牌提及率在两个月内从零提到了 50% 多。而消费者对悦活的购买兴趣则已经仅次于汇源的果汁产品。

从不知名的果蔬汁品牌到被消费者平静地接受，悦活借助开心网打了一场漂亮的互动营销战役，为产品后续的市场培育打下了良好的基础。

6.1.6　案例分析

1) 娱乐营销促成悦活低成本传播

在中国营销传播界，快消类新产品上市用大规模广告传播方式取得成功的案例不少，但用低成本公关传播方式取得成功的案例却不多见。而中粮悦活果蔬汁却以整体公关上市营销传播不足 300 万元的费用取得几乎目标群"众人皆知"的传播效果，得到客户、消费者、市场的一致认同，并荣获有"中国公关奥斯卡"之称的"第九届中国最佳公关关系案例大赛"新产品上市金奖，成为新晋娱乐营销的典范。回想上市之前市场上还有一些质疑中粮悦活价位过高、市场饱和的声音，甚至还给悦活扣上了"有品牌无销量"的帽子。然而现在这些质疑被悦活良好的市场表现所打破。根据 AC 尼尔森 2010 年的数据显示，悦活果汁在此次营销传播过后，在主流小规格果汁产品的市场比重已经得到了显著提高，占据了小包装纯果汁的领军地位，并领先第二名 10 个百分点。中粮集团凭借对新产品准确的定位和不同寻常的营销手段为悦活在竞争激烈的果蔬汁饮料市场赢得了一席之地。未来的果蔬汁市场很有可能出现"汇源"、"中粮"、"可口可乐"三足鼎立的格局。

2) 巧妙运用三大交集

总体来说，悦活此次的开心网营销成功可以总结为对 3 个交集的巧妙运用：目标消费群体和网络用户群体的交集；品牌主张和网络生活形态的交集；产品概念和网络技术概念的交集。虽然活动总体反响不错，也仍旧存在一些问题。由于准备的时间相对仓促，并没有测试期，因而在游戏的环节设计上还有欠缺，从用户体验来讲设计有点复杂，只能在线上随时作修改。不过从另一角度看，这也更符合网络的特性，不断跟随需求调整。

6.1.7　案例点睛

1) 以消费者为中心,积极互动

悦活始终将与消费者的互动列为第一天条,互动条件下建立的消费者关系更加稳固,并且使现有的消费者变成产品的宣传员,同时以消费者为中心强调产品利益点,最大程度的发挥 SNS 的优势。

2) 产品理念与平台高度契合

悦活与开心网的合作很快引起了多方关注,导致很多品牌都开始"跟风"。但并不是每一个企业的效仿都能起到悦活的效果。悦活与开心网合作的传播效果好很大程度上是基于两者之间契合度高,需要产品理念与平台基调一致,并不是任何产品都可以复制的。

6.2　伊利舒化奶 APP 植入式营销

案例摘要　近年来,SNS 网站风生水起,腾讯作为国内最大的互联网公司之一,凭借"QQ IM＋Qzone＋QQShow"三大平台,依托泛关系链营销实现了腾讯跨平台间的协作和无缝联动,借助 SNS 品牌空间、QQ 农场、QQ 牧场等应用以及魔法卡片等核心产品,全面满足了各类广告主对数字媒体接触点覆盖、交互、可控性的高质量营销需求。在 SNS 网站中,APP 游戏作为最受用户欢迎、粘性最高的社区游戏,其营销价值也受到了越来越多的关注。伊利舒化奶紧扣时机,率先决定在 Qzone 尝试如火如荼的泛关系链营销,通过深度植入 QQ 牧场游戏并辅以 Minisite (活动官网)有奖问答,Qzone 好友送礼等多种营销手段的配合,将传播效果发挥到极致。根据腾讯智慧官方统计,伊利舒化奶产品活动上线不到 1 个月,活动官网总曝光量超过 9 000 万,活动独立用户访问量近 2 000 万。QQ 空间平台为伊利提供的多种软性植入营销接触点,以及通过"偷取"方式对用户关系链的驱动,最终造就了该营销的成功,为乳制品快消行业营销提供了借鉴。

关键词　跨平台协作,SNS 网页游戏,APP 植入

案例导读　2010 年 8 月以后经常玩 QQ 农场游戏的玩家会发现,QQ 农场中出现了一种特殊的新品种奶牛——"舒化奶牛",玩家可以通过领养舒化奶牛生产牛奶以获得游戏里的奖励。出乎意料的是,在伊利"舒化奶牛"出现的这 2 个月间,用户领养奶牛次数超过 10 亿次,领养奶牛人数达到 2.5 亿人,百度指数显示伊利"营养舒化奶"的用户关注度在这期间上升了 1370％。事实证明,仅仅一款 SNS 游戏就可以覆盖到上亿人口,这完全颠覆了人们对 SNS、微博小众化营销的理解。以 SNS、微博为代表的社会化媒体营销应用,正在成为各类型企业踊跃尝试并加大投

入的新方向。

6.2.1　公司简介

内蒙古伊利实业集团股份有限公司是全国乳品行业龙头企业之一,是国家520家重点工业企业和国家八部委首批确定的全国151家农业产业化龙头企业之一,是北京2008年奥运会唯一一家乳制品赞助商,也是有史以来第一个赞助奥运会的中国食品品牌。

伊利集团下设液态奶、冷饮、奶粉、酸奶和原奶五大事业部,所属企业130多个,生产的具有清真特色的"伊利"牌雪糕、冰淇淋、奶粉、奶茶粉、无菌奶、酸奶、奶酪等1000多个品种通过了国家绿色食品发展中心的绿色食品认证。伊利雪糕、冰淇淋连续11年产销量居全国第一,伊利超高温灭菌奶连续8年产销量居全国第一。2010年后,伊利集团品牌升级,公布新的标识、品牌主张和企业愿景。伊利集团以"滋养生命活力"为新的品牌主张,向"成为世界一流的健康食品集团"的愿景迈进,提供健康食品,倡导健康生活方式,引领行业健康发展。

从2003年至今,伊利集团主营业务收入高居行业第一,一直以强劲的实力领跑中国乳业,并荣登BrandZ-2013年最具价值中国品牌50强。截至2011年,伊利连续5年在奶源建设方面的投入总额已达75亿元,优质的奶源已成为了伊利的核心竞争力。2012年伊利继续加大奶源建设力度,全年投入将近12亿元用于奶源基地的建设与升级,从源头上保障了产品品质。根据伊利集团公开财报显示,2012年1~9月,伊利股份实现营业收入329.09亿元,实现净利润13.82亿元。

2012年11月17日,在由联合国工业发展组织(UNIDO)、联合国教科文组织(UNESCO)、国际节能环保协会(IEEPA)共同主办的第五届(中国)世界环保大会上,内蒙古伊利集团凭借其绿色产业链发展模式,获得大会最高奖项——国际碳金奖。伊利作为行业内首家推出《企业公民报告》的企业,致力于"健康中国责任体系"的建设,将企业的社会责任与自身的品牌规划融为一体,将健康的理念不断深化,持续关注青少年健康、社会健康、环境健康,并围绕这三个方向开展了一系列的社会公益行动。截至目前,伊利已为公益事业累计投入近8亿元。

6.2.2　乳制品行业分析

1) 市场概况

中国乳制品行业起步晚,起点低,但发展迅速。特别是改革开放以来,奶类生产量以每年两位数的增长幅度迅速增加,远远高于1%的同期世界平均水平。中国乳制品产量和总产值在最近的10年内增长了10倍以上,已逐渐吸引了世界的眼光,但同时,中国人均奶消费量与发达国家相比,甚至与世界平均水平相比,差距都还悬殊。

令人鼓舞的是,政府出台了一系列有利于乳业持续快速发展的政策,中国乳制品行业正面临增长方式的转变,以市场化、法制化、规范化的不破坏资源生态的生产方式,从源头抓起,从整个乳业产业链抓起,以现代的营销观念,迎接新一轮高品质发展周期的到来。

中国乳品消费在逐步扩大,但目前成规模的消费市场还远没有形成。中国许多人还没有喝牛奶,食用乳制品的习惯,尤其是农村市场还远没有打开,还有相当部分的人因经济条件所限消费不起,消费习惯的培养还需要一个过程。

纵观以往喧嚣的中国乳制品行业,其焦点一直围绕在价格战、奶源战、资本战、圈地战、广告战、口水战等方面,但近年来,竞争的话题显然已转移到以产品创新、工艺创新为代表的研发大战。各个乳制品企业推出的新品无一不注重科技含量,也更加侧重功能性。中国乳业已进入了新的竞争阶段。国内消费观念逐渐成熟,从"有奶喝"转为"喝好奶"的需求日益强烈,竞争也上了一个新台阶,从低端的价格大战走向高端的技术、产品比拼;从原始的广告战、价格战变为对行业健康、长远发展具有促进作用的差异化竞争。

随着中国乳业的迅速发展,产品结构也发生了很大的变化,已成为技术装备先进、产品品种较为齐全、初具规模的现代化食品制造业,随着中国人民生活水平的逐渐提高,乳制品消费市场还会不断扩大并趋于成熟,中国将成为世界上乳制品消费最大的潜在市场。

2) 主要竞争者分析

谈到伊利的主要竞争对手,人们第一时间就会联想到蒙牛。蒙牛和伊利具有相同的产品,共同的市场,剪不断的渊源,他们之间的竞争从蒙牛创立之初就没有停止过,并在伊利 2003 年从光明手中夺得中国乳业老大座次的同时升级为 PK 对决。液态奶是中国乳品业最重要、最核心的部分,占据中国乳品业的 60％ 市场,液态奶的市场份额将很大程度上决定企业的排名,这也是蒙牛和伊利争夺的主战场。根据中国质量协会、全国用户委员会第四次组织开展的液态奶消费者满意度测评,在全国性品牌中,伊利位列满意度、品牌美誉度第一。伊利也是所有品牌中知名度最高的品牌。

同时,伊利在高端市场的份额一直处于领先地位,高端产品占比超过四成。通过深挖细分市场,加大高端产品的研发和推广已成为伊利业绩增长的主要动力之一。配合渠道的开拓和下沉,一些高端产品由过去的一线城市拓展到了二三线城市,也为拉动业绩增长起到了积极作用。

除了蒙牛之外,还有一股不可忽视的力量,就是曾经很长时间占据中国乳制品行业首席的老牌企业光明乳业。光明乳业股份有限公司是由国资、外资、民营资本组成的产权多元化股份制上市公司,从事乳和乳制品的开发、生产和销售,奶牛和公牛饲养、培育,物流配送,营养保健食品开发、生产和销售。公司有乳品研发中心、加工设备以及加工工艺,形成了消毒奶、保鲜奶、酸奶、超高温灭菌奶、奶粉、黄油干酪、果汁饮料等系列产品,是目前国内最大规模的乳制品生产、销售企业之一。光明乳业是"巴氏奶"的代表品牌之一,2012 年实现营业收入 137.75 亿,在中国鲜奶市场占比约 45%,占酸奶市场份额的 28%,均为中国第一位。光明乳业拥有十余家自营牧场,存栏牛头数达 12 000 余头。牧场注重种质改良工作,采用分群饲养模式、TMR 饲养技术、培育出了大批高产奶牛,多年来其单产水平一直保持在8 500 公斤以上。所属牧场连续多年获得由第三方乳品质量检测机构颁发的"安全、优质、卫生"奶牛场,为光明乳品加工厂提供足量的优质原料奶。

3) 消费人群分析

消费习惯是影响乳品消费的首要因素。从全球角度看,消费习惯的形成往往受历史、宗教等行业外生因素的影响,且能延续很长时间。印度的人均 GDP 虽然最低,但每 100 美元 GDP 消费的乳品量却是美国、中国及世界平均水平的十几倍。同样在我国,不同区域的生活习惯往往有着较大的差异,在乳品的消费习惯方面也是如此。

虽然乳品消费习惯的影响期限较长,但随着人们对乳品营养认识的提高,以及乳品消费的更加便捷,乳品种类更加丰富,乳品质量安全更有保证,人们的乳品消费习惯也会慢慢改变,而且在改变初期往往带来乳品需求的爆发型增长。

在我国,乳品消费习惯还存在两个明显的特征,一是有非常明显的代际差异,即往往父母较少饮用乳品,但要求子女每天饮用,长期看来此特征将对乳品消费量产生重大影响;另外一个特征是奶源大省居民的饮奶习惯往往较好,在人均收入明显低于全国水平的情况下,10 个奶源大省城镇居民平均乳品消费量仍高于全国平均水平。

对乳品消费人群进行进一步分析,18 岁以下青少年人均消费乳品数量最多,老年人液体乳消费量比较高,乳品消费量最少的是中年群体。

此外,影响乳品消费的因素还有区域因素、乳品购买地点远近、气候变化、替代品价格、营养知识和营养意识、乳品质量和销售服务等等。

6.2.3　案例背景

根据《2011～2012 年中国 SNS 和微博用户行为研究报告》,来自艾瑞咨询网民网络行为连续性研究系统 iUserTracker 的数据显示,中国社区交友类服务覆盖人数超过 4 亿,其中微博服务的覆盖人数超过社交网络,成为最受欢迎的社交服务。随着社交服务的进一步渗透,社会化媒体营销逐渐成为企业在网络营销中的重要布局之一,其中 APP 植入式营销更是受到企业们普遍的青睐。APP 营销模式的流行除了其趣味性,更多的体现在它的参与性和互动性上。随着我国互联网用户不断增加,国内网页游戏用户总数量也在激增,据统计,在 2012 年中国网页游戏总营收高达 81 亿元,同比增长 46.4%,其中,SNS(社交类)网页游戏的用户数量已达到了 8550 万,占网页游戏总规模的 87.7%。

腾讯网是国内四大综合门户网站之一,拥有极高的媒体影响力和用户覆盖面,月均覆盖 3.4 亿网民,占整体网民数 90%以上,用户基数庞大,是具有极高传播推广价值的媒体平台。腾讯牧场是构建在其 SNS 社交平台 Qzone 基础上的一款网页养成类游戏,是目前腾讯平台上人数基数最大的一款插件游戏,游戏玩家群体近 2 亿,且玩家粘性较高。游戏玩家可在这个虚拟的"牧场"中虚拟养殖各种有趣的动物,并通过"养殖动物"、"装扮/维护牧场"、"收获成果""买卖成果""赠予""好友恶作剧"等多个游戏环节获取经验值和积分,同时借助 SNS 的沟通交流机制进行网友间的互动,在游戏中获得满足与成就感,享受游戏乐趣。

伊利营养舒化奶主推"营养好吸收,活力更充沛"的概念,产品的主要卖点是乳糖水解率高达 90%,充足的营养更易吸收,带来健康和活力状态,主要针对的目标人群以 26 岁~35 岁白领人群为主,他们生活形态较丰富多样,在意自己的身体健康,注重产品功能。综上所述,伊利营养舒化奶主要定位于高端用户群体,而 Qzone 作为国内用户数最多和影响力最强的社交网络之一,其用户近 70%拥有大学及以上学历,近半数月收入在 2 000 元以上,54%为 25 岁以上成熟人群,与舒化奶的目标消费人群高度契合,非常适合作为舒化奶的传播平台。那么接下来伊利如何在复杂的传播环境中准确地向目标消费群体传达品牌诉求,是其开展营销活动时面临的主要挑战。

6.2.4　产品介绍

伊利营养舒化奶由伊利公司于 2007 年推出,它富含多种营养元素,是适合中国人体质饮用的牛奶,牛奶中细化的营养更适合普通人群饮用,尤其是解决了乳糖不耐受人群的饮奶问题。

伊利推出的"舒化奶产品",是国内第一款可有效解决"乳糖不耐症"或乳糖酶缺乏问题的"低乳糖奶",也是首款水解率高达 90%以上的高水解率低乳糖牛奶,可以让不能喝奶的人喝上牛奶,让能喝牛奶的人获得更好的营养吸收。

为了给予产品更多的价值,针对不同的人群,伊利相继推出全脂型、低脂型、乳铁蛋白型、CPP 型四款舒化奶产品,舒化奶产品的最大特点是"营养好吸收,精力更充沛"。

同时,伊利舒化奶还获得了国内外多项荣誉:

　　(1) 2007 年在荷兰阿姆斯特丹举行的第一届全球乳业大会上,舒化奶产品因其技术新颖,并合理强化胶原蛋白和膳食纤维等营养获得"最佳创新液态奶产品高度推荐奖",这是中国乳制品第一次在国外获奖,实现了中国乳业创新的历史性突破。

　　(2) 2008 在第 14 届世界食品科技大会上获得"科技创新奖"。

　　(3) 在 2009 年中国学生营养与健康高峰论坛上,伊利舒化奶产品荣获"中国青少年营养促进改善奖"。

　　(4) 2011 年凭借在热映大片《变形金刚 3》的成功植入和传播推广,获得了传播营销领域大奖"金投赏"金奖。

　　(5) 2012 年 5 月舒化新品 CPP 型在中国国际食品和饮料展览会上获得"2012 创新产品"称号。

6.2.5　案例正文

1) 传播目标

　　通过在 Qzone 热门 APP 游戏——QQ 牧场中植入品牌信息,将营养舒化奶的产品形象、功能特点、受众利益点等信息潜移默化地向目标消费者渗透,使目标消费者以养殖舒化奶牛、收获舒化牛奶等方式,沉浸在品牌信息中。目标受众对 QQ 牧场的深度投入,有助于其将伊利营养舒化奶的独特诉求转化为感知,产生深刻记忆,进而对品牌产生良好印象,为后续的购买、二次传播留下伏笔。

2) 传播策略

　　泛关系链传播策略:借助 Qzone 热点应用 QQ 牧场,软性植入营养舒化奶产品信息,利用海量用户的互动行为和关系链泛传播,实现目标用户对舒化奶"营养好吸收"产品利益点和"活力更充沛"情感利益点的认识,并形成深刻记忆。

3) 传播时间

　　2010 年 8 月 9 日~10 月 11 日(62 天)。

4) 关键环节

　　(1) 平台组合。

　　此次营销依托 QQ 牧场深度植入,发挥腾讯平台巨大影响力;同时结合 Qzone 送礼组件＋活动 Minisite 问答抽奖＋Qzone 关系链病毒传播,达到深入影响和快速扩散的效果。

　　(2) 合作形式。

　　① 基本合作形式:在 QQ 牧场中设置"舒化奶牛"新品种,玩家通过养殖"舒化奶牛幼崽"至其产奶期,虚拟生产"营养舒化奶"产品,该产品可供玩家进行虚拟售卖,获取更多游戏资本,在此过程中,"营养好吸收,活力更充沛"等产品功能利益诉

求点在游戏环节中软性植入,多次提及,以达成核心的传播目标。

②扩展合作形式:设置有奖问答专区,通过此形式向受众传递产品核心卖点和利益诉求,并借由奖品形式给予受众亲身体验和尝试舒化奶产品的机会,有奖问答页面入口设置在游戏的主要环节界面中,如"幼崽领养界面"、"舒化奶售卖界面"等。此外,伊利舒化奶还与 Qzone 的送礼功能做挂接,将"营养舒化奶"作为 QQ 好友间互赠的虚拟礼物之一,利用中秋节前后好友互赠祝福的时机,巧妙植入产品内容,达到利用病毒效应传播产品信息的效果。

(3) 活动策划。

QQ 牧场的品牌植入、Minisite 的答题抽奖、Qzone 送礼组件的应用,以及 Qzone 好友关系链的病毒传播,四个阶段的恰当匹配,使伊利营养舒化奶的品牌诉求被准确且广泛地传递,扩大了品牌的影响力。

用户对 QQ 牧场的依赖和投入,为伊利营养舒化奶品牌诉求的传递提供了良好的传播环境。通过产品信息的软性植入,利用目标受众的互动行为,使其充分了解并逐步加深对伊利营养舒化奶"营养好吸收,活力更充沛"的认识。用户在牧场商店领养舒化奶牛,奶牛在成长过程中通过动作及冒泡语言等方式,充分体现品牌特点,使用户对产品的健康和活力诉求产生深度记忆。在收获伊利营养舒化奶的过程中,Flash 动画将产品应用的 LHT 乳糖水解技术充分展现,使用户增强对产品乳糖水解效果的认识。而后,用户通过卖出奶牛及舒化奶的方式,收获一份来自品牌的荣誉感和满足感,并在好友关系链的动态信息中增加品牌的曝光时间。颇具创意性的操作内容,和用户在奶牛养成过程中的情感共鸣,提高了用户的互动体验,拉近了产品与用户之间的距离。

在活动 Minisite 抽奖环节,用户回答产品问题正确后,即可获得抽奖机会。每天 100 箱舒化奶,鼓舞了用户积极参与互动。通过问题、抽奖,以及后续产品实物的三重刺激,使目标受众对产品信息的记忆更为牢固。

通过 Qzone 送礼组件,舒化奶的虚拟形象被广泛传播,使产品信息巧妙融入用户的情感互动过程,达到潜移默化的传播效果。

5) 传播效果

(1) QQ 牧场植入效果。

- 舒化奶牛被领养次数:10.24 亿次以上(平均每天超过 162 万次)。
- 领养舒化奶牛人数:2.5 亿人以上(平均每天近 400 万人)。
- 有奖问答页面入口点击量:9 790 万次以上(日均点击 155 万次以上)。

(2) 有奖问答页面推广效果。

- 页面总曝光量:2.39 亿次以上(日均曝光量达 380 万以上)。
- 页面独立访客:5 721 万人以上(日均 90 万人以上)。

- 参与有奖问答人数：6 633 万人次以上（日均 105 万人次）。

（3）Qzone 虚拟礼物推广效果。

- 送出舒化奶礼物量：266 万次以上。
- 参与送礼人数：143 万人以上。

6.2.6　案例分析

高度的用户黏着性使得 SNS 网页游戏成为 APP 植入式营销青睐的用户平台。悦活通过 APP 植入一夜成名，而伊利舒化奶更是凭借腾讯 QQ 空间将近 4 亿的月活跃账户，再一次塑造了品牌形象，吸引了更多的潜在消费者。用户通过 QQ IM 迅速进入 QQ 空间，点击 QQ 牧场，通过领养、成长、产出产物、偷取、售出一系列过程，用户能够获得产品自身生产过程的体验，同时通过好友关系进行"偷取"互动扩充活动的范围，增加了用户的参与度，通过抽奖等互动环节，进一步刺激了消费者的参与冲动。

在同类快消产品仍局限于传统的硬广及活动推广形式时，伊利舒化奶紧扣时机，率先在 QQ 空间尝试泛关系链营销，并将传播效果发挥到了极致。通过潜移默化的植入，用户不自觉的接受品牌信息，并成为信息的传播源。整个营销活动颇具亮点：

（1）QQ 牧场首例合作，创立了高端奶品客户开展泛关系链营销的新标杆。

伊利精准选择投放平台，充分利用目标用户对 Qzone 平台牧场的热爱，使活动期间领养奶牛次数超过 10 亿次，领养奶牛人数达到 2 亿人，超过 10 亿次品牌曝光，达到降低成本、事半功倍的传播效果。

（2）泛关系链传播强劲爆发力。

用户间展开关注、互动、交流实现病毒传播。用户在 QQ 牧场领养舒化奶牛成功后，收获舒化奶的动态信息会在好友关系列表中迅速广播，达到传播效果。泛关系链的机制让消费者的沟通和互动变得更加轻松和娱乐化。在 2 亿多的牧场用户中，领养奶牛数也是 2 亿多，接近 90% 的用户参与了奶牛领养和农场游戏；这样高比例的用户参与是过去通过硬广拉流量的活动难以达成的。

（3）深度互动体验，拉近与用户间的距离。

用户通过领养舒化奶牛、成长、获取、售卖四个步骤来完成整个牧场操作，每一次获取的动画过程都充分融合了舒化奶 LHT 乳糖水解技术，潜移默化地增加用户对产品功能的认知。

目标受众参与伊利营养舒化奶的活动，是一个由浅入深，从逐步接触品牌信息到全方位融入其中的过程。在养殖奶牛、收获舒化奶、售出奶牛及舒化奶的过程中，用户对品牌诉求的体会变得更为深刻；同时，用户的情感共鸣在其辛苦劳作的过程中也被广泛调动起来,使其互动体验得到有效提升。在用户主动投入感情参与活动的基础上,品牌信息的传播过程已变身为用户主动传播快乐的过程。

(4) 多手段、全方位营销多种营销渠道并用。

除了 QQ 牧场活动,还包括搭建伊利舒化奶活动平台设置答题和抽奖环节,刺激用户参与;在 Qzone 好友送礼定制伊利舒化奶"活力过中秋"礼品,深受网友喜爱。

(5) 差异性的品牌沟通。

首先,在消费者的差异化沟通层面,伊利营养舒化奶围绕 QQ 牧场,向目标用户传播品牌信息,通过产品信息融入到牧场,用 Flash 和冒泡语言等趣味互动体验激活产品感知。在领养舒化奶牛、收获舒化奶的过程中,品牌通过实时动态,搭载用户好友关系链得到迅速传播。

其次,在内容的差异化沟通层面,腾讯结合多种营销渠道对用户进行全面立体沟通。除 QQ 牧场活动外,还搭建了伊利营养舒化奶活动平台设置答题和抽奖环节,刺激用户参与,并设置 Qzone 好友送礼,鼓励用户赠送"活力过中秋"礼品,深受网友喜爱。

在品牌的差异化沟通层面,活动以目标用户的兴趣点展开互动沟通,使用户了解伊利营养舒化奶的产品信息,充分感知品牌诉求。从线上活动转化为线下购买的便利性方面看,目标用户通过参与 QQ 牧场活动,将伊利营养舒化奶的独特诉求转化为感知,产生深刻记忆;通过用户在 QQ 牧场较长周期的操作,充分接受并理解品牌信息,有力促进了线下购买行为的发生。

在社交网络游戏席卷全球的今天,APP 植入已成为最受供应商青睐的传播方式之一。根据产品用户群,找准产品定位,进行适当植入以及抽奖等激励措施,达到企业与用户的深度沟通。Intel 也曾尝试通过 QQ 牧场进行品牌植入,取得了相当不错的效果。有专家指出,传统营销格局将逐渐被互联网新的营销模式分割,单纯的硬广格式已经不能打动消费者的购买决定,泛关系链传播将成为一种新的且强劲的营销趋势逐渐占有市场,打动用户。

6.2.7　案例点睛

1) 巧用泛关系链

腾讯在构建在线生活平台的过程中,通过 SNS 社区、个人虚拟世界、即时通讯、资讯、QQ 校友、QQ 牧场、QQ 秀、电子商务等产品和服务,聚合用户的多重关系,构建起庞大的泛关系链网络,在这个网络之中包含真实的朋友关系,也有纯粹的网络朋友。而他们之间产生的社交形式是多重的,这就意味着更高的黏度。

快消品牌不希望消费者的人群是高度固化的,而是希望通过尝试与分享,形成一种让人愉悦的消费体验,继而传递到更多的消费人群中去。在互联网和手机的时代,都市中的人们会更加忙碌,和朋友见面交流的机会变少。这种背景下,腾讯泛关系链的内核可以更快速地扩展社交网络,不经常见面的朋友也可以在情感上熟识,这对于快消类客户来说有很重要的意义。

2) 精确化的导航

受众目标的高度吻合,使得品牌在腾讯平台开展的活动精确覆盖到目标用户,使沟通变得更有效率。在精确的用户定位基础上,选择 Qzone 的 QQ 牧场和好友送礼来精准承载整个活动,保证了品牌信息被及时有效地送达,好友关系链中用户属性的相似性,更有效扩大了传播范围。

6.3　中美史克保丽净假牙清洁片

案例摘要　保丽净假牙清洁片是中美史克集团于 2010 年引入中国的假牙护理品类,作为一款主要定位于老年人使用的产品,虽然它在欧美已有 70 多年历史,但在中国尚属全新产品,知名度和认可度都不高,而老年人普遍缺乏假牙护理意识,且对新产品的接受度较低。那么,保丽净该以什么样的品牌宣传渠道和方式来帮助产品真正渗透国内市场呢?中美史克经过调查研究发现,假牙佩戴者的子女是其产品使用者的重要影响人群和主要实际购买人群,应当将其首先定位为目标消费人群,中美史克继而又选择了在目标人群中最具营销价值的社交媒体作为主要传播平台,以产品受众(老年人)和营销受众(年轻人)之间的亲情纽带作为绝妙的桥梁,借助微博的高关注度和高影响力,辅以视频传播和 LBS 等形式生动的营销工具,将保丽净假牙清洁片的营销演变成一场温暖人心的亲情传递。

关键词　产品受众,营销受众,亲情营销

案例导读　您是否知道假牙清洁不当,将有可能影响全身健康?您是否了解普通牙膏不但不能有效清洁,反而会伤害假牙?据权威部门统计,截至 2012 年底,中国老年人口约 1.94 亿,他们中有超过 1/4 配戴假牙。重视口腔健康,科学正确的护理假牙十分重要。目前,我国公众亟须科学正确的假牙清洁护理指导。2010年 5 月,由中美天津史克制药有限公司举办的"清洁假牙,捍卫健康,保丽净假牙清洁片中国上市会"在京召开。会上中美史克首次推出专业的假牙清洁护理产品——保丽净假牙清洁片,并将国际最新的口腔护理理念引入我国,号召公众重视口腔健康,重视假牙的科学清洁与正确护理。这标志着专业的假牙清洁护理产品正式登陆我国,全新的护理理念将引领公众进入科学清洁假牙的新时代。产品已经上市,那么该如何帮助假牙使用者及其亲属树立科学、良好的假牙护理理念,让专业的假牙护理产品真正走入人们的生活,帮助其有效提升生活质量呢?请让我

们一起走进这起 2011 年度最为温暖人心的营销案例之一,跟随中美史克的脚步,逐步拉开这场假牙护理新革命的序幕。

6.3.1　公司简介

中美天津史克制药有限公司是由全球最大的药厂之一葛兰素史克(GSK)与国内大型药厂天津中新药业股份有限公司和天津太平(集团)有限公司共同投资设立的消费保健用品公司。

作为最早在华设立的外商合资药厂之一,中美史克早在 1987 年便在中国生根。20 多年来,中美史克一直秉承着大爱铭心的理念,用优质的产品和爱心回报社会和广大患者和消费者。2008 年,中美史克家族除了消费者耳熟能详的四大 OTC 品牌新康泰克、芬必得、百多邦、史克肠虫清外,还成功上市了全球牙医首选推荐的抗牙敏感牙膏舒适达。新康泰克和芬必得两大品牌家族也又添新成员:2008 年,新康泰克红色重感装成功上市;2009 年,芬必得酚咖片新头痛装成功上市。2010 年,中美史克又一个令人耳目一新的口腔护理新品牌"保丽净"成功上市,为中国广大的假牙佩戴者提供了一个安全高效的护理方案。同年,康泰克鼻贴上市,为中国消费者舒缓鼻部症状开创了一个创新的健康选择。除此以外,中美史克一直在不遗余力地研究中国消费者的需求,并借助全球研发力量,力求不断推出更多的优质产品,以更好地呵护中国消费者的健康生活。

中美史克注重以人为本,多年来,始终致力于创造一个以消费者为根本、以公司核心价值观为行为指南的、员工高度敬业的公司文化。公司激动人心的"3T"文化,即相互信任(Trust)、开放透明(Transparent)、积极主动(Take initiative),不断引导、鼓励着员工追求卓越,并吸引越来越多的人才加入。

作为一家富有社会责任感的企业,中美史克关注公益的脚步也从未停止。在汶川大地震中,葛兰素史克中国公司在地震发生的第二天即向中国卫生部捐助了 1000 万元人民币,其中仅中美史克的捐赠就达到了 260 万。在此之后,中美史克还组织员工深入灾区都江堰践行爱心,协助当地受灾学校的重建工作。2008 年,中美史克启用收留了 103 个流浪儿的光爱学校校长石清华作为芬必得品牌的广告主人公,以捐赠演出费、捐赠爱心健康运动屋等方式资助石清华更好地从事慈善教育事业,还在员工中开展了与石老师收养的流浪儿互动的"与爱同行,伴你成长"志愿者活动。

6.3.2　假牙护理行业分析

1) 市场概况

假牙护理文化在欧美有近 70 年历史,假牙护理产品已经覆盖药店、超市等,成为假牙用户的日用产品,而在中国假牙护理产品尚属全新产品。保丽净在2010年4月由中美史克引入中国,引入当年中国假牙清洁片的品类知名度仅为17%,保丽净进入市场之初渗透率仅为2.7%。

而根据调查显示:截至2012年年底,中国60岁及以上老年人口占总人口14.3%,已超过1.9亿。60至74岁年龄的人群,因各种原因缺失牙齿10颗以上占50%;74岁以上人群,约四分之一(26%)的人已缺失所有牙齿。超过43.7%的老年人均镶戴有活动假牙。由于缺乏科学、正确清洁护理指导,假牙已成为许多致命疾病的隐患。

做好假牙清洁是假牙配戴者保持口腔健康和减少其他全身疾病风险的重要环节。假牙清洁不及时导致食物残渣滞留,造成龋病、牙周病、口臭、口腔溃疡等,进而影响全身健康。普通牙膏中含有的研磨成份,长期使用会在假牙表面形成刮痕,增加细菌和菌斑的蓄积,增加感染风险。

但调查发现88.1%的假牙配戴者不能有效地清洁假牙,76%使用牙膏刷洗假牙。这些正是公众口腔护理观念薄弱,对不洁假牙威胁健康没有认知的表现。

专家提醒:假牙使用者应保持良好卫生习惯,每天及时清洁假牙,有条件者可根据国家卫生部《中国居民口腔健康指南》提出的"使用假牙清洁片帮助清洁",以减少患上口腔疾病和其他疾病的风险。

2) 主要竞争者分析

假牙清洁片和义齿安固粉、义齿安固垫片、义齿护理盒等系列产品合称"假牙伴侣",假牙伴侣可以起到"假牙稳固,三餐无忧"的作用。假牙伴侣在国内才刚开始作为一种新兴产业,而在欧美发达国家已经普及近50年。义齿伴侣在国外被形象地比喻成"第二支牙膏"、"假牙胶水"等,为欧美国家牙医所公认,75%的牙医向患者推荐此类产品。产品已经覆盖医院、诊所、药店乃至超市等,成为义齿用户的日用用具。

在美国、英国、法国、德国等西方发达国家,义齿护理产品作为活动义齿用户的日用产品,其销售范围已经覆盖到了医院、诊所、药店乃至超市。调查显示,在欧美发达国家,75%的牙医曾向患者推荐此类产品。以欧洲市场为例,德国总人口8000万,每年销售量义齿清洁片32000万片,人均4片/年。波兰总人口3800万,每年销售义齿粘着膏150万支,人均0.4支/年。

目前在国内做假牙伴侣系列的品牌只有雅克菱,雅克菱是中国义齿护理行业首家通过欧盟CE认证的企业,产品远销欧美。雅克菱假牙清洁片,又称雅克菱义齿清洁片,是北京雅克菱生物科技有限公司旗下的义齿护理系列产品之一。目前市场上雅克菱假牙清洁片的包装是30片/盒,以薄荷味产品为主。雅克菱是行业内最专业的假牙护理产品制造商,是国内假牙护理行业的开创者。假牙清洁片以其高技术含量、不损伤假牙材质等特点一直受到市场青睐。在一些一线城市,产品甚至会出现脱销局面。

3) 消费人群分析

假牙清洁片的使用者多为 60 岁以上的老年假牙佩戴者,大多数人对于专业的假牙护理产品并无概念,他们已经习惯用牙刷清洗假牙、用盐水浸泡假牙,并没有意识到这样的清洁方式不能够彻底清洁假牙,并会危害到身体健康。老年人对于新观念、新产品的接受度比较低,需要品牌付出更多努力进行说服和教育。

6.3.3　案例背景

作为一个全新的品牌,保丽净假牙清洁片亟须提升品类关注度和品牌知名度,改变目标消费者现有使用习惯。

根据中美史克的调查数据,保丽净 50% 的购买者来自假牙佩戴者的年轻子女。年轻子女是保丽净产品使用者的重要影响人群。当今社会空巢老人的社会现象越来越普遍,越来越多的年轻人离开父母远赴异地工作和生活。这帮年轻人大多在 25～39 岁,是假牙佩戴者的子女,以都市白领为主。对这一消费群体进行进一步洞察分析,发现他们具有以下特点:第一,作为 25～39 岁的主体消费人群,他们普遍经济基础较好,对生活品质与社交关系较为注重,处于人生事业的黄金阶段;第二,目标人群工作繁忙,外出工作者较多,存在对家人特别是父母关心欠佳的社会问题;第三,同时,该类人群具有一定社会责任感,社会认同意识较强,熟悉并乐于使用互联网平台建立与分享社会认知。对目标人群进行定位分析,可以得知:搜索引擎、视频网站和社交媒体是针对这个人群覆盖率最高、停留时间最长的互联网媒体形式。

而在这些互联网媒体形式中,微博又是其中最炙手可热和最受广泛关注的媒体形式。"如果你的粉丝数量超过 100,你就是一本内刊;超过 1000,你就是个布告栏;超过 1 万,你就像是一本杂志;超过 10 万,你就像是一份都市报;超过 100 万,你就像是一份全国性报纸;超过 1000 万,你就像是一家电视台。"这番话形容的是微博的媒体影响力。在注意力经济时代,谁能吸引消费者更多的关注、洞悉消费者更隐蔽的需求,谁就能在市场上立于不败之地。以微博为代表的社会化媒体的兴起,让消费者相互影响的能力不断增强,营销和品牌的信息传递正在从传统渠道转向以内容为主的微博等自媒体传播。随着大众关注度和喜爱度的不断提高,微博及其营销价值前所未有地受到了重视。

随着用户的数量不断增加,微博在中国逐渐成为互联网的新入口和企业营销的新平台。根据 2012 年 DCCI 的统计数据,新浪微博注册用户数超过 3 亿,日发表信息量高达 1 亿条,平均每分钟发表近 10 万条,用户平均在线时长约为 60 分钟,市场占有率遥遥领先国内其他各种微博平台。相对于其他微博平台,新浪微博深入了解中国用户的沟通习惯和文化差异,针对性地设置了"评论＋转发＋私信"的互动功能,运用了包含图片、视频、短链接等在内多媒体支持形式,方便用户多途径使用自媒体。更为重要的是,新浪超级媒体平台的资源倾斜和内容转移服务,让新浪微博拥有了极为丰富的运营经验和信息资源。

最终,保丽净选择了目标人群中最受欢迎的社交媒体——新浪微博作为此次互动活动的核心平台,以视频网站和父亲节、母亲节相关的关键词为活动带去大量目标人群。

6.3.4 产品介绍

保丽净是中美史克专为假牙护理所设计的专业品牌,从 1935 年,保丽净假牙清洁片在美国上市以来,约 80 年间,已畅销全球 76 个国家,为假牙佩戴者的口腔健康提供了完善的解决方案。保丽净假牙清洁片专为假牙所设计,能全面清洁假牙而不损伤假牙表面。科学证明,其独特的泡腾配方,能有效杀灭 99.9％假牙上的细菌,有效减少牙龈和口腔问题,保持口腔健康。保丽净假牙清洁片具有以下功能:

- 5 分钟快速杀菌;
- 清除 99.9％的口腔常见菌;
- 持续使用、帮助延长假牙寿命;
- 有效清除牙垢、牙菌斑;
- 保护假牙、不留划痕。

6.3.5 案例正文

1) 传播目标

(1) 通过引发目标人群的情感共鸣,建立目标人群对保丽净的品牌认知,引导目标人群用行动表达对父母的关爱;

(2) 建立品牌认知度与美誉度,派发试用产品,促进产品销售。

2) 传播策略

以亲情的角度,从儿女的视角思考,打动年轻消费族群。营造引起大众共鸣的"亲情营销"方式,将保丽净塑造为连接父母和子女之间情感的桥梁,吸引年轻人群关注保丽净并激活购买需求。

借助"母亲节"、"父亲节"两次亲情主题节日推广营销活动,易于亲情营销与目标人群的深度沟通。通过"测试亲情距离"、"亲情视频"、"微家书"以及"试用装申领"四种方式,形成"唤醒、触动、行动、体验"的品牌认识过程,使品牌知名度和好感度得到提升,并使消费者对假牙清洗方式得到新的认知。

3) 传播时间

2011 年 4 月 28 日~6 月 23 日。

4) 关键环节

营销活动选择在父亲节和母亲节这样的温馨家庭节日,作为最能够表达子女心意的契机,以拉近子女和父母之间亲情的距离为线索,活动页面如图 6-1 所示,活动内容分为 4 个部分:唤醒,触动,行动和体验。

图 6-1　保丽净亲情营销活动页面

首先在唤醒环节,采用 GPS 定位与谷歌地图相结合,为父母和子女进行亲情距离的趣味测试,综合子女和父母之间的物理距离和关爱指数,测试出孝心头衔。"亲情距离测试"是通过一个简单而有趣的小程序,让用户在地图上标注目前生活的位置和父母目前生活的位置,并回答与父母联系的频次,对父母生日的牵挂等几个问题,然后保丽净运用 LBS 技术进行测试,测试结果显示出亲情距离的远近,如"零距离"、"一步之遥"、"十万八千里"等等。参加测试之后,每个网友都可以得到一枚孝心勋章,"受封"为"孝心皇帝"、"孝心大学士"、"孝心童生"等头衔,然后分享到自己的微博上。在这个环节里,网友通过很小的 LBS 工具就可以直观地看到自己与父母的距离,LBS 工具与微博联动应用,对吸引眼球、留住粉丝发挥了很大的作用。有趣灵活的参与方式,让网友有了一种强烈的互动感和体验感,用心丈量自己与父母之间的物理距离和情感距离,重视亲情。物质和情感的双重奖励,调动了粉丝的参与热情,进而形成影响力和口碑,吸引更多的人参与保丽净的主题活动。

触动环节中,保丽净先后推出名人微访谈和原创亲情视频分享,唤醒子女对父母在情感付出上的愧疚心理,触动子女对父母的情感维系。比如,名人微访谈主要是想通过名人访谈让名人表明自己对待父母的态度,利用名人效应,引起网友的情感共鸣。例如采访新婚明星夫妇胡可、沙溢,探讨了家庭亲情,引起粉丝对亲情进行思考。借助明星几十万甚至上百万粉丝,推广保丽净品牌。随后,保丽净的原创亲情视频短片上线,通过《日记篇》《结婚前夕篇》《距离篇》三个短片的演绎,将对父母的思念和愧疚,以具象化的方式传达给用户,促使网友反思亲情,进而参与关爱父母行动,引发了网友的大量转发。

行动环节中,由保丽净官方微博原创发起"微家书"活动,发布趣味、温馨、愧疚等不同角度的亲情话题,鼓励子女对父母直抒胸臆。新浪微博在"微家书"页面对保丽净的主题活动进行推荐,免费开通短信功能,以便将微家书发送到父母的手机上。而网友参加新浪微博"微家书"主题活动,就有机会获得保丽净提供的奖品,比如保丽净假牙清洁片试用装、老年人使用的手机、孝心旅游基金携程卡等。同时举办微家书评奖活动,定期评选优秀作者,激发粉丝参与的热情。"微家书"活动引发了网友亲情互动的风潮,活动鼓励网友用最"有心意"的信——微家书,写下对父母想说的话。营销团队提供了多个话题,例如"听妈妈的话"、"发现,爸妈老了"、"如果时光倒流,我希望"、"养儿方知父母恩"、"爸妈的味道"、"爸妈吹过的牛"等等。网友将自己的"微家书"发布在微博上之后,系统还会提示是否发送免费短信到父母手机。

最后在体验环节,保丽净每天提供 2 000 份试用装可供免费申领,由保丽净为子女直接递送到父母手中,直接促进产品体验和拉近距离。为了便于网友关心父母,保丽净免费提供了大量试用装,只要是参与活动的网友,都可以申请送给父母一份保丽净试用装。很多用户收到保丽净试用装后,在微博上感叹说:"没有想到真的会收到试用装。"保丽净从情感沟通角度推广此次活动,通过申领试用装宣传产品信息。如果用户申领试用装,就可以在申请网页上看到保丽净的品牌 LOGO、产品简介、使用信息、关爱父母健康的小贴士等。在温暖的主题下融入一些品牌因素,但并不以品牌为主导。

5) 传播效果

据统计,活动效果远远超出了预期,基于新浪微博平台的分享机制极大提升了活动的覆盖面和参与度:一个多月的时间,通过新浪网、新浪视频、新浪微博等入口进入活动页面的独立人数超过了 200 万,保丽净品牌曝光超过了 1.5 亿次;保丽净官方微博的粉丝数量增长到 6.5 万,而且粉丝的质量与活跃度很高,微博被转发总数 104 682,总评论数 82 319;活动期间共有 280 万活动页面访问量,40% 的活动参与率,名人微访谈 1 小时期间问答次数多达 4 000 多次,2 个视频短片 8 周总播放次数 863 万;母亲节期间,微博内视频转发率 128%(包含未观看短片并转发),Campaign-site 站内转发至微博为 19 万次,同时微博评论 29 万条,25% 的新浪微博用户被活动触达;"微家书"营造 16 个话题,18 万封微家书发布,品牌知名度提升高达 3 倍;21,072 份试用装申领,已成功发送 93.4%;品牌热线接入量提升150%,产品销量提升 81%。

6.3.6　案例分析

1) 转变视角,应对新形势下新营销

社会化媒体情境下如何与消费者建立联系? 消费者具有了哪些值得注意的新特点? 这些是新形势下新营销所面临的新问题。随着智能手机、平板电脑等移动终端的兴起,人们可以随时随地查看微博、博客等社交网络;各类社交网络也渐渐承载了越来越丰富的用途,线上的小游戏、测试、聊天等娱乐活动使得人们尤其是年轻人,可以利用排队、乘车等时间排解生活压力。人们的生活逐渐碎片化,思维方式业已多任务化,为了适应消费者的这种特征,营销人士必须懂得如何有效地吸引他们的注意力。

保丽净假牙清洁片自 2010 年在中国内地上市,立刻掀起了一系列的品牌推广活动。以往通过 TVC 与 Digital 广告的组合,推广产品知识和科技含量。而这次则借用新浪微博进行“亲情营销”。虽然老年人才是这款产品的直接使用者,但子女却是假牙清洁片的潜在购买者。因此,保丽净转变视角,去吸引年轻群体,加强他们对保丽净的品牌忠诚度。

2) 借势节日时间点,巧妙打出“亲情牌”

而在营销活动的时间点选择上面,保丽净选择在 2011 年 4 月底至 6 月底这段时间,正好这期间覆盖了母亲节和父亲节,借着用户对关爱父母亲话题的关注,保丽净传播的两支病毒视频获得了很高的点击量。

随后,保丽净借势这段时间发起了一系列的微博营销活动,以子女与父母之间的亲情作为营销创意的出发点。通过“微家书”、“亲情距离”、“亲情视频”等活动,逐渐将子女与父母的亲情互动拉近,并使得保丽净产品的购买者与使用者之间产生联系,通过高曝光率,打出了一张巧妙有趣的“亲情牌”。保丽净的策划团队总共设计了 20 多个话题,从父爱、母爱、严厉、包容、体谅、教育、关心等各个不同侧面去触及亲情这一人们内心深处最敏感的神经,结果引发了强烈的共鸣,激发了公众参与的热情。在参与和互动中潜移默化地加强亲情与该产品之间的关联度,再加上大量颁发的活动“奖品”和体验式营销,极大地引发了年轻人对亲情、长辈和产品的关注,同时也激起了老人使用该产品的渴望,产生了超出预期的营销效果。

6.3.7　案例点睛

1) 微博情感营销,以人为本

情感营销是触动用户内心深处的琴弦,借助于微博找准音对的那根弦并轻轻一拨,优美的音乐将会传播互联网各个角落。但如果没有找准则适得其反,对于微博营销者而言,如何寻找和巧妙的拨动是内容传播成败的关键。

情感营销本身已经不算新鲜概念,但是当社会化媒体发展渐渐成熟时,特别是当微博这种自媒体火热起来时,产品品牌与消费者之间的一对一沟通变得更加容易,情感营销就被注入了新鲜活力,这一营销工具成了很多品牌在创新营销探索路上的试金石。

好的微博情感营销活动,必须真正关注消费者的需求,在保丽净这场微博情感营销中,我们可以看到具有趣味性的网络互动小游戏,体现利他性和价值观的微家书、亲情视频、线下礼品、富有创新性的多主题营销等,而且,营销过程自始至终,与消费者之间的充分互动是营销良好运行的润滑剂。

2) 微博营销中要注重用户互动,传播产品理念

互动的目的就是要黏住客户。只有抓住了客户的兴趣点,才能引起关注、引发共鸣和参与,才能黏住客户。只有黏住了客户,才能在顾客的参与和互动中传播经营理念、引导市场。所以,互动和参与只是黏住客户的手段,目的是要传播理念,影响市场和顾客。一个再好的创意,如果没有话题度、没有共鸣、没有互动,顾客只是看一眼一笑了之,就无法粘住顾客,当然也就无法影响到顾客的思维方式和购买行为。

6.4　加多宝借力《中国好声音》营销

案例摘要　在这个泛媒体、泛娱乐、泛营销的时代,真正有质量的娱乐营销依然属于稀缺资源,而娱乐营销更非简单的冠名与赞助。《加多宝中国好声音》在独特定位(高标准、高投入和只用声音打动人)、互动营销(调动观众参与)、社会化媒体营销(展开微博活动、软文传播)、情感营销(真情故事塑造不同个体)、公关策略(多层次、多角度的口碑传播)、商业模式(制、播分离,整合明星导师并与之利益捆绑)等方面均表现了全新的运营模式和深厚的营销功底。加多宝联姻《中国好声音》,综合运用并整合"电视＋网络视频＋微博＋社会化媒体渠道"等资源,使得加多宝品牌在该节目播出期间获得了最大化程度的曝光,实现了品牌切换和真正意义上的身份独立与认知。此次营销模式的创新成功,关键在于双方理念性、专业性和创新性的契合,算是强强联合的杰作,不失为一次成功的娱乐营销。与此同时,这次成功又再一次验证了社会化媒体极强的传播能力和影响能力。

关键词　娱乐营销,社会化媒体,品牌曝光

案例导读　"你看好声音了吗? 有几个导师转身啊?"2012 年夏天,《中国好声音》成为了人群中关注度最高的一个话题之一。据央视索福瑞媒介研究有限公司的数据显示,《中国好声音》首期节目收视率超过 1.5,第二期节目的收视率达到2.8,已经位列同时段节目榜首,此后节节攀升,遥遥领先其他节目,位列同时段第

一。9 月 30 日的"巅峰之夜",收视率甚至高达 7.0。在"好声音"收获口碑之时,冠名商加多宝也借助这次娱乐营销火了一把。"正宗好凉茶正宗好声音欢迎收看由凉茶领导品牌加多宝为您冠名的加多宝凉茶中国好声音……"这一被主持人华少以 47 秒说完 350 个字的广告词也激起了公众挑战最快语速的热潮,网友们纷纷调侃"华少就是来卖凉茶的"。加多宝方面也向中国经济时报表示,《中国好声音》的播出正值凉茶销售旺季,借助《中国好声音》的热点效应,加多宝刚到 9 月就已完成了 2012 年全年销售目标。

6.4.1　公司简介

加多宝(鸿道)集团是一家香港独资、以北京为内地总部的国内大型专业饮料、矿泉水生产及销售企业。目前,加多宝旗下产品包括红色罐装、瓶装"加多宝"和"昆仑山天然雪山矿泉水"。集团董事长陈鸿道,号称"凉茶大王",他带领红罐"加多宝"成为"中华第一罐",成为销售额超越了可口可乐和百事可乐的中国罐装饮料市场第一品牌。

由国家统计局中国行业企业信息发布中心举办的"第 17 届全国市场销量领先品牌信息发布会"在京隆重举行,加多宝获得"2012 年度全国罐装饮料市场销量第一名"的称号,以无可争议的品牌实力连续 6 年蝉联"中国饮料第一罐"。此次信息发布会公布的相关数据显示加多宝罐装凉茶市场占有率远超 80%,再次印证"10 罐凉茶,7 罐加多宝"的言之凿凿。

自 2012 年 5 月加多宝推出自有品牌,短短 3 个月便实现品牌成功转换,其市场表现也依旧强劲,一路高歌,2012 全年销量突破 200 亿。有关可口可乐品牌一夜间烧掉厂房的"典故",一直激励着行业要打造一个强势品牌。可加多宝却让失去了品牌而拥有产品、配方、渠道的红罐凉茶,再度崛起。从某种程度上,这是违反规律的,但加多宝成功了,创造了另类的"经典"。

加多宝的成功除其继续沿用的正宗配方、保证其原有的品质、工艺外,其快速有效的营销手段也功不可没。从全民娱乐的《中国好声音》到贯穿南北中的跨年营销,2012 年至 2013 年加多宝上演的一场场营销创新的好戏总是引发业内人士和消费者的称赞叫好。舆论普遍认为,加多宝在营销方面的努力创新直接促使了其品牌的成功转换,并奠定了稳固的凉茶行业领导者地位。

6.4.2　凉茶行业分析

1) 市场概况

目前饮料市场主要由碳酸饮料及茶类饮品构成,而茶又包括红茶、绿茶和凉茶等。根据 2012 年中国国际经济贸易仲裁委员会的裁决,广药收回红色罐装及红色瓶装王老吉凉茶的生产经营权,香港加多宝集团停止使用"王老吉"商标。这场历时1年多"王老吉"风波的尘埃落定给凉茶行业带来更多的不确定性,加多宝、王老吉、和其正、霸王等品牌将重新划分中国凉茶市场。根据广东食品行业协会网站上得到的信息,近年来,以凉茶为代表的植物饮料市场正在飞速发展。2011年已形成年销售额近200亿元的巨大饮料产业,而加多宝生产的红装王老吉占据了约70%的市场份额。而根据2012年公开数据显示,更名后的加多宝凉茶品牌知晓率高达99.6%,品牌第一提及率和推荐度方面均占据绝对领先优势。销量也是大幅攀升,整个2012年上半年同比增长已超过50%,在广东、浙江等凉茶重点销售区,同比增长超70%。

2) 主要竞争者分析

提到加多宝的主要竞争者,就不得不提价值1 080亿元的"中国第一商标案"——加多宝与广药的"王老吉"商标之争。最终,广药集团夺回了红色罐装及红色瓶装"王老吉"凉茶的生产经营权,加多宝集团将停止使用"王老吉"商标。

2012年5月16日,加多宝公司在北京召开"王老吉"商标败诉媒体说明会。半小时后,加多宝宣布放弃"王老吉"品牌,推出新品牌"加多宝"凉茶。

5月21日,广药集团在广州东方宾馆召开"王老吉"凉茶发展战略发布会,表示将在6月初推出红罐"王老吉",并计划五年内实现销售300亿元、到2020年实现销售600亿元的目标。

近几年来,国内凉茶行业保持着高速增长的态势。2003年,红罐"王老吉"凭借着"怕上火,喝王老吉"开始风靡全国;2008年,红罐"王老吉"销售额首次突破百亿,超越可口可乐和百事可乐。市场上同样规格的罐装饮料,"王老吉"凉茶的零售价要比可口可乐和百事可乐的价格近乎高出一倍,其盈利能力已然在可口可乐和百事可乐之上,凉茶市场成长为饮料业中毛利较高的一个细分市场。

数据显示,2012年国内凉茶市场以"王老吉"一家独大,占据70%的市场份额,和其正10%,其他品牌合计占据剩余市场。而"霸王"、"上清饮"包括"和其正"等品牌的目标消费群与"王老吉"重合,在直接竞争中无法与"王老吉"对抗,面临着定位尴尬、市场认可度不高、品牌塑造困难等窘境。

"王老吉"商标之争引发的不仅仅是凉茶行业内部各品牌之间的格局盘整,还影响着凉茶行业在整个饮料大行业中竞争力的表现。

"王老吉"商标的仲裁结果,对加多宝公司或者广药集团都是一个再出发的过程。短时期内,"王老吉"以及"加多宝"的运作未必能迈上正常轨道。百亿元的市场出现短暂性的真空期,给了竞争对手极大的发展机遇,"和其正"以及其他品牌有望蚕食部分市场。未来,"王老吉"、"加多宝"、"和其正"将是竞争主力,其他品牌如"上清饮"、"霸王"凉茶、"清酷"凉茶的市场份额或将有所增长。预计未来市场将呈现出多元化的竞争格局。

当前,凉茶市场规模的下滑,是凉茶行业首先应该担心的事情。经历本轮商标之争后,同为标志性的红罐包装广药集团还未公布新包装、同样标榜是"正宗凉茶"的竞品,或许会造成消费者消费选择的"失明",转投茶饮料、水饮料等产品的消费。这将从根本上削弱凉茶市场的需求基础和行业发展规模。

加多宝公司与广药集团的"正宗凉茶"之争,不仅混淆视听,不利于市场的发展,且争端的焦点有可能偏离目标消费者的心理需求,造成市场诉求的"无的放矢"。

3) 消费人群分析

据有关调查数据显示,在影响饮料购买的众多因素中,"口味好"排名最高,比例超过 50％以上。可见口味是影响消费群体购买的最重要因素。其次,价格的影响也不容忽视,被列为影响购买的第二大因素。同时品牌知名度、保质期、购买方便也成为人们购买时普遍考虑的较重因素,另外产品功能、广告影响也相当重要,包装对购买也有一定的吸引力。

6.4.3　案例背景

席卷海外的荷兰音乐节目《The Voice of Holland》的中国版——大型专业音乐真人秀《The Voice of China——中国好声音》,携全世界华人的音乐梦想重磅来袭,2012 年暑假震撼登陆浙江卫视。

《中国好声音》是由星空传媒旗下的灿星制作公司以 350 万三季的价格从注册在英国的版权代理公司 IPCN 手中购买《The Voice》的中国版权后制作的中国大型专业音乐真人秀节目。在造型设计上花重金聘请了"中国造型大师"高源泽先生担任形象设计总监。灿星公司在最初寻找的合作电视台——东方卫视那里意外地遭到了拒绝,之后与浙江卫视达成了初步的意向。由于浙江卫视拒绝了灿星最早提出的浙江卫视全额出资(等于间接承担了全部风险)、灿星只负责制作的模式,但又不愿意接受灿星全额出资、浙江卫视只做播出平台的模式,于是最终双方达成了共同投资、共担风险、共同招商、均分收益的意见,也就是灿星能直接参与浙江卫视的广告分成。

关于《中国好声音》第一季的网络播出问题,灿星也曾想与视频网站合作,来复制和浙江卫视相同的合作模式,灿星为视频网站提供海量素材,视频网站负责素材的整合互动,而不仅仅作为线上播出渠道,但当时没有任何一家网站看好这个模式,也自然没有人敢尝试。但出于种种考虑,最终灿星公司还是选择以区区几十万一整季的超低价贱卖给了 8 大视频网站,并实现同步直播。《中国好声音》广泛的网络渠道加速了节目的迅猛蔓延,也引来众多寻求合作的广告商,以爱奇艺为例,该网站每期节目的播放量都能达到几千万次,并已收获千万元的广告收入。

《The Voice of China——中国好声音》将会出现中国音乐类节目最顶尖的明星阵容,四大明星导师那英、刘欢、杨坤、庾澄庆在现场坐镇,选择最具潜力的好声音。《中国好声音》节目前期海选录制地点为上海华东师范大学,后期淘汰赛录制地点为上海工程技术大学。

《中国好声音》的筹备期正值凉茶领导者加多宝品牌转换的关键期,双方一拍即合,携手共同强力打造大型专业音乐评论节目《加多宝中国好声音》,最终于2012年7月13日首次亮相荧屏。

《加多宝中国好声音》秉承了原版《The Voice》的原汁原味,接受版权方派专家现场监制。为此,加多宝集团充分整合了包括平面媒体、户外广告、广播以及网络在内的媒体资源,同时结合线下进行数万次路演宣传为《加多宝中国好声音》造势。

在浙江卫视《加多宝中国好声音》首播之后,短短一周时间节目就飙升至网络最热搜索词排行榜首位,收视率也早已破4,艳压中国所有综艺节目。加多宝趁势开展围绕广告、社交媒体、以及官方活动平台的营销活动。规划一系列与《加多宝中国好声音》相关的网络评选活动,吸引消费者参与互动。借助各媒体特色资源,通过线上传播与线下活动紧密配合,在《加多宝中国好声音》的强势播出下打造出加多宝正宗凉茶的最强音!"以正宗之声,传正宗之名;借节目之力,扬更名之实",加多宝通过网络推广实现了品牌与节目的统一,其正宗凉茶的气质与《加多宝中国好声音》的"正宗好声音"融为一体。

6.4.4 产品介绍

加多宝出品的凉茶依据传统配方,采用上等本草材料配制,秉承传统的蒸煮工艺,经由现代科技提取本草精华、悉心调配而成;其内含菊花、甘草、仙草、金银花等具有预防上火作用的本草植物。现代科学研究表明:加多宝出品的正宗凉茶能预防上火,有益身体健康。

加多宝出品的凉茶因其预防上火的作用和天然健康的特点越来越得到消费者青睐。当人们尽情享受川湘菜、火锅、烧烤、薯条、汉堡等美食,或者尽情熬夜K歌、上网、看球,以及加班熬夜时,加多宝凉茶都是不可或缺的健康饮品。

加多宝于1995年推出第一罐红色罐装凉茶"王老吉",1999年以外资形式在中国广东省东莞市长安镇设立生产基地。为配合开拓全国市场策略,集团先后在广东东莞、浙江绍兴、福建石狮、北京、青海、杭州、武汉成立生产基地,并有多处原材料生产基地。目前,加多宝凉茶不仅在国内深受广大消费者喜爱,还远销东南亚和欧美国家。

6.4.5　案例正文

1) 传播目标

通过网络推广增强观众和网友对加多宝更名之后的认知,传达正宗、本源的独家身份。树立《加多宝中国好声音》在网友和消费者心目中的"正宗好凉茶、正宗好声音"的形象,通过媒体强势曝光吸引网民关注《加多宝中国好声音》并参与活动,巩固并增强消费者对加多宝品牌的关注度。

2) 传播策略

一个核心信息、两类推广渠道、三项互动活动:

(1) 一个核心信息:全国销量领先的红罐凉茶改名加多宝。

围绕这一核心信息,在媒介推广、互动活动以及内容营销中反复强调、强化记忆。借助节目和活动的影响力配合,让这一信息充分形成受众认知。

(2) 两类推广渠道:节目自有推广渠道和活动拓展推广渠道。

一是借助节目自有的推广渠道,保护加多宝冠名赞助权益、在节目直接关联的平台上充分占位体现冠名身份、借助节目自身影响力扩大品牌和活动的认知。二是拓展渠道为活动平台引流,选择节目高关注度的人群聚集的渠道、通过对人群的拓展影响为活动吸引更多人气。

(3) 三项官网平台的互动活动:导师评选＋晋级猜想＋互动游戏。

3) 传播时间

2012 年 7 月 13 日～9 月 30 日。

4) 关键环节

(1) 自有渠道。

① 首页宣传。如图 6-2 所示。

图 6-2　《加多宝中国好声音》活动官网首页

②晋级猜想：利用节目晋级悬念，吸引网友到平台上参加互动。如图6-3所示。

图6-3　《加多宝中国好声音》晋级猜想页面

③导师评选：利用明星导师人气，发动网友对导师进行评价和讨论。如图6-4所示。

图6-4　《加多宝中国好声音》导师评选页面

④ 互动游戏:强化更名信息的记忆,用简单却富有黏性的玩法留住人气。如图 6-5 所示。

图 6-5　《加多宝中国好声音》互动游戏页面

(2) 拓展渠道。

拓展渠道为利用各种媒介进行推广,推广的关键词为高曝光、多覆盖、高频次、齐参与。最终,加多宝选择在新浪、网易、搜狐、优酷、奇艺、迅雷以及百度进行投放并开设专题,借助门户网站、主流网站的《加多宝中国好声音》专题进行台网联动。

① 硬广 demo。如图 6-6 所示。

图 6-6　加多宝硬广 demo

② 新浪专题。如图 6-7 所示。

图 6-7 《加多宝中国好声音》新浪专题页面

③ 网易专题。如图 6-8 所示。

图 6-8 《加多宝中国好声音》网易专题页面

④ 搜狐专题。如图 6-9 所示。

⑤ 奇异专题。如图 6-10 所示。

⑥ 迅雷专题。如图 6-11 所示。

⑦ 优酷专题。如图 6-12 所示。

⑧ 通过百度专区合作,展现企业信息的同时,宣传活动信息。如图 6-13 所示。

图 6-9　《加多宝中国好声音》搜狐专题页面

图 6-10　《加多宝中国好声音》奇异专题页面

图 6-11　《加多宝中国好声音》迅雷专题页面

图 6-12　《加多宝中国好声音》优酷专题页面

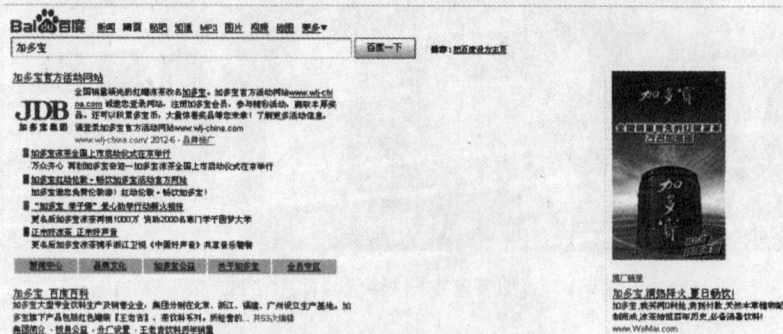

图 6-13　《加多宝中国好声音》百度专区页面

5) 传播效果

截止到 2012 年 8 月 23 日,《加多宝中国好声音》活动官网的各项数据显示:

(1) 平台效果。

- 活动网站总浏览量:2 462 201 次。
- 活动参与人数:1 884 933 人。
- 互动游戏参与人数:467 287 人。
- 导师正宗榜投票总数:1 321 468 票。
- 晋级猜想刘欢团队周投票总数:132 931 票。

(2) 广告效果。

- 广告总点击:2 551 619 次。
- CPC:0.99 元。
- 广告总曝光:3 827 140 659 次。
- CPM:0.47 元。

6.4.6　案例分析

随着《中国好声音》的持续爆红,作为独家冠名的加多宝集团理所当然地成为了大赢家。同时伴随 2012 年广告投放、渠道、供应链等一系列的成功运作,加多宝作为"老茶新秀",不仅最大限度完成了由经典红罐凉茶到加多宝凉茶的品牌转换,也实实在在地完成了销量的提升,续写着凉茶营销经典案例。启用自有品牌,借好声音迅速造势,加多宝迅即取得良好的市场反应,这不但坚定了加多宝人的信心,也将为加多宝打造成"中国式可口可乐"奠定坚实的基础。

加多宝此次与《中国好声音》的合作成功主要基于以下几点:

1) 重视资源配置

在借热点事件进行品牌营销前,先寻觅良好的资源配置以产生更大的价值,同时寻找品牌与事件的高度关联点,这是营销的不二法门。加多宝在 2012 年与广药集团的商标纷争中输掉官司,因此必须迅速完成品牌的转换,让消费者知道"原红罐凉茶改名"的消息。除了尽量增加曝光外,加多宝没有第二种选择。

另一方面,今天的媒介发展越来越多元化,电视媒体的眼球已经被互联网等媒介分散,遇到《中国好声音》这样的黄金资源实在难能可贵。尽管外界传言的 6 000 万赞助费相比同类节目显得昂贵,但是对于加多宝来说,却是值得的投入。

当然,品牌的建设不可能仅仅靠这一次营销搞定,未来的加多宝面临的挑战将更多。下一步,加多宝不但需要建立自身的品牌内涵,还需要在与广药的竞争中,找到自己的差异化定位,并大胆地进行产品创新。值得肯定的一点是,加多宝对于整个市场渠道体系的把控还是具有很大优势的。以往与经销商的密切联系,以及市场运营中的灵活性,都会对其在品牌推广与产品销售上产生推动力。

2) 关注关系群体

营销职能需从注重产品和销售事务,转化为重视客户和那些与企业目标及策略一致的关系群体上。毫无疑问,加多宝选择冠名中国好声音将成为品牌营销案例中的另一个经典。加多宝集团品牌管理部副总经理王月贵用四个字来表示此次合作——一拍即合。这场声势空前的合作从决定投资、谈判、沟通一共只用了十几天,而这十几天所爆发出的效果是令人瞩目的。加多宝看中中国好声音正宗版权的概念,正好与加多宝正宗好凉茶的品牌形象非常吻合,双方的合作很容易成为一个可以相互提升,相互促进的结合。为了达到冠名的预期效果,加多宝也从高管团队中组成了5人小组,全程参与到节目的制作和推广过程中。

在浙江《加多宝中国好声音》之外,加多宝依旧占领着中国另外两个电视主流地方频道——湖南卫视和安徽卫视。湖南卫视的《上吧,少年》以及安徽卫视的《势不可挡》均有加多宝冠名,加多宝已经被成功塑造为集文化与时尚于一体的凉茶品牌新形象。加多宝凉茶在全国各地火热销售的同时,"怕上火喝加多宝"也已成为观众和网友们热捧的口头禅,喝着加多宝凉茶,品味着17年的专注滋味,欣赏着《加多宝中国好声音》,已经成了2012年夏的潮流之一。

3) 优势互补,强强联合

加多宝一贯的做事风格是:做一件事时,并不是眼瞅着对方在做,而是与其一起做。在投资合作中,也并不是把钱扔给对方就不管了。浙江卫视是一家媒体,线上是其强项,但线下则是加多宝的强项。而只有把双方的强项结合起来,影响才会最大程度地得以发挥。这种从上而下的执行,也促成了"正宗好凉茶、中国好声音"。对于强强联合的最好证明也可以通过一种假设来进行判断,假设没有加多宝,中国好声音会怎样?事实上,这是一个双方互相诠释、互为背书的过程,正当五六月份"好声音"进入准备阶段之际,也正是加多宝关注度极高的时候,这本身就为"好声音"带来了话题与期待。

此外,加多宝正宗凉茶属性,让中国好声音的正宗概念如虎添翼,快速抢占了大众心智,当我们再回味这段经典营销案例的同时,会发现"好声音"成就了加多宝,加多宝同时也成就了"好声音",双方都有一种天然的默契与共识,没有加多宝的"好声音"甚至感觉也不那么一下子能让人们体会到正宗的滋味,这也是对强强联合所能造就神话的另一种有力诠释。

4) 从"项目投资人"变成"项目合伙人"

在营销过程中,将企业变为热门事件的"项目合伙人",而不仅仅是"赞助商"或"项目投资人",变被动为主动,在投资方式上,打造与其他同类项目的差异化。加多宝这次在合作中,并不乐享于其"项目投资人"的地位,而是很好地诠释了"项目合伙人"的身份。从开始的权益谈判,到后期的利用线下终端、网络做推广,加多宝实际上是一个参与者、一个合伙人。作为国内顶级饮料品牌,加多宝拥有无可比拟的终端推广能力和各种资源的整合能力。"电视＋微博＋网络推广＋终端推广",各方资源充分整合,成就了加多宝中国好声音完整立体式的推广模式,其成效也是显而易见的。从《中国好声音》栏目开播以来,加多宝便充分调动自身的渠道资源,先后在西安、武汉、广州、北京等地,与浙江卫视一起,开展了10余场推介会活动,并利用自身的资源,将加多宝中国好声音的宣传海报贴到了终端销售渠道,同时利用电视、平面、网络、微博等媒体、手段,不断强化加多宝中国好声音的传播。

6.4.7　案例点睛

1) 线上跨媒体整合传播和终端推广结合

从营销战略角度看,线上线下组合是品牌传播的主导模式,但是线上也需要更多的媒体组合,例如门户的展示广告和搜索引擎、网络视频营销、微博营销的整合,可以让品牌在线上的影响力得到更大的扩散。

同时,与移动互联网上的位置服务、互动的结合,将可以驱动消费者到零售终端,数字化的营销整合更能够在人们购买决策达成的最后环节起到作用,"SoLoMo"就是这个趋势的体现。

2) 利用社交媒体重建品牌

品牌必须投射他们所代表的产品和公司的价值以及重要性。在当今这个充溢着社会化媒体和内容营销的紧密联结的世界,品牌决不是仅仅一个标识和一条标语那么简单。如果你的品牌标准在社会化媒体崛起以来从未进行更新,那么你打造品牌形象的机会就微乎其微。

重新评估和重新定义你的品牌,以便它能以新的媒体形式来演绎,这对于品牌和公司来说是非常重要的。

6.5　小米手机二代微博营销

案例摘要　没有代理商、没有经销商、没有一家实体终端店面,从诞生之初小米走的就是一条不同于其他手机品牌的路,然而在这条仅仅依靠互联网销售的道路上,小米手机却走得异常顺畅,几乎每一次放货都是在几分钟之内被一抢而空。小米的营销模式被各方解读过很多次了,但小米对于网络营销模式的尝试却在不断创新。"世界末日"到来,小米手机同样也不甘寂寞,与新浪微博合作,首度试水社会化电子商务,利用旧瓶(微博"水军"转发和饥饿营销等手段)装新酒(一站式购物,让网友可以在新浪微博平台直接完成预订、下单、支付购买等所有环节),借助新浪微博数以亿计的用户群体和快速传播能力极大地提升了自身品牌知名度。此次合作中,小米既省去了在微博广告投放的费用,同时也没有硬广给人的那种排斥性,更重要的是这不仅仅是一个免费宣传,又同时给小米带来了一次微博疯狂抢购潮流,微博钱包甚至一度崩溃。小米的此次"末日营销"尝试真可谓大获全胜。

天键词　小米手机,微博营销,社会化电子商务

案倒导读　雷军非常"荣幸"地获得了 2012 的年度"金拐奖",其中很大程度上是因为小米手机的"期货营销"和"饥饿营销"。只要有小米出没的地方,就有说不完的话题。大家对于图 6-14 的这条微博应该并不陌生,这是小米手机官方发布的一条有关"新浪微博社会化网购首单"的微博。该微博发出一天时间就被转发了260 多万次。除了"转发送手机"以外,还有哪些因素推动了这条微博疯狂地被转发呢?大家一直在谈论的"水军"又是怎么回事?

【#小米手机2微博开卖# 转发狂送20台】新浪微博社会化网购首单,12月21日中午12点,5万台#小米手机2#微博专场销售。全球首款28nm四核手机,2G大内存,新一代背照式相机,1999元性价比之王。现在起至20日,关注@小米手机,转发@好友,每天10点-20点每2小时送出2台米2。微博预约 http://t.cn/zj9m34X

2012-12-19 09:54　来自新浪微博　　　　　　　　转发(2658392) | 收藏 | 评论(819841)

图 6-14　小米手机 2 微博开卖截图

6.5.1　公司简介

小米科技(全称北京小米科技有限责任公司)由前 Google、微软、金山等公司的顶尖高手组建,是一家专注于 iPhone、Android 等新一代智能手机软件开发与热点移动互联网业务运营的公司。2010 年 4 月正式启动,已经获得知名天使投资人及风险投资 Morningside、启明的巨额投资,总计 4 100 万美元,其中小米团队 56 人投资 1 100 万美元,公司估值 2.5 亿美元。

米聊、MIUI、小米手机是小米科技的三大核心产品。"为发烧而生"是小米的产品理念。小米公司首创了用互联网模式开发手机操作系统、60 万发烧友参与开发改进的模式。小米的 LOGO 是一个"MI"形,是 Mobile Internet 的缩写,代表小米是一家移动互联网公司,小米的 LOGO 倒过来是一个心字,少一个点,意味着小米要让小米的用户省一点心。另外,MI 是米的汉语拼音,正好对应其名称。

小米于 2010 年底首次推出手机实名社区米聊,在推出半年内注册用户突破300 万。此外,小米公司还推出基于 CM(Cyanogen Mod)定制的手机操作系统MIUI,2011 年 6 月底 MIUI 社区活跃用户达 30 万。2011 年 8 月 16 日,小米公司通过媒体沟通会正式发布第一代小米手机。小米第二代手机在 2012 年 8 月 16 日在北京 798 艺术中心正式发布。2013 年 1 月 5 日小米手机宣告老用户专场已结

束,25 万台小米手机已售罄。

6.5.2 智能手机行业分析

1) 市场概况

2012 的手机行业呈现蓬勃发展之势,三大系统全面发力,版本升级步伐加快。国外手机品牌不断推出高性能产品,国产厂商则大打性价比之牌。PDC 数据显示高端市场被苹果及三星垄断,入门级市场中电信携众品牌席卷而来。千元双核智能手机更是不断来袭,超低价双核产品频现,中低端市场竞争达到前所未有的白热化局面。同时在高端市场,LG 与 HTC 率先发布四核手机,三星等品牌紧随其后并掀起四核手机大战,至 2012 年末时,5 英寸 1080P 屏手机也悄然杀来,预示着 2013 年的手机市场将向超大屏、多核方向延伸。

2012 年智能手机普及进程也不断加快,据统计截止 2012 年 11 月底,智能手机关注比例已超 9 成,非智能机关注度降至冰点。预计 2013 年发展情况将更加明朗,非智能机将会只能在 400 元以下市场生存。根据台湾 Digitimes 研究报告,2012 年中国大陆总共销售出 1.89 亿台智能手机,较 2011 年增长 137%,而本土品牌在 2012 年中国智能手机市场份额达到 61%,较前一年同期增加了 29%。Android 智能手机在中国大陆市场份额稳步上升,年内出货量可能达到 5 080 万台,并且占到 2012 年第四季度智能手机销售总量的 86%。

在热门手机关注度方面,从数据来看(如图 6-15)苹果 iPhone 4S 手机位列全年关注度榜单列第一,三星 I9100 与 I9220Note 则保持第二与第三名。这三款手机系统出色,配置强悍,综合特点鲜明,占据前三宝座已许久。

位于第二集团的三款产品是 2012 年新上市的机型,其中三星 I9300 作为旗舰机型配置强大,由于定位在娱乐市场,因此较自家的 Note 系列有一定的性价比优势。HTC 的 One X 则是业界最早投入市场的四核手机之一,凭借高性能处理器与 4.7 英寸大屏及 Beats Audio 音效技术的强大组合,One X 一经发布就备受关注,至年末时 One X 的升级版 One X+也已蓄势待发。

位列第六的是苹果 iPhone5,与往年发布日才公布规格的特点相比,iPhone5 的规格及参数早早就被泄露,导致发布当日毫无亮点可言,但从发布至年末仅仅 4 个月就冲至第六位,可见果粉大军的阵容可见一斑。

其后的索尼 LT26i 是 Q1 发布的产品,作为全资收购改组索尼移动的第一款高端机型,其配置较好,4.3 英寸 720P 屏更是在显示精度上力压 Retina 屏,随着升级版 LT26ii 的发布上市,LT26i 完成了自己的使命逐步淡出。

纵观整个榜单不难发现,除了苹果前三位产品外,上半年非常红火的手机大多在下半年随着新品上市而悄然退位,其中包括索尼 LT26i,索尼爱立信 LT18i 及三

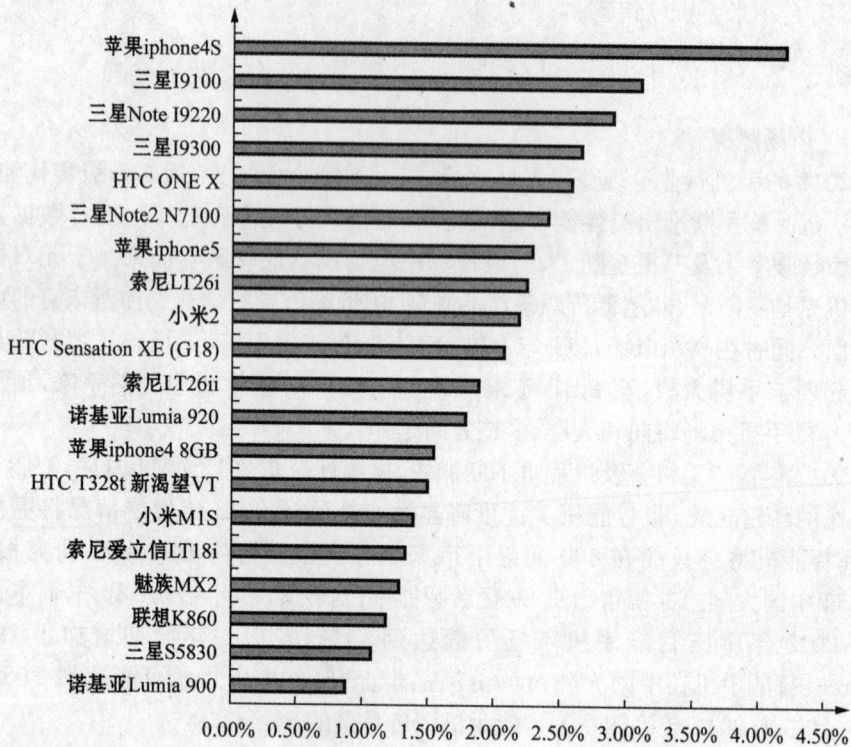

图 6-15　2012 年热门手机 Top 20 排行

星 S5830 等经典手机。下半年手机市场竞争非常激烈,不管是洋品牌还是本土企业都推出了大量重磅机型,特别是三星的 Note2 系列和苹果 iPhone5 及诺基亚的 Lumia 920 在公布后关注度蹿升幅度惊人。

　　而根据 PDC 数据显示(如图 6-16),2012 年全年手机价格区间关注度最高的是 1 001～2 000 元价位,关注度占四分之一以上。位列第二的是 2 001～3 000 元价位,这一价位手机性能好可选择余地也多,因此关注度居高不下。紧随其后的是 3 001～4 000 元价位,预算的上涨推动了产品的丰富性,这一价位手机配置很高,大品牌及高性能机型的入选使这一价位机型关注度保持在较高水平。

　　相对而言,501～1 000 元区间价的关注度要低不少,受限于价格因素,这一价位产品性能难以满足主流消费者需求。与其表现类似的是 4 000 元以上手机,这一价位产品虽性能及配置强大,但受制于价格因素,需求量和关注度始终有限。

　　值得注意的是,近 12% 的关注比中苹果 iPhone 系列和三星的 Note 系列产品贡献了大笔份额。最后,500 元以下手机关注度因需求原因相对较低,关注比仅6% 左右。

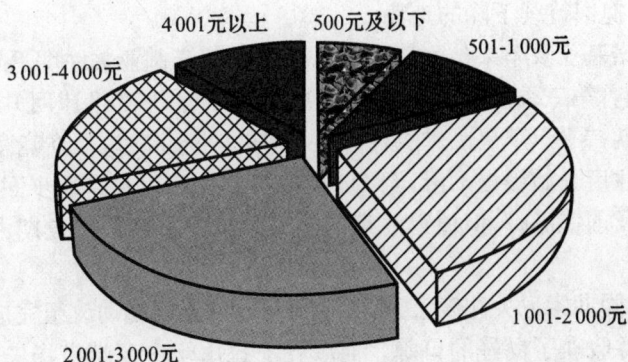

图 6-16　2012 年消费者手机价格区间关注比例分布图

2）主要竞争者分析

据分析公司 Strategy Analytics 发布的数据显示，2012 年三星共售出了 3 006 万台智能机（约占 17.7％市场份额），这一数字是 2011 年 1090 万台的 3 倍左右，也使得三星超越苹果成为中国智能手机市场当之无愧的第一。而根据小米官方公布的最新数据，小米 2012 年全年销售量达到 719 万台，销售额 126 亿元人民币，被视为大陆手机品牌的一匹黑马。2013 年小米手机预期销售量将超过千万台，并努力向海外扩张，2013 年将进入港澳台市场，预计 2014～2015 年进入北美市场。

在手机品牌关注度方面，PDC 数据显示（如图 6-17）2012 年全年手机品牌关注榜中三星排行第一，凭借其中高端领域的强势表现，三星关注度连续 4 个季度位列第一宝座。排行第 2 的 HTC 走势与 2011 年相比下滑明显，Q1 走势凶险，Q2 后随着 One 系列产品后关注度曾一度回升，但在三星发布年度旗舰 Galaxy3 和年末的 Note2 后其品牌关注度快速下滑，尽管在年末发布了 5 英寸 1080P 旗舰 Butterfly

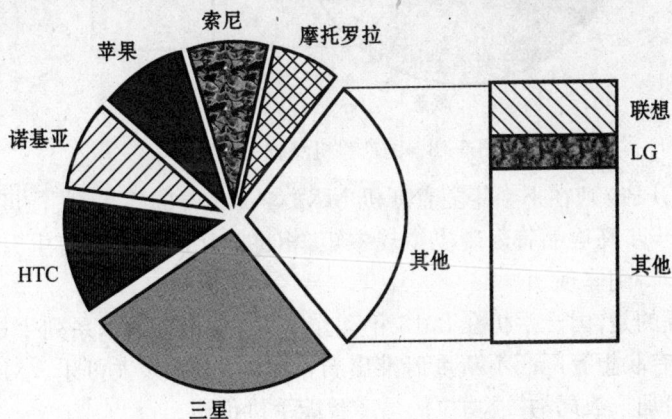

图 6-17　2012 年手机品牌关注比例分布图

X920E,但仍未挽回持续下降的走势。

老牌厂商诺基亚及苹果位列第3和第4,上半年诺基亚关注度下降迅速并似乎难以遏制,但随着第三季度 Lumia 920 的公布,品牌关注度迅速回升,至年底时已基本与去年同期持平。苹果品牌关注度在年初时处于高位,但在竞争对手发布新机型后苹果关注度开始缓慢下滑,至 Q3 发布 iPhone5 后开始逐步回升,但全年总关注度依然不及前三品牌,但值得注意的是苹果旗下手机依然长期占据单机型最高关注度。

较 2011 年同期索尼关注度上升 3.1 个百分点,索尼移动改组完成后发布了一系列衍生机型并收获了良好的口碑。而摩托罗拉由于中高端市场失势,第 3 季度在华的裁员风波及产品落后于市场的问题更是将其品牌关注度硬生生拉低 3.5 个百分点。

国产手机在 2012 年发力十分明显(如图 6-18),其中联想以乐 Phone 为先锋攻下 18.7% 的关注比,华为及中兴这两大电讯巨头则以 16.2% 和 13.4% 位列第 2 及第 3。小米以 17.1% 关注度排在第 4,凭借小米 1S 系列与小米 2 的强势发布,关注度较 2011 年同期大幅提升。

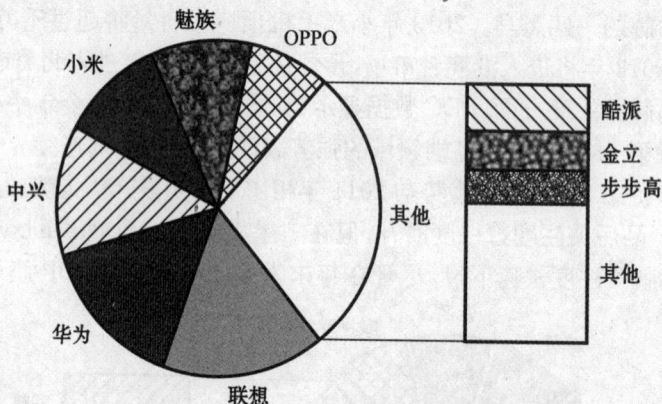

图 6-18　国产手机品牌关注度

魅族和 OPPO 则在下半年随着新机 MX2 与 Find5 的投入,关注度扶摇直上。此外,酷派及步步高等品牌表现也中规中矩,相比上年同期都略有上升,其品牌影响力正进一步得到体现。

值得一提的是,国产手机在 2013 年动作非常大,先有小米系列手机连续发布低价新机,后有联想等厂商不断重磅推出新机。同时,诸如大可乐、小辣椒及青橙等小品牌纷纷加入战局,并成功拉低国产智能手机价格。

3) 消费人群分析

中国消费者对于智能手机的关注和需求主要集中在中低价阶段：1 000～3 000元之间。而对比中国目前智能手机市场，大多数智能手机主要为外资品牌，且价格昂贵。也就是说，中国中低阶层消费者对于智能手机的需求无法得到满足。可以说，这正是小米手机最大的市场机遇所在。

对小米的目标消费者进行进一步分析，可以得出他们具有以下特点：

(1) 习惯网络购物和从网络获取信息的人群，社会上易接受新事物的人群较大；

(2) 习惯依靠互联网生活的人越来越多，宅男宅女已经成为潮流，这些人长期接触网络，对新事物有较为开放的心态；

(3) 对价格敏感的中等收入人群：大多数年轻人由于经济原因，对价格都很敏感，很高性价比的小米手机对他们将非常有吸引力。

6.5.3　案例背景

截至 2012 年底，新浪微博的注册用户已经超过了 5 亿，对于网民来说，微博已经成为了与 QQ 同等级别的互联网"必需品"。在新浪微博用户数急速上升的时候，已经有业内人士分析，新浪微博的信息量正在急速扩充，把这些信息量转化为商业活动，将是水到渠成之事。

然而，这股水流却迟迟没有到来，摆在新浪微博面前的一个巨大问题在于，如此之大的体量形成了一个绝佳的平台，但是平台商业化迟迟未能见效，反而是活跃在微博里的"大号"们赚了个盆满钵满。

毫无疑问，新浪微博已经是目前国内最大用户数量最多的社交平台，无论是普通老百姓还是政客明星都活跃在微博上面，其用户群体可以说是涵盖了不同层次、不同领域等多方面的人群。按理说这样一个拥有庞大用户且涵盖范围广阔的社交平台，其盈利应该是相当可观的，然而新浪却一直没有为微博找到合适的盈利模式，譬如在 2012 年第 2 季度的报告上，新浪为微博运营总共投入了 1.6 亿美元，但是第 2 季度的微博仅仅凭借广告获得 2 000 万美金的收入，投入和产出比可谓相当低。

新浪微博的叫好不叫座以及高投入低产出，在新浪的股票上也有非常明显的体现，新浪股票价格从上市逼近 150 美元一路降到 2012 年中近 48 美元的价格，反映出了投资者对于新浪盈利模式的不看好，以及对于新浪微博已经开始失去耐心。对于新浪管理层来说，如何快速实现新浪微博的商业化显得至关重要。也是在这样的一种背景下，让新浪管理层不得不对新浪微博进行各种商业化尝试。

对于新浪微博来说广告显然是最直接也是新浪最拿手的盈利方法，但受限于新浪微博的体验模式,广告不可能完全支撑新浪微博的运营成本,所以我们看到新浪微博陆续开通了会员服务,以及微彩票等等一系列商业化活动。

而社会化媒体与电商结合的模式在其他的平台上面有过先例,不过这些社会化网购通常需要跳转到第三方电商平台才能完全完成交易,而新浪微博的社会化网购采用的是一站式服务,从选购、下单到支付全部在微博上面完成,避免了重复跳转的麻烦。如今无论企业还是个人都非常重视微博这个社交平台,利用微博广泛的用户群体和快速的传播方式,让不少企业仅仅依靠微博就取得了非常不错的宣传效果,这里面就包括了小米。小米之所以成功,离不开它在网络宣传方面的优势。如何进一步加强小米的用户知名度,特别是网络知名度对于依靠网络销售的小米来说至关重要。而拥有数以亿计用户群体和快速传播能力的微博,对于小米来说不可谓不是一个巨大的机会。

2011 年小米推出第一款手机的时候,手机界人士告诉雷军:"卖 30 万台就给你满分。"但是雷军回报的成绩却远远超过了这个数字,小米手机的销量已经超过了 700 万台。联想、华为等企业,也向小米学习起了互联网模式的营销。

小米手机联合创始人黎万强在接受采访时表示,许多模仿小米的厂商仅仅学到小米模式的皮毛。大部分手机公司的网络营销还处于很初级的阶段,微博营销仅仅停留在简单的"送手机"活动,但是小米已经建立起了一整套和粉丝互动的机制,这成为了摆在小米门徒们面前的一道真正的门槛。

6.5.4　产品介绍

小米手机是小米公司研发的一款高性能发烧级智能手机。小米手机坚持"为发烧而生"的设计理念,将全球最顶尖的移动终端技术与元器件运用到每款新品,小米手机超高的性价比也使其每款产品成为当年最值得期待的智能手机。小米手机采用线上销售模式。目前,采用全球最快四核处理器的小米手机 2 已在其官网进行销售,售价 1999 元;小米手机 1S,号称全球最快的双核 1.7GHz 智能手机,售价 1499 元;小米手机 1S 青春版,双核 1.5GHz,官网售价 1299 元。

2012 年 8 月 16 日,小米手机 2 在北京 798 艺术中心正式发布。小米手机 2 采用 4.3 英寸 342 超高 PPI 触摸屏,处理器采用 28 纳米四核处理器,配备 2GB RAM 和 16GB 机身内存,新一代背照式 800 万像素主摄像头,200 万像素前置摄像头,硬件配置极其震撼。在系统方面,小米手机 2 采用基于 Android 4.1 版本的 MIUI 4.0 操作系统。由于小米手机 2 采用基于 Krait 微架构的高通 S4 处理器,相比 A9 架构的芯片,这款处理器性能更强,功耗更低。

小米手机 2GB 超大运行内存、4.3 英寸 1280x720IPS 超高 PPI 高清视网膜屏幕、第二代背照式 800 万像素背照式 CMOS 摄像头、堪比 XBOX 游戏机的 GPU 显示等硬件配置让其成为当前全球性能最强大的手机之一。关键是小米手机 2 还沿袭了一代的 1999 元定价体系,发布前就被智能手机发烧友们誉为 2012 年最值得期待的智能手机。

另外,小米手机 2 还配备了 16G ROM(还会出 32G 版本)融合了多项最新移动终端技术,极大满足发烧友对智能手机扩展应用的需求,其中包括智能双天线、MHL 输出、USB OTG、WIFI Display 等发烧级功能。

除此之外,小米手机 2 还添加了通话降噪、杜比音效、最新的蓝牙 4.0、气压计、距离感应器等全球领先的功能。

6.5.5　案例正文

1) 传播目标

试水微博社会化网购,利用末日契机引领微博疯狂抢购潮流,既借助新浪微博的流量和用户促进小米的销量和知名度的提升,又给新浪微博提供了流量变现的方法和尝试,一石二鸟。

2) 传播策略

(1) 尝试社会化网购,采取"微博订购＋饥饿营销＋微博钱包支付"策略。

(2) 利用转发预约方式让用户成为小米手机的义务宣传员及传播者。

(3) 雇佣水军和微博草根大号大批转发以增加品牌和活动知晓度。

3) 传播时间

2012 年 12 月 19 日。

4) 关键环节

2012 年 12 月 19 日,小米携手新浪微博开卖小米手机 2。微博社会化网购首单,"末日"开卖。新浪微博开卖小米手机 2 活动规则:

(1) 5 万台 1999 元 16G 小米手机 2 新浪微博专场开放购买,仅限新浪微博预约用户参与。预约、抢购、付款环节均在新浪微博平台完成,发货及售后由小米网负责。

(2) 每个微博账号仅限购买一台,填写完收货信息并生成订单即视为抢购成功。

(3) 支持微博钱包在线支付,请在预约后提前开户及预充值。请在下单后 24 小时内支付,小米网将参照支付顺序在 2 日内发货。

(4) 本次预约和抢购活动均支持 PC 和移动端(移动端只支持微博钱包余额支付)。

(5) 参与微博预约,即可拥有小米手机专属勋章。

根据知微观测的数据,截止到 2012 年 12 月 31 日,小米开卖的微博被转发了近 260 万次,近 150 万用户参与了转发,覆盖了近 5 亿人次,微博中的网站链接被点击了 30 多万次。从 2012 年 12 月 19 日至 2012 年 12 月 21 日,@小米手机由之前的 76 万粉丝,迅速增长为 152 万粉丝,平均每天增长近 40 万粉丝。

　　从 2012 年 12 月 19 日上午 9 点开始"转发送手机",小米即开始动用公司、产品、员工、粉丝后援团等微博账号带动转发,并集合新浪一系列官方微博账号联合转发,如@微博 Android 客户端等。瞬间就将每小时转发量带至 8 万次,且热度持续性较好。直到下午 3 点才开始陆续出现营销类草根大号的身影。

　　如图 6-19 所示,在这 260 万次的转发中,主要分为三股势力。首先是"小米军团",主要是由小米公司各类官方微博,员工微博组成,其中不少粉丝众多的大号,例如@小米手机、@小米公司、@黎万强等。"小米军团"一共带来了 347 669 次转发,95 685 条评论。第二大势力则是"草根大号军团",主要由微博上知名的草根营销大号组成。例如@冷笑话精选、@微博搞笑排行榜、@全球热门排行榜等。"草根大号军团"一共带来了 49 666 条转发,1 740 条评论。还有一股势力则来自"新浪军团",主要由新浪微博的各类官方大号构成。例如@微博客服、@微博 Android 客户端、@手机微博等。"新浪军团"一共带来了 16 305 次转发,2 936 条评论。

小米军团	草根大号军团	新浪军团
总转发量:347,669	总转发量:49,666	总转发量:16,305
总评论量:95,685	总评论量:1,740	总评论量:2,936

图 6-19　小米手机 2 新浪微博开卖三大转发势力

　　当然,在转发过程中还不可避免地出现了一些附带提及的其他手机品牌,尤其是 360 特供手机。小米手机被提及最多次的竞争对手分别是 360 特供机、三星和华为。

　　就像之前提到的那样,只要是小米出没的地方,总会伴随着有"水军"的声音。水军的话题也一直以来都争论不休。在参与这条微博转发的用户中,将"水军"定义为:具有商业目的,通过人为程序操纵批量微博账户进行转评的账号行为。那么"水军"的常见行为包括:求互粉型的关注、买粉型关注、"养号"型转发(为了应对新浪反垃圾系统,垃圾账号会随机自动转发甚至评论某些微博使得更像真人)、为了绩效指标买转发、水军机构抢奖品型转发。通过对这 260 万次转发数据的详尽分析,发现其中确实有"水军"存在,但是比例不算高,占 30% 左右。

5) 传播效果

"末日营销"当天的传播效果:根据认证为"北京小米科技旗下手机品牌小米手机"小米手机发布微博称,"15 万部小米手机 2 已在 1 分钟 43 秒内抢订完,20 万部小米手机 1S 已在 13 分钟 29 秒内抢订完! 感谢大家支持。"

6.5.6　案例分析

小米的微博营销并不是一个神话,而是经过精心安排过的一场营销盛宴。小米手机虽然道路坎坷,并且争议不断,但在社会化媒体营销的尝试中无疑是一个极其成功的案例。小米的成功为许多正在做微博营销的公司提供了启发:只有和用户建立了真正的互动,才能变成有效的营销。微博的精髓在于互动,而不是单向的展示。单向的展示,是门户做的事情,那属于 10 年之前的玩法,现在该到淡出的时候了。

小米营销的成功之处可以总结为以下几点:

(1) 小米以互联网为核心,找准产品定位。小米的核心思路为:第一,是创造互联网手机品牌。第二,是以互联网为主永远不变。第三,合适的时候加入其他的阶段来营销。在精力有限时,小米会选择性价比最好的互联网渠道,但是到了两年、三年后,当小米的目标将是 3 000~5 000 万台的时候,这时候就需要大众媒体平台的介入。

(2) 小米的营销负责人黎万强是产品经理出身,同样的,小米的营销队伍大部分也来自产品、技术团队,他们对产品的理解要远远超过纯营销人员,尤其是在面对发烧友时,很容易找准对方需要什么,也更有共同语言,沟通无障碍。即使雷军事情很多,也整天挂在米聊上和用户互动。小米的几大创始人,也都很注重和用户之间的互动,其好处是小米的高层可以直接面对用户,了解用户需求,用户也觉得更有亲近感。

(3) 小米的售后服务(呼叫中心)的员工已经多达 400 人,他们和小米的研发、产品工程师就在一起办公,而没有选择外包。因为售后部门经常接到一些很棘手的电话,里面有用户关于复杂的技术问题的投诉,所以售后部门需要及时和产品、研发沟通。

(4) 注重让用户参与:例如小米开展的 10 万元悬赏小米手机默认壁纸的活动,用户上传的图片就可能成为小米手机的默认壁纸,此类活动往往能有效提升用户的参与度,提升用户对品牌的认知度。小米还维持着一个用户参与度很高的论坛,论坛上的发烧友不断对小米的产品提出各种意见甚至批评,这对发现用户的真实需求至关重要。这些发烧友就是小米的义务检测员、义务建议员、义务宣传员。

根据小米公司副总裁黎万强的说法,小米手机有 70% 的销量是通过互联网完成的,剩下 30% 则是来自运营商,如果再进一步细化,小米有 50% 的产品是通过微博、论坛等社会化渠道最终转化为购买。

当小米在微博赢得盆满钵满时,问题也随之而来。

首先,微博活跃度在下降。泡在一个地方的群体,到了两年、三年都会有些疲态,像男女朋友,时间长了也会有审美疲劳。虎嗅统计了一组"小米公司"官方微博的数据侧面印证了该观点,单就 ♯ 米言米语 ♯ 这一话题而言,最近 10 个话题的平均转发数为 719 次,而在 2012 年 8 月初时平均转发均值为 725 次,可见两者相近,处于比较稳定的状态。考虑这期间小米公司官方账号的粉丝有 10% 的增加,微博粉丝活跃度的下降并非空穴来风。

其次,小米的首批粉丝也进入了互动疲劳。此刻小米面临的不仅仅是微博对用户吸引力的降低,就其自身而言,首批"发烧友"亦在步入疲态期,论坛或微博在很大的程度上都已经很难勾起他们的互动欲。虎嗅《小米手机的沦陷与自救》一文中曾提到,"小米手机的传播有着强大口碑效应,小米的第一批使用者,即"米粉"通常会将手机强烈推荐给家人朋友,使之成为第二批使用者",黎万强也印证该说法,称在目前小米巨大的销量中,有 42% 的用户会进行 2～5 次的重复购买。由此可推论,若首批用户流失,将使得小米丢失维系第二级用户购买力和情感的纽带。不过黎万强对此并不担心,"对于产品的用户,所有情感的维系都是基于动人产品之上的。"

其三,微博营销的边际效益或在降低。目前的小米运营团队已经从最初的两名员工扩张到了多达 37 个人(分为拥有 24 人的售后组和拥有 13 个人的官方账号组),由于小米 2013 年 1 月份已在香港、台湾上市销售,因此小米的 Facebook 与 Twitter 的账号已经由两个人承担起了运营的任务。而该团队在 2012 年第 2 季度仅由 20 余人组成,人数的递增,是否产生了成比例增长的商业价值,尚有待考察。

最后,微博上的负面声音正在走强,竞争对手在微博上频频搞乱小米力图营造的气场,微博营销不再是小米独门武器。从 2012 年中期起,微博上,"过度营销"与"期货手机"的评论与标签,被越发频密地打在小米这个品牌上。雷军曾做超脱状说,"小米诞生到现在网上有 90% 的信息都是负面,但这并不影响小米的实际销量。"但事实恐并非如此。否则,他不会对周鸿祎在微博上踢小米的馆恼怒异常。2012 年 11 月底,随着小米 2 与魅族 MX2 短兵相接,大批魅族粉丝涌到雷军微博下面拍砖,雷军更是在开微博以来首次关闭了评论。

6.5.7　案例点睛

1) 以运营的思路做社会化营销,亲自操盘

小米的社会化营销主要靠自己操盘而不是选择外包,小米有 20 多个人专门负责微博营销,他们大都是对技术、产品精通的员工,会在微博上及时发现用户反映的小米的问题并与之沟通。这有效保证了小米和用户的零距离沟通,执行力更强。因此小米用户会觉得自己有了和小米公司直接沟通的渠道。

小米微博的运营经历了三个阶段的变化,在第一个阶段时,公司认为微博仅仅是个营销平台,那时的微博团队只有 2 个人,主要是对官方微博的维护以及有奖转发。到了第二个阶段,发现微博可以是客服平台,是天然的客服通道。而近期开始进入第三个阶段,开始探索通过微博向销售扩张的可能性。

2) 以"发烧友"概念盘活与用户之间的社交媒体互动

小米的微博很强调发烧友的概念,上面有着很多的教用户怎样玩手机的内容,提供实用内容的同时,也教育了用户,提升其忠诚度。

6.6　长安福特新福克斯数字整合营销

案例摘要　2012 年 4 月,新福克斯携全新外形和多项高科技改进上市。为配合新福克斯澎湃激昂的上市活动,长安福特公司采取了一系列的数字营销手段为其推波助澜,而在这其中,社交网络凭借其用户具有的"三高"特性(高学历、高收入、高营销价值)扮演了极其关键的角色。首先,新福克斯试水植入式广告营销,联手开心网在热门游戏"开心人生"中发起"免费试驾"活动。用户登录开心网"开心人生"组件,按顺序完成 4 关任务,即可获得新福克斯同款虚拟汽车 1 辆。植入活动巧妙地帮助用户了解了更多的产品信息,潜在影响了消费者的购买行为。其次,长安福特与新浪微博合作,以双平台整合策略进行推广,通过新浪微博曝光 AR 技术,引导消费者进入企业微博平台,并通过在微博页搭载 AR 平台实现了用户有效互动。最后,新福克斯通过搭建 Minisite 互动网站,并重点运用社交网络,以权威媒体影响、意见领袖口碑传播和城市深入体验的全方位传播方式有效提升了新福克斯的认知度和好感度。

关键词　植入式广告,双平台整合,社交网络

案例导读　2012 年,对于长安福特而言是不寻常的一年。这一年中,4 月上市的新福克斯在销量上大放异彩,助力福克斯品牌数度问鼎中国轿车品牌销量冠军。据不完全统计,截至 2012 年 12 月,新福克斯已在国内斩获各种汽车产品类及营销类大奖近 80 项,获得了全国范围内多家核心媒体授予的殊荣。新福克斯被权威媒体新华社评为"2012 中国车市高增长明星",专业汽车杂志《中国汽车画报》授予其"年度中级车大奖",搜狐评其为"最佳新车大奖",网易将"2012 年度新车总评榜年度车型"授予新福克斯。此外还包括众多知名媒体授予的"年度最受欢迎车型"、"年度中级轿车"、"年度最佳运动车型"、"年度最佳时尚车型"等奖项。新福克斯上市仅仅 1 年,便获得如此褒奖,其中奥妙颇值探求。

6.6.1　公司简介

长安福特汽车有限公司(简称长安福特)成立于 2001 年 4 月 25 日,总部坐落在重庆市北部新区,由重庆长安汽车股份有限公司和福特汽车公司共同出资成立。凭借福特汽车公司强大的技术和管理支持以及长安汽车集团突出的人缘、地缘优势,长安福特仅仅用了 14 个月的时间就完成了从土木建设到设备安装调试的所有工作,建成了一个全新的世界一流整车生产厂,打破了中国乃至世界汽车业的建厂纪录。厂区包括车身车间、涂装车间、总装车间、技术开发中心以及行政大楼等主体建筑。截至 2012 年,工厂产能为 5 万辆/年,计划在 2014 年之内将产能扩大到 15 万辆/年,并增加冲压车间和发动机厂。

2003 年 1 月,长安福特成立仅 21 个月,首款产品福特嘉年华就隆重下线。2004 年 2 月,2004 款全新福特蒙迪欧正式亮相。6 月,福特蒙迪欧 2.5 V6 旗舰隆重上市。2005 年 9 月,长安福特第三款全新车型——福特福克斯三厢上市,并很快就受到消费者追捧,成为中级车市场上的一颗新星。2006 年 8 月,福克斯两厢又乘势推出,再度受到市场热烈欢迎。2007 年 3 月,2007 年欧洲年度车型麦柯斯上市,在国内开辟了一个全新的运动型多功能轿车细分市场。2007 年 11 月,福特欧洲有史以来科技含量最高、工艺最精良的全新旗舰车型——福特蒙迪欧-致胜全球同步在中国登峰上市,标志着长安福特汽车在技术、生产、产品、市场、品牌等各个方面都跃上了一个全新的高峰。而备受瞩目的销售明星、中国中级车市场的标杆车型——2009 款福特福克斯于 2008 年 9 月 25 日在全国的上市,将进一步巩固其在中国中级车市场的领军地位。2009 年 3 月 6 日新福特嘉年华上市,凭借"动感设计"、"魅力内饰"、"灵动驾驭"、"领先安全"和"持久价值"五大产品亮点,新福特嘉年华必成功领跑中国小型车市场。2009 年 9 月 25 日,长安福特马自达汽车重庆新工厂奠基,标志着长安福特汽车将驶入一个跨越式发展阶段。2012 年 4 月 23 日北京车展上,长安福特新福克斯宣布上市。2013 年 1 月 22 日长安福特国产翼虎SUV 上市,而在不到两个月时间里,长安福特又一款全球重磅车型紧凑型 SUV 翼博接踵上市。翼虎翼博相继上市并投放市场,比翼齐飞,对于长安福特无异于如虎添翼。

在把一流的产品和一流的设计理念带给中国消费者的同时,长安福特汽车也努力向消费者提供世界一流的服务体系,建立起了遍布全国的福特品牌经销商网络,并正式在中国市场启动福特全球统一汽车服务体系——"Ford Service",旨在为中国消费者提供世界一流的服务体验。

作为一个具有社会责任感的企业公民,长安福特汽车致力于成为"环境保护的先行者"。重庆和南京工厂不仅配备先进的污染防治设施,还建立了完善的环境管理体系,是当地率先通过 ISO14001 认证的企业。同时,长安福特汽车也积极参与各项公益事业,推动社区的环境改善和所在地的经济发展。

6.6.2　汽车行业分析

1) 市场概况

2013 年 1 月 9 日,乘联会率先发布了 2012 年全年的乘用车销量数据,广义乘用车(含微型轿车)2012 年批发销量为 1 541.8 万辆,同比增长 6.5%。同时,各大车企也在陆续发布上一年的销量和新一年的目标。从各细分市场的表现来看,SUV 仍然保持了强劲的增长势头,2012 全年销量为 201.4 万辆,同比增长 22.6%,成为细分市场中最大的亮点;轿车增幅虽然同比微增 5.7%,但却首次冲破年销千万辆大关,达到了 1071.7 万辆;微客和 MPV 销量平平,与上年同期基本持平。

2012 年上汽集团销售整车 449 万辆,相较于 2011 年(同比)增 12%。其中,上海通用整车销售 139 万辆,同比增 13.08%;上海大众整车销售 128 万辆,同比增 9.79%;上汽通用五菱整车销售 145.8 万辆,同比增 12.07%。

东风汽车 2012 年实现销售 307.8 万辆,其中销售乘用车 245.5 万辆,同比增长 5.42%,销售商用车 62.3 万辆。2012 年,东风共销售自主品牌汽车 112.1 万辆,其中,东风风神、东风风行、东风郑州日产等东风品牌乘用车实现销售 42.8 万辆,同比增长 7.67%;东风裕隆纳智捷、东风日产启辰、东风本田思铭等其他自主品牌乘用车实现销售 8.7 万辆。东风公司全年海外出口 8 万辆。

长安汽车 2012 年汽车销量达 175.66 万辆,较 2011 年增长 5.6%;其中,长安自主品牌轿车共销售 23 万辆,增长 12%。2013 年长安汽车的销量目标调升至 200 万辆,增幅约为 14%。

2) 主要竞争者分析

根据统计数据,2012 年国内各大车企的汽车销量和市场份额为:①上汽 446.14 万辆,23.11%;②东风 307.85 万辆,15.95%;③一汽 264.59 万辆,13.7%;④长安 195.64 万辆,10.13%;⑤北汽 169.11 万辆,8.76%;⑥广汽 71.22 万辆,3.69%;⑦华晨 63.8 万辆,3.3%;⑧长城 62.46 万辆,3.24%;⑨奇瑞 56.33 万辆,2.92%;⑩吉利 49.14 万辆,2.55%。可以看到,长安汽车在国内的汽车销量排行较为靠前,为第四名。

而在长安福特内部,其 2012 年各车型累计销量为:新福克斯三厢 7.61 万辆;新福克斯两厢 6.61 万辆;三厢福克斯 6.68 万辆;两厢福克斯 8.74 万辆;蒙迪欧致胜 6.83 万辆;嘉年华三厢 1.72 万辆;嘉年华两厢 3.48 万辆;S-MAX 0.18 万辆。其中福克斯品牌占长安福特约 75% 的销量,是 2012 年长安福特旗下最为热销的一款车型,除了致胜,其他车型则小幅下降。

国内汽车市场上,与长安福特新福克斯价位大致相同的竞争性车型主要有以下几款:

(1) 标致 408:定位家用,空间充足,配置丰富,安全性好,轴距达到了准 B 级车水准,大空间是它最重要的卖点高安全标准;

(2) 雪弗兰科鲁兹:外观漂亮,性价比优势明显;

(3) 东风日产新骐达:外观飘逸,内饰温馨,轴距动力大升级;

(4) 一汽大众新速腾:空间加大,外观家族化,减配有待改善;

(5) 新思域:风格变硬朗,价位合理,配置丰富。

通过新福克斯与竞争产品的比较,可以发现,新福克斯的卖点主要集中在安全性与操作性的优势。

3) 消费人群分析

长安福特的消费人群多为生于 70 年代前后,月收入较高的城市居民。经过分析,他们往往具有以下的共性:

(1) 汽车已大范围地进入他们的日常生活之中;

(2) 价格与售后服务成为消费者关心的热点;

(3) 由于油价破八,人们对节油的期望大幅度提升;

(4) 在车型与外观的选择上,消费者由盲目走向务实的观念转换;

(5) 热爱生活,喜欢运动,亲近自然,积极进取,追求时尚,勇于接受新事物的年轻白领男女。

6.6.3 产品介绍

长安福特新福克斯依然延续了老款车型的三厢与两厢设计,不仅外形更加动感时尚而且内在品质也均有提升。通过熏黑头、碳纤维内饰以及 ESP 车身动态稳定系统等配置,可以看出福克斯两厢更加趋向于运动。而相对两厢车型更为中规中矩的福克斯三厢车,则定位于家用轿车。

"新福克斯是'一个福特'战略下第一款真正意义上的全球车,也是福特承诺在 2015 年前带入中国 15 款车型中的第一款全新车型。新福克斯的引入,履行了我们为中国消费者带来最新最好产品的承诺。"长安福特马自达汽车有限公司总裁马瑞麟(Marin Burela)表示,"新福克斯给中国消费者带来了中级车前所未有的智能科技和丰富配置,我们坚信新福克斯必将获得中国消费者的青睐,再续福克斯品牌在中国的辉煌。"

2012 款福克斯共有 12 个版本,三厢车又分为 6 个版本,分别是手动舒适型、自动舒适型、手动风尚型、自动风尚型、自动尊贵型和自动旗舰型。两厢车型同样是 6 个版本,分为手动舒适型、自动舒适型、手动风尚型、自动风尚型、手动豪华运动型和自动豪华运动型。

6.6.4　案例正文

新福克斯车型借助不同的社交网平台进行推广,如开心网、新浪微博,其策略各有侧重和不同。

1) 玩"开心人生"获免费试驾

(1) 案例背景。

根据统计数据显示,2012 年中国社交网络用户规模为 4.3 亿人,预计 2014 年社交网络用户规模将会达到 5.1 亿。其中,几大主流社交网站用户构成差异较大,而开心网中成熟的高价值用户的比例较高,在职业结构、收入、营销价值等多个指标上也与其他网站有较明显差异。开心网上的互动交流仍以真实的好友关系为基础,这种特性表现在社交游戏中可以最大限度地实现用户之间的互动,用户与品牌之间的互动,真正体现互动营销的精髓。

(2) 传播目标。

通过开心网植入游戏传达福克斯产品信息,全面推进新福克斯推广。

(3) 目标受众。

当前汽车品牌的营销和传播,越来越注重用户的参与性以及与品牌的互动。而开心网的用户以高学历、高收入的白领群体为主,脑力工作者占 70% 以上,与新福克斯目标用户契合度高,这一部分群体的购买意愿比较强,拥有独立的经济来源来支持自己的消费行为,能够将对于产品和品牌的偏好落实为购买行为。

(4) 传播策略。

通过植入活动,将新福克斯动感时尚的外形在游戏世界中得以全面展现,同时其象征性的出色动力、出众品位等一系产品特点,都会贯穿到游戏中的各个互动环节,帮助目标群体了解更多产品信息,并影响潜在消费者的购买行为。

(5) 传播时间。

2012 年 3 月 16 日～4 月 22 日。

(6) 关键环节。

如图 6-20 所示,长安福特在 3 月中旬新福克斯的预售阶段,联手开心网在热门游戏"开心人生"中发起"新福克斯体验"活动。活动期间,共有近 30 万名用户接受任务,近 14 万名用户获得新福克斯虚拟汽车使用权。除了在"开心人生"中植入"任务"活动,登录开心网首页,还可以看到新福克斯汽车创意十足的精彩广告,点击广告可以跳转至开心网上的新福克斯公共主页。

而活动的第二阶段——"新福克斯进阶任务"共包含 4 个部分——看电影、试驾、报名、工作,任务全部完成之后,用户可以获得"开心人生"应用中的超级睡眠卡

图 6-20　新福克斯开心网试驾体验活动页面

作为奖励。在开心人生组件的"电影院"中,用户只需观看指定新福克斯视频即完成任务。在现代建筑风格的"城市广场福克斯体验馆"中,用户完成试驾体验还可以参加有奖报名,试驾环节以 flash 模拟游戏的形式展现,能够使用户获得极具趣味性的感官体验,在"开心人生"中过一把"赛车瘾"。最后,用户需要在"市政大厅"中开启"新福克斯 4S 店"的销售工作,逐步升级。由于在新福克斯 4S 店中的销售工作可获取同级别最高工资收益,调动了众多用户的参与热情。

如图 6-21 所示,用户还可以在"车市"中购买新福克斯两厢、三厢轿车,并选择自己喜欢的颜色,彰显个性。与其他虚拟汽车相比,新福克斯虚拟汽车在节省体力、行驶速度、油耗等方面表现更为出色,而且游戏中的个人魅力值还会因此大幅度提高。

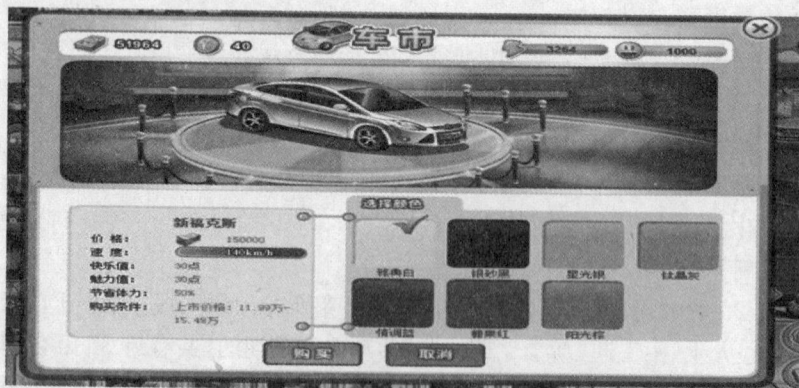

图 6-21　新福克斯开心网试驾体验活动车市页面

除了有虚拟商品供用户选择,"开心人生"中还推出了线下抽奖环节。在城市广场福克斯体验馆完成报名并且填写信息的用户,通过线下客服电话确认,即有机会获得大奖,共送出 2 台 iPhone 4S、20 台 iPod Nano 和 80 个 iPod New Shuffle,同时选出的 1 名幸运用户还获得了新福克斯 3 个月的免费使用权。

（7）传播效果。

具体数据如表 6-1 所示。

表 6-1　新福克斯开心人生活动传播效果统计表

项目	目标	实际达成	达成率	状态		
				R	Y	G
预售订单	8 000	10 137	126.7%			G
官网访问量	1 200 000	4 793 462	399.5%			G
潜客	50 000	74 845	149.7%			G
注册粉丝数量	100 000	214 317	214.3%			G
开心网植入游戏注册数	7 500	63 036	840.5%			G
成成脱口秀粉丝	52 000	103 520	199.1%			G
优酷视频观看数	3 600 000	5 062 762	140.6%			G

2) 新浪微博 AR 应用体验

（1）案例背景。

合资紧凑级别车型一直是国内家用车市场的主力，每一款新车的上市都会引来极大的关注。全新现代朗动和日产新轩逸以及长安福特的新福克斯都无疑是 2012 年最抢眼的车型。

福克斯是长安福特的骨干车型，在其整体销量中占据了半壁江山，2012 年推出的新福克斯，不仅是福特中国"1515"新车战略的先锋，也将承担长安福特攻打 A 级车中高端市场的重任，可谓举足轻重。

新福克斯如何根据其车型特点，通过更贴近受众群的方式和平台，将产品信息准确传递给受众群，并成为社会热点话题，快速传播是本案例要探讨的重点。

（2）传播目标。

全面推进新福克斯的推广，展现其拥有的盲点信息系统、弯道扭力智能分配系统、低速行车安全系统、进气格栅主动安全系统、SYNC 车载多媒体通讯娱乐系统等等众多同级车前所未有的科技配置，长安福特率先应用了 AR 技术，从 3D 互动到深度产品体验。

（3）目标受众。

月收入较高的城市居民（8 000 到 30 000 元/月）。他们受过良好的教育，正逐渐成为社会的精英。他们热爱驾驶，很有品牌意识，喜欢动感的升华与时尚的外形。他们有开发的思维方式和运动、积极的生活方式，爱好音乐、电影、唱歌、健身、去酒吧和购物,往往也是最先尝试新生事物的人。戏剧、电影、艺术动态是其文化生活的关注要点,同时网络是其工作和生活的重要媒介。

(4) 传播策略。

新浪采用"双平台"整合互动策略(如图 6-22 所示)。通过大媒体新浪平台进行信息曝光,引导网友进入新福克斯新浪企业官方微博页,并成功在微博页搭载 AR 互动平台。通过制造话题、趣味漫画,引发热烈讨论和自发传播。

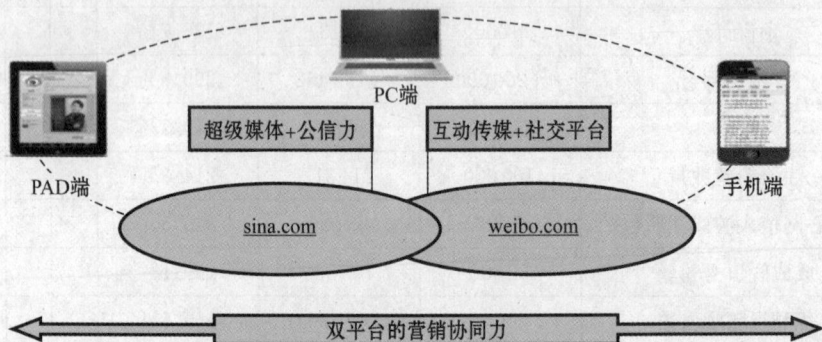

图 6-22　新浪微博双平台营销策略图

调查发现,新福克斯受众,对于新鲜事物的关注度会很高。而时下流行的"双屏互动"成为吸引受众群的方式之一。长安汽车结合 AR 技术,将新福克斯的产品特点,通过 AR 互动与受众进行交流。并利用受众群日常交流平台——新浪微博,搭建内容丰富的交互页面,进行话题扩散和产品信息的传播。

(5) 传播时间。

2012 年 5 月 15 日～6 月 30 日。

(6) 关键环节。

以下是新福克斯制订的网友参与体验此次活动的步骤:第一步:登录新浪微博;第二步:关注新福克斯官方微博;第三步:网友参与如下任一互动,即有机会参与抽奖,赢取奖项:下载 AR 应用分享微博,即可获得 AR 新人类勋章;分享 AR 视频;参与当期微话题讨论;填写预约试驾信息;转发微漫画。

具体的传播过程如图 6-23 所示。

与此同时,新福克斯还搭建了企业微博互动页面(如图 6-24 所示)。

(7) 传播效果。

分享视频数:135 607;分享微漫画:5 806;分享 AR 应用:81 455;热点话题讨论数:67 273;预约试驾:2 267;参与登录平台用户数量:117 391;视频播放量:519 028;官方微博粉丝增长:25 515。

传播时间：5.15-6.30（共34个工作日）

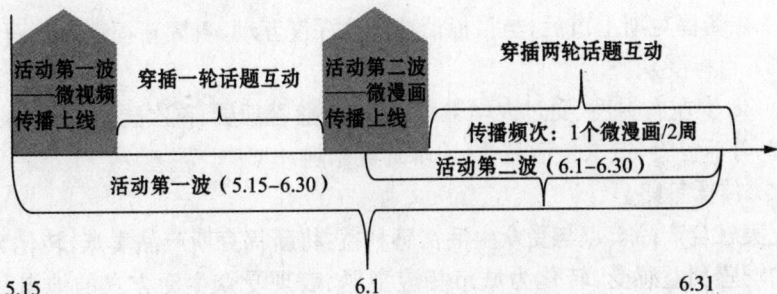

图 6-23　新浪微博 AR 技术传播流程图

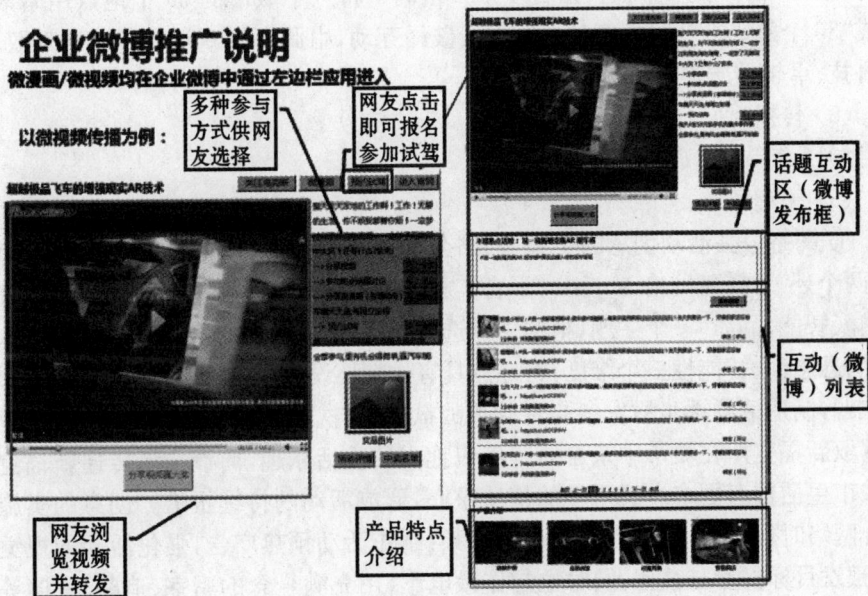

图 6-24　新浪微博新福克斯企业互动页面

3）开启城市密码

（1）案例背景。

① 网络活动环境复杂，网友越发挑剔：网络环境活动拥挤，网友们见多识广，更喜欢参与形式简单的活动，如何真正满足受众内心智慧挑战、探索欲望，并且让他们主动拨开云雾、参与到新福克斯的互动中是此次活动最大的挑战；

② 媒介预算：此次活动预算有限，缺少广告位的有力曝光，传播渠道仅为自身微博、BBS 平台等，因此如何让活动自身"发光放电"是重要课题。

（2）传播目标。

① 建立与首次购车者或来自 A/B 级市场车主的情感链接,提升新福克斯的认知度与好感度;

② 在新福克斯上市后,与目标消费群体深度互动,巩固新福克斯正面口碑。

(3) 目标受众。

① 28 岁左右男性、受过大学教育、中型企业管理层、首次购车或 A/B 级车主;

② 勇于冒险、追求生活品质、追求驾驭乐趣。

(4) 传播策略。

完美融合产品卖点与受众生活情感利益:将新福克斯产品卖点,转化为受众生活中的情感利益感受,转化为城市相应主题、表现受众生活方式的地点;密码"病毒"全网扩散,激发"福尔摩斯们"深陷破译狂潮:用与目标消费群探索/挑战的性格相符、最易激发兴趣的沟通"语言"——"密码",将六个城市的 36 个地点用暗语设计成"36 个密码",让目标群体进行在线破译互动,由此了解新福克斯过瘾驾驭、智能科技、卓越品质等卖点。

(5) 传播时间。

2012 年 5 月 21 日～6 月 30 日。

(6) 关键环节。

① 网络公关活动创意的实施:网络公关活动创意分为"破译密码"和"城市探索"两个环节,搭建网络 Minisite 平台实施互动:首先"破译密码"环节,密码设置为"过瘾、智能、品质"三个主题,根据主题选择城市符合目标群生活感受的地点,从趣味性、悬念性、智能性三个维度,将地点具有的特性设计成"城市密码",每周发布一个主题,制造话题逐步激发参与者的挑战欲望;其次是"城市探索"环节,由幸运网友驾驭新福克斯在城市中亲自体验密码地点的生活乐趣,向参与者传递新福克斯让城市生活拥有更多过瘾乐趣的情感核心,形成活动的持续报道。创意的实施为迎合网络时代习惯,也重点使用了微视频:制作活动预热广告,强化活动的视觉效应、激发目标群参与欲望;同时也制作微电影,用充满悬念的密室、追踪、解谜等元素,演绎一个城市探索的精彩故事,用微电影呈现密码破译的挑战过程。

② 在传播方式上:整体来说本活动的传播进行了"媒体整合",重点运用社会化媒体,集合网络媒体、社会化媒体、传统媒体,针对目标群体进行权威媒体影响、意见领袖口碑互动、城市深入体验的全方面传播:以在全国北京、上海、广州、杭州、武汉、成都 6 个重点销售城市的生活类网络媒体为主、覆盖专业网络媒体、当地汽车生活类电台;与 lifestyle 网络媒体及意见领袖通过软文稿件合作等传方式,进行有效活动传播、话题炒作;线下邀请地区生活媒体、当地意见领袖位参与试驾,发布游记文章;在主流视频网站推广微视频;在博客、微博、六城市站论坛,进行口碑营销以意见领袖言论带动对活动的关注。

（7）传播效果。

活动效果数据：活动平台浏览量 169 997 人次；活动平台参与人数 11 717 人次；软文报道量达 170 篇次；SNS 传播点击量达 2 108 650 人次。

6.6.5　案例分析

1）全面 E 时代，汽车市场步入社会化整合营销时期

2012 年，中国汽车市场告别连续 13 年的高增长，开始进入低增长周期，而汽车营销的环境，尤其是消费者对于数字设备的使用和数字信息的获取方式，也在最近 2 年中发生了质的变化。消费者以何种方式获取数字信息？这些信息在购车决策的不同阶段在发挥怎样的作用？移动互联大爆炸对于汽车企业有何机会？在全面 E 时代的背景下，企业的社会化整合营销面临着怎样的挑战？

作为"一个福特"战略下第一款真正意义上的全球车型，新福克斯凭借其强大的产品力完美诠释了长安福特品质、绿色、安全、智能这四大品牌支柱的含义，用迅猛的销量创造了属于自己的"福克斯速度"。除了新福克斯出众的产品力外，福克斯品牌今日的辉煌，与其卓有成效的体验式社会化营销密不可分。

2）利用多种渠道、多种社交网平台营销

新福克斯在预售阶段就开始针对高收入，高学历的白领群体，联合开心网推出了"新福克斯体验"活动，活动上线之后就受到了广大用户的欢迎，活动巧妙地将新福克斯的产品形象和特点植入到游戏当中，潜移默化地影响了消费者对新福克斯产品的印象和后续的购买行为，获得了广大用户的良好口碑及一批可观的预售订单。上市之后，新福克斯结合其受众对新鲜事物关注度高的特点，与新浪微博合作，利用双平台整合策略全面推进新福克斯的推广，通过制造话题引起讨论，极大地促进了产品信息的传播。与此同时，"新福克斯开启城市密码"活动也吸引了消费者的广泛参与，此次活动集合网络媒体、社会化媒体、传统媒体，针对目标群体进行权威媒体影响、意见领袖口碑互动、城市深入体验的全方面传播，旨在通过"密码"彰显新福克斯和目标消费者"探索生活"的共同态度。

这几次活动更是成功将被誉为营销传播界"奥斯卡"的中国艾菲奖收入囊中。数项年度大奖的取得，充分证明了新福克斯"年度中级车"称号的确实至名归。

6.6.6　案例点睛

1）注重用户参与和品牌互动

当前汽车品牌的社会化营销和传播，越来越注重目标用户的参与性以及与品牌的互动。汽车品牌目标用户的购买意愿往往比较强，拥有独立的经济来源来支持自己的消费行为，能够将对于产品和品牌的偏好落实为购买行为。

2) 目标群高度契合,整合优势资源

长安福特新福克斯目标用户群与社交媒体用户群高度契合,利用社交媒体平台,多渠道引导网友参与、熟悉车型卖点,体验新福克斯的极致魅力,同时通过活动刺激引导目标用户填写预约试驾信息,整合优势资源,避免传播过程中因渠道分散而影响效果,良好的用户体验带来卓有成效的传播效果。

6.7 上汽荣威 iVoka 的社交网营销

案例摘要 2011 年广州国际车展,上汽集团旗下的荣威 350,以其独一无二的车载人机对话语音系统 iVoka 成为媒体报道的一个焦点。荣威通过预先策划的 5 段实拍视频,在 3 天时间内获得了近 7 万次微博转发和 80 多万次视频网站点击,凤凰中文台、北京电视台和中央电视台都相继对该视频和事件进行了跟进报道。荣威通过在其官方微博上发布真人真实操作视频,宣传品牌 iVoka 科技,凭借其视频的高科技趣味性和客观真实性,吸引了大批粉丝,达到了最大程度曝光的目的。回顾这 5 则视频,拍摄过程并不复杂,内容也相当直白简单,制作成本当然更是微乎其微,但更为重要的是,这 5 则视频把产品功能都描述得相当到位,又十分富有趣味性,符合大众口味。同时,荣威紧抓 2011 广州车展的良好契机,紧跟国家倡导的自主品牌创新主题,配合合理的维护、传播和推广,因此才能在短时间内获得广泛关注,实现了较好的营销效果。由此看来,极致单纯的表现手法如果运用恰当,往往也具有非凡的杀伤力。

关键词 高科技曝光,事件营销,病毒视频

案例导读 在 2011 年 11 月 21 日拉开帷幕的 2011 年广州车展上,上海汽车集团全球首发了为中国消费者量身定制的 inkaNet 新增功能——语音云驾驶 iVoka。基于云计算前沿科技研发而成的 iVoka,不仅能够为荣威 350 车主带来超乎寻常的安全驾驶生活,同时还有人车智能对话的娱乐行车体验,当然更是上海汽车把握新生代消费行为变革趋势的自主创新力作。如果说,iPhone 4S 的 Siri 语音助手让"爱疯"更"疯"、更方便,那么对于汽车而言,人工智能语音交互科技的运用,最重要的就为消费者带来的安全出行保障:语音云驾驶 iVoka 使汽车能够真正与车主进行最简单、最有效的语言沟通,彻底解放车主的双手双眼,减少车主一边驾驶一边察看手机、操作导航时的手忙脚乱,让车主的视线和注意力始终保持在车辆行驶的方向,从而降低因分神而导致的主动交通事故隐患。据悉,iVoka 还实现了与汽车 Canbus 的完美对接,可根据车主的驾驶习惯适时给予建议,不仅为行车生活带来乐趣,更大提升了安全性能。值得炫耀的是,从 2011 年广州车展开始,中国车主将在语音云驾驶 iVoka 的帮助下,领略中文版"语音助手"为行车生活带来的

便捷与娱乐。而这一切,都得益于上海汽车对中国消费者行车生活需求的了解和对中国车市前瞻性的洞察力,从 inkaNet1.0 实现一键导航,到 inkaNet2.0 实现行车娱乐化,再到语音云驾驶 iVoka,上海汽车三度担纲汽车信息交互科技的自主创新先锋,度身打造满足"信息控"年轻消费者的精彩网络行车生活。

6.7.1　公司简介

上海汽车工业(集团)总公司简称"上汽集团",是中国四大汽车集团之一,主要从事乘用车、商用车和汽车零部件的生产、销售、开发、投资及相关的汽车服务贸易和金融业务。

上汽集团 2006 年整车销售超过 134 万辆,其中乘用车销售 91.5 万辆,商用车销售 42.9 万辆,位居全国汽车大集团销量第一位,并以 143.65 亿美元的销售收入进入《财富》杂志世界 500 强企业排名。2007 年,上汽集团整车销售超过 169 万辆,其中乘用车销售 113.7 万辆,商用车销售 55.3 万辆。2008 年,上汽集团整车销售超过 182.6 万辆,其中乘用车销售 111.8 万辆,商用车销售 70.8 万辆,在国内汽车集团排名中继续保持第一位。2010 年,上汽连续第 5 年入选中国工业经济研究院编制"中国制造业 500 强"排行榜,并在世界品牌价值实验室(World Brand Value Lab)编制的 2010 年度《中国品牌 500 强》排行榜中排名第 33 位,品牌价值已达 327.47 亿元。2012 年,上汽集团整车销量达到 449 万辆,同比增长 12%,继续保持国内汽车市场领先优势,并以上一年度 672.54 亿美元的合并销售收入,第八次入选《财富》杂志世界 500 强,排名第 130 位,比 2011 年上升了 21 位。

上汽品牌通过加强与德国大众、美国通用等全球著名汽车公司的战略合作,形成上海通用、上海大众、上汽双龙、上汽通用五菱、上海申沃等系列产品;同时推进自主品牌建设,相继推出了荣威品牌和名爵产品,逐步形成了合资品牌和自主品牌共同发展的格局(如图 6-25)。

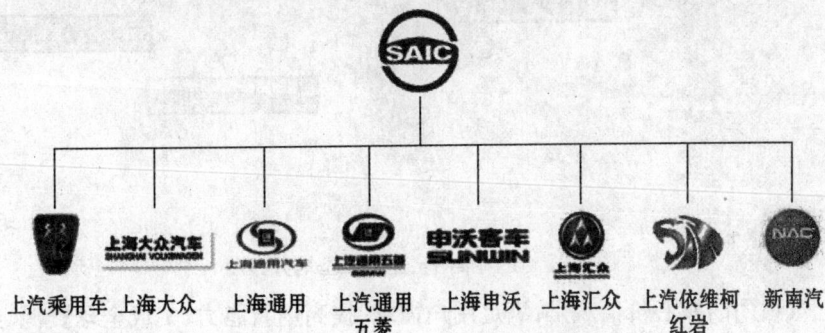

图 6-25　上汽集团旗下品牌一览图

　　上汽集团除在上海当地发展外,还在柳州、重庆、烟台、沈阳、青岛、仪征、南京、英国长桥等地建立了自己的生产基地(如图 6-26 所示);拥有韩国通用大宇 10% 的股份;在美国、欧洲、香港、日本和韩国设有海外公司(如图 6-27 所示)。

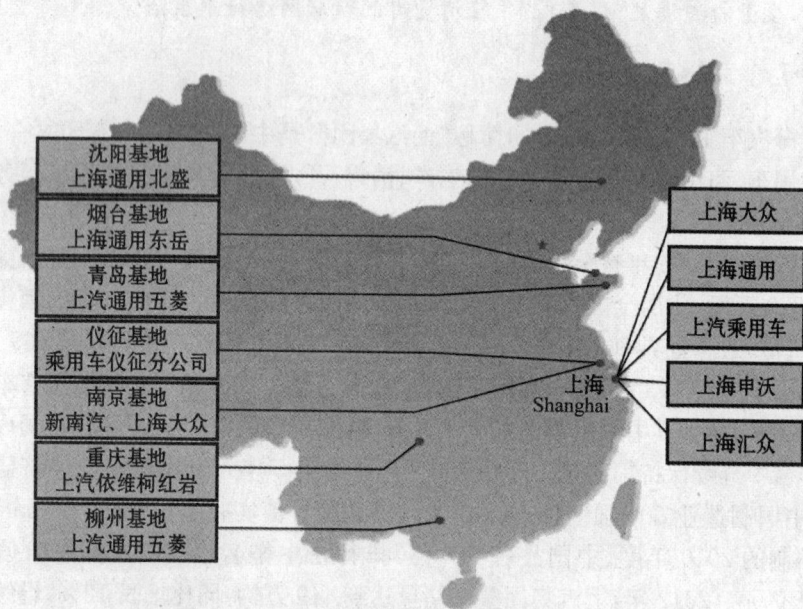

图 6-26　上汽集团全国生产基地分布图

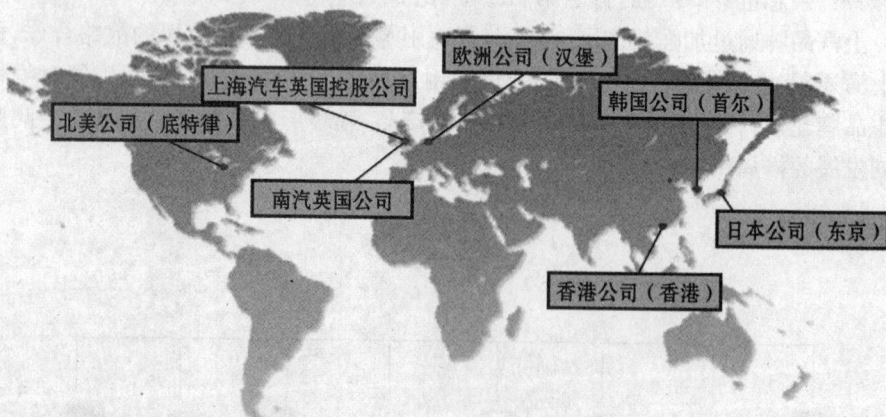

图 6-27　上汽集团全球生产基地分布图

　　上汽集团的核心价值观是:满足用户需求、提高创新能力、集成全球资源、崇尚人本管理。上汽集团将致力于成为一家集先进制造业和现代服务业为一体的综合性产业投资和运营公司,上海汽车将努力成为一家具有核心竞争能力和国际经营能力的蓝筹汽车公司。

6.7.2　自主品牌汽车行业分析

1) 市场概况

近几年来,中国的汽车市场增长迅速,汽车的产销量也达到了一定的规模。根据 2012 年汽车工业协会统计分析,全国汽车产销 1 927. 18 万辆和 1 930. 64 万辆,同比分别增长 4.6% 和 4.3%,比上年同期分别提高 3.8 和 1.9 个百分点,增速稳中有进。产销突破 1 900 万辆创历史新高,再次刷新全球纪录,连续四年蝉联世界第一。其中中国自主品牌,共销售 648.50 万辆,同比增长 6.1%,占乘用车销售总量的 41.9%,占有率比上年同期下降 0.4 个百分点。众所周知,相对于国外品牌来说,自主品牌汽车目前主要定位于国内的中低档汽车市场上,因为在这个市场上,企业在技术上面的投入不需要太高,这样就降低了进入这个市场的门槛,再加上自主品牌汽车具备一定的成本优势,凭借其低成本战略在这个市场上获得了成功。

如今,随着政府以及企业对技术创新的不断重视,中国自主品牌汽车企业也加大了对技术创新的力度和投入。近几年,中国自主品牌汽车企业在产品开发能力建设上取得了不小成绩,其方式多采用自我设计、委托开发和产品咨询相结合,即采用的是集成创新的模式。目前来看,国内自主品牌汽车企业与国外企业及研究机构进行合作,有些合作已经取得了引以为豪的成绩。由于自主品牌汽车在近几年里获得了飞速的发展,其在产品的质量、技术含量、功能等方面都有了很大的提升。与此同时,自主品牌企业近几年来积极地参加各种汽车展览会,吸引了全社会对其发展的关注。近几年来,自主品牌汽车企业还加大了向国际进军的步伐。汽车大量的出口,为我国国产汽车在国际上赢得了声誉,且大大地提高了我国自主品牌汽车在消费者心目中的地位。

2) 主要竞争者分析

长安汽车是上汽自主品牌在国内的主要竞争对手之一,也是 2011 年广州国际车展的重要参展商之一。长安汽车以“智尚未来生活”为主题,携旗下全系自主品牌车型、6 款环保发动机和 2 款高效变速器亮相 2011 年广州车展。此次车展,长安汽车隆重发布了全新的动力品牌 BlueCore,还首次展出了中级战略车型 EADO 逸动、入门级家轿 B501、奔奔 MINI2012 款等全新车型,全方位展示出长安汽车自主研发的最新成果。其中,这届车展上首次亮相的 B501 是长安汽车基于 B 平台打造,专门针对中国道路条件而研发的一款高性价比入门级家轿。除了具备长安汽车一贯的时尚大方、经济节油、安全性能之外,B501 历经苛刻整车品质试验而造就的超高可靠性将增添它在市场竞争中的筹码。

在上一长安福特新福克斯的案例中提到的竞争对手,如标致、雪佛兰、东风雪铁龙等,也是上汽荣威品牌在国内的主要竞争对手,在此不再赘述。

3) 消费人群分析

荣威350主打数字生活理念,是针对热爱生活的年轻人的一款科技家用轿车,也是一款适合3口之家代步出行的舒适城市轿车。价格区间在8.88～12.87万之间,适合于具有一定消费能力同时注重性价比的年轻人群体。作为新生代的汽车消费群体,他们有追求汽车信息化生活潮流的趋势。

6.7.3　案例背景

作为一年一度的盛大"宴会",广州车展渐已成为众多车企抓住年末最后一波销售热潮的关键,更成为车企角逐第二年车市的一场"大练兵"。而作为东道主的国内大集团自主品牌,对广州车展的重视更是不言而喻。全力发挥主场优势成为这些大型自主车企的共识。于是,自主品牌的魅力便随之显露出来,成为车展上不可忽视的一道风景,而上海汽车和长安汽车便是这道风景中的最引人注目的亮点。

上海汽车荣威品牌携旗下全系车型三度掀起了信息时代的创新科技浪潮。荣威新750Hybrid混合动力轿车、"全时数字轿车"荣威550、"全时在线中级轿车"荣威350与"跨领域专业SUV"荣威W5悉数亮相,为消费者带来了丰富而震撼的科技体验。而以开创汽车3G时代被业界称赞的inkaNet智能网络行车系统此次再度带来新功能,其全球首创的汽车语音交互技术——语音云驾驶iVoka,用最尖端的语音交互科技,率先为中国消费者带来量身定制的人机交互行车体验,并为"人与车"的关系作出全新定义,引领信息时代下汽车信息创新科技的未来趋势。

如今的汽车产业全球竞争格局,正处在一个新的变革周期的序幕阶段。传统汽车强国和跨国企业,在未来10年的竞争中将继续占据主导的作用。但新兴市场,包括地理意义上和产品细分意义上的新兴市场,将是产业变革的最主要推动者和受益者,也将是变革最终发生的决定性力量。

作为世界500强企业,上海汽车一直致力于自主创新,不仅关注汽车本身,更关心本土消费者的切身体验。上海汽车针对中国消费者行为的改变,从最本质的安全层面出发,结合当下的先进科技,打造出了创新的语音云驾驶iVoka技术。这一变革为年轻的消费者们带来了巨大的改变。生长在数字时代的消费者,对汽车有着与前不同的需求,包括他们对互联网生活方式的依赖,以及随时随地接入全球社交网络的需求。iVoka的出现,让他们感受到了一种全新的汽车生活,可以最大程度满足他们的新需求。上海汽车根据变革来进行创新的发展思路,值得其他汽车厂商借鉴。

iVoka系统作为此次车展中上汽荣威品牌最具有特点和影响力的亮点,必须在营销的过程中加以巧妙的利用。众所周知,车展的持续时间很短只有七天,必须尽可能抓住重点,速战速决。同时荣威品牌主要定位于年轻人群,营销过程中必须尽量针对这部分人群做精准营销。

6.7.4　产品介绍

iVoka 是 inkaNet 新发布的一个人机语音交互技术,是由上汽主导,作为供应商的上海博泰 PATEO 参与研发的一项新型技术成果,在 2011 年广州车展期间首次亮相。iVoka 因循了创新(innovation)、洞察(insight)、交互(interactive)、智能科技(intelligent technology)的 4i 理念而成。iVoka 可以根据车主的语音来完成行车时的各种常用操作,比如准确地告诉你附近哪里有好评颇高的餐饮娱乐场所,朗读一条刚刚收到的重要短信,拨打电话,或者告诉你明天的天气如何等等,车主通过 iVoka 操作,双手就不用离开方向盘了。

在 2011 年 11 月 21 日的广州车展上,上汽集团专门为参观者设立了 iVoka 的现场体验区,iVoka 正式发布并推出使用。另外,基于 inkaNet 功能的好处在于,当 iVoka 无法提供车主所需的信息时,可接通人工后台服务,满足车主需求。而且之前已经购买荣威 350 的车主,可以免费对系统进行升级至带有 iVoka 的版本。

iVoka 功能主要是便于车主驾车时可以通过语音实现一些功能的操作。包括导航的设置,音乐的选取,拨打电话,实时信息的播报等等内容。尤其在行车过程中,更有利于安全驾驶。通过与豆瓣的合作,还能在线收听相关的音乐节目,除了驾驶和空调操作,车内大部分的娱乐资讯的功能都可以通过语音控制实现,非常方便。

更有趣的是,与 iPhone4S 的 Siri 语音助手一样,iVoka 完全经得住"调戏",开车无聊时只需随时呼叫,聪明调皮的 iVoka 就会与车主"逗趣唠嗑",有了它做行车拍挡,途中自然少不了乐趣。

而搭载于荣威 350 和 MG5 车型上的全新第二代 iVoka 语音云驾驶,将凭借两大"防堵法宝",引领都市行车驶入"快捷"新时代。第二代 iVoka 的第一个"法宝"是实时路况更新功能:将最新路况信息,用语音提示车主,并迅速规划新路线,有效避开拥堵路段;另一大"法宝"则是捷径指示功能:凭借全面、精准的数字地图准确定位,指出在一般地图上都找不到的捷径,让你比当地几十年驾龄的老司机都要了解各处的小路近路。

在将来,iVoka 还将为车主提供更多实用功能,比如开关车门、调节座椅高低等;连安全带的松紧也只需一句话就能轻松实现。智能科技让 iVoka 更具有无限的扩展性与创造性,这些强大的功能也必将为消费者带来更精彩的汽车生活。

6.7.5　案例正文

1) 传播目标

抓紧时间,突出自身亮点,形成迅速而具有差异化的影响力,以实现在广州车展的平台上有效增强上汽荣威品牌知名度,提升销量。

2) 传播策略

通过制作宣传视频(视频最能真实反映车主与 iVoka 语音系统的"智能化"对话过程)以及对话的"娱乐化"作为传播利基,借助微博的庞大的用户基数及其"病毒式"的传播特点和速度,实现视频和口碑在短时间内迅速的扩散传播,结合车展本身的高关注度形成事件营销。

3) 传播时间

2011 年广州车展期间(11 月 21 日～11 月 23 日)。

4) 关键环节

(1) 第一个视频发布:2011 年 11 月 21 日凌晨,抢在车展开幕之前,第一个视频发布。视频表现了两个人在荣威 350 车内与 iVoka 人机对话的情形。面对两位青年的近乎调戏的问题,iVoka 不卑不亢和幽默十足的回答让人看到了 iVoka 的强悍智能表现,酷似汽车版 Siri。趣味性和新鲜体验,使得这个视频得到了超过 15 000次的微博转发,而优酷网超过 10 万的点击量、20 个收藏和超过 5 万的站外引用,也让该视频获得当月优酷网最热话题之一的荣誉。视频发布后,更是吸引了凤凰网和 CCTV 的报道。视频的广泛传播让 iVoka 得到了很好的预热关注效果,也使得荣威 350 成为车展首日的媒体报道亮点之一。

(2) 第二、三个病毒视频上线:11 月 21 日晚,第二支病毒视频上线。内容为单人演示 iVoka 的功能,包括查询天气、放音乐、打电话、发短信等令人印象深刻的功能。该视频得到了超过 3 万次的微博转发,超过 30 万的土豆网点击量和超过 10 万的优酷网点击量,iVoka 的传播进一步扩散。4 个小时候后,第三段视频发布。经过前两个视频充满趣味的调戏和多功能应用展示后,iVoka 已经得到了受众的高度评价,上汽适时推出车载系统最受关注的导航功能,拍摄者天花乱坠地说了一堆地点,比如南京的兰州拉面、丽江的悦榕庄、北京中国大饭店、上海的中山西路宜山路交叉口等,iVoka 应对自如。惊艳的表现让人再次对 iVoka 赞叹不已,该视频在微博转发超过 1 万条,优酷网播放和站外引用都超过了 10 万次。系列视频的传播节奏紧凑,上汽方面的优秀执行让 iVoka 的智能形象有效、精准地到达受众。

(3) 第四个病毒视频上线:车展第二天,第四段视频上线。广州车展洋男模以蹩脚中文挑战 iVoka 过关,"播放 Hero"。毫不费力地识别。而 iVoka 面对洋男模的赞美"你真性感",彬彬有礼地回复一句"谢谢",让人再次震惊。传播方向再次回到趣味体验,且以不同的参与者表现 iVoka 的超高识别能力,再次提升了受众对 iVoka 的功能认知,强化了荣威 350 的品牌形象。

(4) 第五个病毒视频上线:11 月 23 日,最后一条视频发布。内容是一位长腿美女车模也来测试 iVoka。美女车模和美女机器人相谈甚欢的场景让视频反响依然热烈,土豆网点击超过 5 万次,站外引用超过 4 万次。

从 2011 年 11 月 21 日到 11 月 23 日,实拍的病毒视频共得到了近 7 万次的微博转发和 80 多万次视频网站点击,巨大的关注量和广泛的传播面,让一个完全陌生的产品立刻成为车展热点。从整个活动的执行效果来看,荣威 350 的品牌形象和 iVoka 的智能特点深入受众,大大超过了预期的传播效果。

5) 传播效果

11 月 21 日凌晨视频发布后,超过 15 000 次的微博转发,优酷网超过 10 万的点击量、超过 5 万的站外引用,视频获"当月优酷网最热话题",凤凰网和 CCTV 报道该视频。11 月 21 日晚车展首日视频发布,3 万次的微博转发,超过 30 万的土豆网点击量和超过 10 万的优酷网点击量。4 个小时后推出的第三部视频微博转发超过 1 万条,优酷网播放和站外引用都超过了 10 万次。11 月 22 日车展第二天外国男模以蹩脚中文挑战 iVoka 过关的视频微博好评如潮,受众体验欲望最大化。11 月 23 日,车展第三天,推出的女车模对话女机器人视频土豆网点击超过 5 万次,站外引用超过 4 万次。

在网络视频病毒式传播的同时,荣威还进行双管齐下的搜索引擎营销。通过在"百度百科"和"百度知道"中建立 iVoka 词条,车展短短几天期间,通过"iVoka"百度搜索 411 000 条,"上汽 iVoka"百度搜索 210 000 条。更令人欣喜的是,iVoka 最终力压众多新车型,当仁不让地获得了第九届中国(广州)汽车展览会最佳领先科技奖,这大大验证了营销的效果,并从侧面推进了营销的影响力。

2011 年 11 月的广州车展数字化营销使荣威 350 的销量在短期内有了翻番表现;上汽荣威的品牌科技含量得到提高;可以看出,数字化营销针对年轻潜在客户有更强的宣传作用,符合荣威品牌引进过程中客户定位的转变方向。

6.7.6　案例分析

1) 理性时期,汽车营销重心转向社交网络

此次车展上汽集团成功实施社会化营销,给了我们很大的启示。在当今这样一个广泛连接的时代里,客户体验的重要性已然被各方力量提升到了一个前所未有的高度,这样的趋势对所有的消费类产品体现得尤为明显。汽车作为一种高度产业化、高度复杂、高度整合的消费产品,更加直观鲜明地呈现出了这一点。

2012 年中国乘用车销量增长了 7.2%,增速趋于平缓。这样一个理性时期,汽车营销上的创新不再是可有可无，而是不可或缺。汽车营销的核心就是"聚合有效用户——找到销售线索——形成购买——销量提升"，对汽车厂商而言，迫切需要找到能够贯通这条线的平台。

根据 2012 年尼尔森发布的一份调查数据表明，互联网凭借近 90％ 的渠道占有率，已成为目前消费者了解汽车信息的最主要来源。除了作为基本信息的某款新车的各项参数数据、各种互动内容之外，线上渠道能做的事还有很多。而从相反的角度看，互联网天然具备的扁平和碎片的特性，尤其是近几年间社交网络的异军突起，又为这样的数字内容的病毒式营销提供了爆发式增长的基础。

2) 汽车营销与科技感结合

除了汽车营销的重心转移之外，由于汽车本身就有非常之高的技术融合度，跨界和混搭越来越成为某款车或者某个汽车品牌的标配，而不再是选项之一。这是非常值得关注的一个趋势。另外就是科技感，这一点已经几乎得到了整个汽车界的共识。所有的汽车品牌都在或多或少地与信息技术公司发生着关系，汽车已经越来越像是一台可以驾驶上路的电脑。因而，如何很好地把这些关键点与汽车营销结合在一起，就成了未来成功的关键所在。而这些点，在前述 2011 年广州车展上汽 iVoka 系统社会化营销案例中都得到了较好的体现。

3) 借力视频社交网络，汽车社会化营销不断玩出新花样

长安福特借助了多样化的社交媒体和传播渠道，八仙过海，各显神通，针对不同的传播受众，最大化其传播效力，助推了新福克斯的澎湃上市，具体细节在此不再赘述。而在这个案例中，上汽集团另辟蹊径，借助车展这样容易引起高关注度和高影响力的时间点，与视频社交网络合作，通过发布一系列病毒视频，同样取得了极佳的传播效果。

众所周知，数字化影音内容生动形象，作为内容传播载体有着天然的优势，而视频网站作为数字化影音内容传播的重要媒介，以其时空无限性、互动性和投放的精准性，成为企业主在挑选营销合作伙伴时越来越倾向考虑的对象。在此次上汽 iVoka 营销案例中，上汽集团与优酷视频合作，以视频作为其信息传播的重要载体，生动地传播了其 iVoka 技术的特点和亮点，引发了广泛而热烈的讨论，极大地提升了其传播效果。

在这样的时间点上回头去看，如今的汽车社会化营销，绝非只是考虑选择什么样的渠道、什么样的内容和形式、什么受众群体等问题，而是要围绕客户体验，在个性化、互动性和深入的应用服务上多做文章，同时给予混搭和跨界以高度重视。因为，汽车社会化营销是一盘越下越大的棋。

6.7.7　案例点睛

1) 以视频社交网络为引爆点

视频也是一种重要的社交网络,国内外最著名的视频有:美国的 YouTube,中国的优酷、土豆。较之长安福特的新福克斯案例,本案例最大的亮点则是通过视频社交网络进行病毒式营销。成功的病毒视频,往往能带给网民耸人听闻的观感,激起网民对视频中的内容元素兴趣。比较理想的延展方式是网民还会自发性的对视频进行传播讨论,继而产生搜索行为。事实上以新产品和新功能来做病毒视频效果往往会更佳。人们在碰到新鲜未知的事物时,搜索动作才成为发生。

2) 社会化营销——病毒性传播

如今的社会化媒体营销已经为产品和目标受众之间开辟了新的沟通传播平台,实现了双向传播,社会化营销拥有传统媒体所不可替代的传播效应和开放性,让品牌和产品信息以更低的成本、更快的速度来进行传播。社会化营销借助先进多媒体技术手段,从文字、图片、视频等展现形式对产品进行描述,从而使潜在消费者更直接形象地接受信息。传播迅速是社会化营销一大特征:一条关注度较高的微博在互联网及与之关联的手机平台上发出后短时间内就可以通过互动性转发抵达微博世界的每一个角落,达到短时间内最多的目击人数。而且社交媒体具有传统营销渠道无法比拟的互动性和参与性,可实现更好的营销效果。通过粉丝关注便利性的形式进行病毒式的传播,影响面非常广泛,同时,名人效应也能够使事件的传播量呈几何级放大。

3) 差异化社交媒体整合

在上汽 iVoka 的传播中,荣威不拘一格,将多种社会化媒体的传播方式巧妙整合,很好地体现了自己的差异化营销能力,只用了短短几天时间就缔造了这个营销壮举。

对于社交媒体本身来说,随着移动互联网技术的发展,移动社交媒体对以青年人为主的消费主力人群的渗透影响的深度和广度进一步加大,信息传播的速度和效率也进一步增强。随着市场的发展,同质化的社交媒体将失去竞争力,差异化竞争将是未来获胜的关键。市场将出现定位更细分、竞争能力更强的社交网络——即垂直化社交网络。从一开始的人人网、开心网等社交媒体的迅速发展、门庭若市到现如今趋于平缓,到现在微博和微信的异军突起,足以看出这个行业并不像传统媒体那样稳定,用户喜好容易随着新技术、新鲜事物的出现快速流动。因此,企业在利用社交媒体平台营销时,就应该与时俱进,善于变通,消费者出现在哪里,就第一时间在哪里进行营销。

参 考 文 献

[1] http://www.domarketing.org/html/2011/interact_1214/1693.html

[2] http://auto.hexun.com/2013-04-27/153610386.html

[3] http://auto.people.com.cn/h/2011/1221/c234496-50448931.html

[4] http://auto.163.com/11/1222/07/7LS3DR6A00084TUP.html

[5] http://baike.baidu.com/view/6906411.htm

[6] http://baike.baidu.com/view/869746.htm? fromId＝925893

[7] Rick Mathieson:《营销十法——社交网络时代成功企业怎样推广品牌》,人民邮电出版社,
    2011 版

[8] 黄华:《中国社交网站(SNS)商业模式发展研究》

[9] http://baike.baidu.com/view/1591.htm

[10] http://wenku.baidu.com/view/72da6126af45b307e87197bc.html

[11] http://b2b.toocle.com/detail——5277485.html

[12] http://finance.jrj.com.cn/biz/2010/09/2118008222123-3.shtml

[13] 腾讯泛关系链营销解决方案:开创 SNS 营销新时代

[14] 腾讯 SNS 开启泛关系链营销时代

[15] http://www.xdnice.com/work/showtopic-4341.aspx

[16] http://baike.baidu.com/view/26755.htm

[17] http://baike.baidu.com/view/288809.htm♯sub5080148

[18] http://finance.cctv.com/special/2009ygxmt/20091020/102275.shtml

[19] http://news.qihuiwang.com/networkmarket/201009274053.html

[20] http://baike.baidu.com/view/8059123.htm

[21] http://baike.baidu.com/view/84961.htm

[22] http://money.163.com/09/0925/11/5K27DVLP00253G87.html

[23] http://wenku.baidu.com/view/099bdd252f60ddccda38a0d4.html

[24] http://finance.ifeng.com/roll/20090629/856450.shtml

[25] http://baike.baidu.com/view/5679382.htm

[26] http://www.cnwinenews.com/html/200906/1/20090601133649.htm

[27] http://wenku.baidu.com/view/099bdd252f60ddccda38a0d4.html

[28] http://baike.baidu.com/view/1301970.htm

[29] http://news.k8008.com/html/201205/news_329849_1.html

[30] http://baike.baidu.com/view/8700459.htm

[31] http://case.iresearchad.com/html/201208/3004401313.shtml

［32］http：//www. boraid. com/article/html/213/213588. asp

［33］http：//www. chinasspp. com/news/Detail/2012-10-26/124373. htm

［34］http：//baike. baidu. com/view/7289233. htm

［35］http：//wenku. baidu. com/view/ad8a72ea524de518964b7d5d. html

［36］http：//baike. baidu. com/view/8788246. htm

［37］http：//blog. sina. com. cn/s/blog_6fc7ec5f0101a9tz. html

［38］http：//mobile. pconline. com. cn/culture/talk/1212/3124606. html

［39］http：//www. bianews. com/news/52/n-396052. html

［40］http：//tech. hexun. com/2013-01-17/150275519. html

［41］http：//www. doc88. com/p-116663973431. html

［42］http：//case. iresearchad. com/List. shtml? c15313-1

［43］http：//baike. baidu. com/view/89641. htm

［44］http：//www. techweb. com. cn/news/2012-07-13/1214038. shtml

［45］http：//auto. 163. com/12/0614/20/8403HHUF0008513L. html